沙耘 張道斌

산운 장도빈의 역사관 연구

지은이 | 신형식

펴낸이 | 최병식

펴낸날 | 2019년 4월 6일

펴낸곳 | 주류성출판사

서울특별시 서초구 강남대로 435

TEL | 02-3481-1024 (대표전화) • FAX | 02-3482-0656

www. juluesung.co.kr | juluesung@daum.net

값 16,000원

잘못된 책은 교환해 드립니다.

ISBN 978-89-6246-390-3   93990

山耘 張道斌

산운 장도빈의
역사관 연구

신형식 지음

주류성

• 머리말 •

산운 장도빈(汕耘 張道斌: 1888-1963)은 구한말 민족시련기에 태어나서 일제의 탄압과 해방 이후 초기의 어려운 시기에 언론인으로서 동시에 교육자로 활동하면서 이어 해외에서의 항일·구국운동을 통해 역사서술의 필요성을 깨달은 후 이를 바탕으로 많은 한국사 저술을 통해 민족의 혼을 강조한 현대 한국사학계의 선구자였다. 특히 그는 고대사의 중요성을 확인하기 위해 고구려사와 통일신라사(남북국시대)의 위상을 여러 저서에서 부각시켰다.

그는 젊은 나이(28세: 1916년)에 처음으로 한국사개설서인 「국사」를 저술한 이후 「대한역사」(1959)에 이르기까지 40여 년간에 걸쳐 6권의 국사개설서를 발간하였으며, 그 사이에 「원효전」과 「린컨위인전」(1917년)을 시작으로, 「10대 위인전」(1923)을 비롯하여 많은 위인전을 쓴 다음에 「한국의 혼」(1957)에 이르기까지 50여 권의 저서를 통해 국민의 올바른 민족정신을 내세운 인물전(왕·장군·학자·승려 등)을 발간하였다. 무엇보다도 산운은 6권의 국사개설서를 통해 한국사의 발전과정 속에서 고대사가 보여준 올바른 애국심을 바탕으로 하는 민족주의 의미를 제시하였으며 고구려사와 남북시대를 통해 고대사의 체계화를 정리하였다.

그러나 산운에 대한 학계의 관심은 크게 주목되지 않았으므로 그에 대한 연구가 제한된 것은 아마도 그에게 큰 도움을 준 박은식(백암)과

신채호(단재)의 영향이 컸기 때문에 그 속에 묻힌 것이 아닐까 하는 생
각이 든다.[1] 무엇보다도 그는 백암의 소개로 「대한매일신보사」에 입사
한 후 그의 혼·백사상을 이어받았으며, 특히 함께 언론 활동을 하면서
단재의 역사인식(특히 영웅사관과 고구려사 위주의 고대사인식)을 계승하였
으므로 그의 독자적인 역사인식이 크게 부각되지 못한 것은 사실이다.[2]

이러한 시각에서 산운의 국가개설서 속에는 단재의 고구려사 중심의
고대사관이 계승하였으나, 그는 단재와 달리 신라사(특히 통일신라)에 남
다른 관심을 통해 남북국시대를 고대사의 체계화로 정리하여 단재의 역
사관을 벗어난 것은 사실이다. 특히 단재가 신라통일을 주도한 김춘추
(무열왕)와 김유신을 '속 내외가 다른 포악(陰險鷙悍)한 정치가'로 비판하
였지만[3] 산운은 이 두 사람은 '민족을 위한 영걸(國事에 진력)'로 묘사하
였고 한반도 대부분을 통일한 신라통일의 의미를 부각시켰으며,[4] 유득

1) 김창수, 산운 장도빈의 민족주의 사학 1(「산운사학」 창간호, 1985)
   김중희, 「산운 장도빈」(산운학술문화재단, 1985)
   신형식, 산운 장도빈의 역사의식(「산운사학」 2, 1988)
   _____, 장도빈(「한국고대사 서술의 정착과정 연구」 경인문화사, 2018)
   김희태, 「산운 장도빈 연구」(동국대학교 박사학위 논문, 2012)
2) 이만열, 백암 박은식의 생애와 사상(「한국 근대역사학의 이해」 문학과 지성사, 1981)
   _____, 「신채호의 역사학연구」(문학과 지성사, 1996)
   신용하, 「박은식의 사회사상연구」(서울대 출판부, 1982)
   _____, 「신채호의 사회사상연구」(한길사, 1984)
3) 신채호, 「조선사」(1931-제11편 김춘추의 외교와 김유신의 음모 p.189)
4) 장도빈, 「국사개론」(1959, 신라연구, p.556)
   신형식, 장도빈의 신라사관(「산운사학」 3, 1989), 「통일신라사 연구」(삼지원, 1990, p.66)

공(「발해고」)에서 시작된 남북국시대론을 정식으로 이어받아 통일신라-
발해를 고대사 마지막 체계화에 정착시킨 주인공이었다. 이러한 고대사
체계화는 황의돈(「조선전사」, 1922)·안학(「조선운명사」, 1923)·손진태(「한국
민족사 개론」, 1948)로 계승되었으며 이기백의 「한국사신론」(1976)과 변태
섭의 「한국통사」(1986)에서 남북국시대로 서술되어 그 후 교과서에서도
이어질 수 있었다.

동시에 산운은 국사개설서와 함께 많은 위인전을 저술하여 위인의 역
할과 사상을 통해 그들의 존재(애국사상·민족주의)를 부각시키고 있었다.
처음으로 「원효전」에서 우주만사의 해결에는 뚜렷한 마음(一心)을 강조
하였고 「린컨전」에서는 우리민족의 약점(의뢰심과 나태사상)을 강조한 반
성의 글을 쓴 이후 많은 장군전(을지문덕 · 강감찬 · 이순신)에서 보여주
는 애국사상을 부각시켰다. 마지막의 위인전인 「한국의 혼」(1957)에서 왕
(10)·장군(13)·학자(2)·승려(4) 등을 위대한 인물로 설명하여 국사내용을
보완한 자신의 역사인식을 정리하고 있다.[5]

여기서 산운은 왕과 장군을 민족의 영웅이며, 특히 고대사(고구려 위
주) 인물로 부각시키고 있지만 지나치게 고대사에 치중한 사실은 어느
정도의 문제점이라고도 할 수 있다. 특히 그가 강조한 고대사의 역사적

---

5) 산운의 「10대 위인전」(1923)에서 8명이 고대사 인물이고, 「10대 사상가」(1925)에
   서도 고대사 인물이 6명, 그리고 「한국의 혼」에서는 14명(고구려인 6명)이 고대사
   인물로 되어 그의 고대사 위주의 고대사 인식 특히 고구려사 위주의 시각을 보여
   주고 있다.

사실은 거의가 「삼국사기」 기록을 그대로 인용하고 있어 이 책이 없었다면 우리나라의 내용은 알 수가 없었을 것이다. 그러나 산운은 마지막 저서(「국사개론」, 1959)에서 「삼국사기」에 대한 일부의 비판(사대주의·모화주의)은 있었지만 거의가 고대사 내용은 「삼국사기」의 기록을 그대로 근거로 하고 있어 이 책의 가치를 높이 평가하고 있는 것은 사실이다.

무엇보다도 산운의 역사인식은 고대사의 위상(특히 중고시대)은 단순히 3국의 갈등과 신라의 통일로 남북국시대가 된 것이 아니라 민족의 주체성을 통해 중국(수·당) 세력을 압도한 고구려의 민족정신과 신라의 민족통일(일부의 문제와 약점은 있어도)로 고대사의 체계화가 이룩된 사실을 강조하여 후대(고려−조선)에 그 전통을 이룩한 사실은 의미가 있다는 것이다. 다만 고려시대를 고대(下古)로 설명한 것은 당시는 불가피하였을 것이지만 현재의 입장에서 볼 때 문제가 있었다고 하겠다.

본서는 서론격으로 「산운의 생애와 다양한 활동」을 간단히 서술한 후 그의 「국사개설서」(6권)의 내용을 분석·비교하여 한국사인식에 대한 성격과 특징을 정리하고 있다. 그 속에서 上古史의 가치(단군조선과 열국시대 의미)와 특히 고구려사를 위주로 한 고대사의 위상, 그리고 통일신라와 발해를 연결시켜 남북국시대를 통해 한국고대사의 체계화를 강조하고 있는 것은 큰 의미가 있다.[6] 특히 그의 국사저술에서 주목할 사항은

---

6) 신형식, 장도빈 「한국고대사 서술의 정착과정 연구」 경인문화사, 2016) p.295.

해방 이전의 2개 저서(처음에 쓴 「국사」를 제외하고)는 조선사로 되어있으나 해방 이후에는 국사 또는 대한역사로 그 제목을 바꿔 대한민국의 정통성을 부각시킨 사실이다. 동시에 산운은 고대사의 위상은 왕·장군의 역할과 사상가들의 정신을 국사의 의미(교훈)로 강조하였고 린컨전을 통해 국민적 반성의 계기를 보여주고 있었다.

끝으로 산운의 역사서술과정에서 보여주고 있는 역사순환과정에서 삼국사회의 변화과정이 누구나 이해하고 있는 사실로 인간의 변화와 역사(국가·사회)의 전환과정은 비슷한 모습(탄생-성장-전성-쇠퇴-사망)을 보인다고 되어있다. 산운의 삼국사회의 전개과정에 대해서 똑같은 명칭은 아니지만, 역사과정에서 보여진 과정으로 대체로 '건국-진보-융성(극성)-쇠퇴(말세)-멸망'의 순서로 서술하고 있기 때문에, Spengler나 Toynbee가 제시한 역사순환과정(탄생〈봄: Genesis〉-발전〈여름: Growth〉-쇠퇴〈가을: Breakdown〉-해체〈겨울: Disintegration〉)의 이론보다[7] 앞서서 삼국의 변화과정을 우리나라 역사설명에 기틀이 되게 정리한 것은 큰 의미가 있다고 보겠다.

이상에서 언급한 바와 같이 산운은 「삼국사기」 기록을 바탕으로 우리나라의 고대사의 내용을 정리한 후 단군-부여-고구려를 거쳐 남북조시

---

[7] 박성수, 순환론의 역사관(「10대 위인전」 삼영사, 2005) pp.421 - 431.
　　노명식, 쉬펭글러(〈서양의 몰락〉, 「서양사학론」 법문사, 1977) p.394.
　　＿＿＿＿, 토인비(A Study of History, 앞의 책) p.419.

대로 이어진 고대사의 체계를 세워 현대 한국사 연구에 기본 틀을 마련한 선구적인 사학자임을 보여주고 있다.

무엇보다도 산운은 고구려사는 우리 역사상 가장 강력한 힘을 보여준 민족의 자랑이었으며, 비록 신라통일은 문제점(외세이용과 민족과 영토의 축소)은 있으나 비로소 한 나라의 통일을 성취한 역사적 의미를 보여준 시대로써 고대사의 위상을 부각시킨 사실을 강조하고 있다. 여기서 우리는 역사를 알아야 할 이유와 위대한 인물(왕과 장군, 그리고 사상가)의 존재를 통해 올바른 국가관을 가져야 한다는 산운의 가르침을 이해하는 것이 국민의 도리라는 사실을 알 수가 있다. 여기에 산운의 역사인식을 알 수가 있으며 필자가 본서를 저술한 이유가 있다.

또한 이번 저술이 가능해진 사실은 산운의 아드님이신 장치혁(張致赫) 회장님께서 고이 보관하시던 여러 저서와 친필(신문에 실린)들을 보내주셨음으로 이 책을 완성하는데 결정적인 계기가 되었으므로 장치혁 회장님께 감사의 말씀을 드립니다.

2019년 3월 저자 씀

제1장

산운 장도빈의 생애와 다양한 활동

양기탁   박은식   신채호

산운의 언론·교육·항일·역사저술 활동에 큰 영향을 준 선배는 양기탁·박은식·신채호이다. 자신을 언론사(대한매일신보)에 추천한 박은식은 항일·애국운동으로 민족의 혼을 강조하여 안중근전을 썼으며, 함께 매일신보에 논설을 쓴 신채호는 「국사신론」을 통해 고대사의 의미를 부각시켜 산운은 역사의 흥망과 위인의 역할을 배울 수 있었다. 또한 당시 대한매일신보의 주필이던 양기탁은 독립운동의 필요성과 언론의 역할을 가르쳐 준 주인공이었다.

장도빈(張道斌: 호 汕耘 - 1888~1963)은 구한말의 격동기에 태어나 민족의
시련기인 일제(1910~1945)를 거쳐 대한민국 초기의 혼란을 경험한 시기
에 정치·언론·교육·역사분야 등 다양한 분야에서 활동한 선각자이다.
그러므로 산운은 청년기에 언론인으로서 일제에 항거한 민족운동을 추진
한 애국·계몽가였고, 해외(망명 생활)에서도 민족운동(항일)을 계속한 후에
수많은 국사저서(개설서와 위인전)를 통해 민족의식을 강조한 사학자인 동
시에 계몽활동을 동시에 추진한 교육자여서 그의 파란만장의 생애와 활
동은 한 가지 제목으로 설명할 수 없는 위인이었다. 따라서 그는 언론·교
육·항일·역사서술을 통해 국민 계몽운동의 선각자로서 무엇보다도 다
양한 국사저술과 위인전으로 국가의식을 높여준 민족의 스승이었다.

산운은 1888년 10월 22일 평안남도 중화군 상원면 신읍리에서 張鳳
九의 둘째 아들로 태어났으며 어릴 때부터 총명하여 주변에서도 남달
리 주목을 받고 자라왔다. 그는 한학자인 조부 張濟國으로부터 어려서
漢學을 익혀 四書五經을 이해하였으며 5세 때 이미 漢詩를 지어 神童으
로 이름을 남기고 있었다. 이러한 특별한 재능을 갖고 있음을 안 상원군
수의 추천으로 12세(1900)의 나이로 한성사범학교에 응시할 수 있었으
며 1903년(15세)에 어린 나이로 입학하여 1907년(19세)에 졸업한 후 그
해에 성주(星州) 공립보통학교 교사로 임명되었으나 그 이유는 밝혀지
지 않고 부임하지 않았다.[1]

---

1) 김중희〈편〉「산운 장도빈」(산운학술문화재단, 1985)
  산운학술문화재단〈편〉,「산운 장도빈의 생애와 사상」(1918)
  조좌호, 간행사(「산운장도빈 전집」권1, 간행사) p.1981
  김동환, 장도빈(「한국독립운동사연구」, 2012)

산운의 생에 가장 큰 사건은 1908년(20세)에 대한매일신보사(총무·양기탁)에 입사하여 논설을 쓰기 시작한 사실이다. 그러나 그는 논설위원으로서가 아니라 민족의 애국심과 독립사상을 강조한 양기탁의 정신을 바탕으로 자신을 추천한 박은식(朴殷植: 1859~1926)과 함께 논설을 쓴 신채호(申采浩: 1880~1936)와의 만남이 자신의 생애에 절대적인 변화를 가져왔다. 박은식으로부터 민족의 중요성(애국심)과 역사의 의미를 배웠으며, 특히 신채호로부터 익힌 한국고대사 특히 고구려사의 위상을 바탕으로 한 역사의 교훈(애국심·민족주의)은 산운에게는 결정적인 역사 인식 변화의 계기가 되었을 것이다. 이러한 단재의 역사관을 익힌 산운은 그의 첫 국사개설서 「國史」(1916)에서

> 광개토태왕은 4방을 개척하여 국가의 강토가 만리에 달하여 고구려가 이에 세계대국을 완성하였고 또 태왕은 문화를 크게 확장하여 종교·문학·교육·예술 등이 다 대진보하였으며 또 太王은 식산을 장려하여 농업이 왕성해져서 국부가 증진하니라(pp.43-44).

이와 같이 광개토왕을 처음으로 태왕이라 칭하고 고구려를 세계대국이라고 표현하였다. 이러한 고구려사에 대한 위상은 단재의 사관을 인식하였기 때문에 위인전(「한국의 혼」)에 특히 고구려인이 전체 32명 중에 7명이나 되고 있지만, 그는 단재와 달리 민족통일국가로서 신라사(통일신라)의 위상(김춘추·김유신)을 부각시키고 있으며, 신라인의 의용심·단결심·화랑

김희태, 「산운 장도빈 연구」(동국대학교 사학과 박사학위 논문, 2012)

도의 정신을 크게 강조하여 국사서술 내용에는 단재와 차이를 보이고 있다.[2]

그 후 한일합방으로 「대한매일신보」가 폐간되자 산운은 동지들의 권유로 오성학교 학감으로 취임하여 2년간 국사를 가르쳐 최팔용·한위건·김도원·이원철·박시창 등 많은 제자를 길러내어 이들에게 민족운동의 정신을 가르쳐 이들이 3·1 운동의

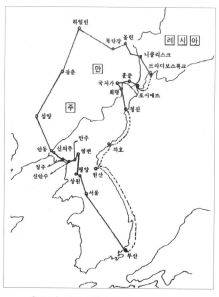

[지도] 김중희(「산운 장도빈」 〈전기〉)

선구자가 되었으나, 이 학교는 곧 폐교되었다.[3] 그러므로 산운은 국내에서의 교육활동이나 민족운동이 어려워 망명의 길을 택하게 되었다.

1912년(24세)에 산운은 망명으로 부산—원산—회령—연길을 거쳐 블라디보스토크에 들어가서 신한촌을 찾아 신채호를 만났으며 그곳에서 많은 독립지사를 교류하게 되었다.[4] 산운은 그곳에서 「권업신문」의 주필

---

2) 신형식, 산운 장도빈의 신라사관(「산운사학」 3, 1989) p.87

3) 김중희〈편〉「산운장도빈」 p.117
   김동환, 「장도빈」 p.49

4) 이때 만난 독립지사에는 신채호외에 이갑(李甲)·이회영(李會榮)·이동령(李東寧)·이춘국(李春國)·백순(白純) 등이 있었다(장도빈, 암운 짙은 구한말, 「사상계」 4월호, 1962).

로 논설을 통해 조국의 독립회복에 대한 필요성을 발표하고[5] 국자가 동쪽에 위치한 소영자(小營子) 마을에 있던 학교에서 한국사 강의도 하였다. 특히 산운은 그곳에 남아있는 고구려, 발해 유적지를 답사하면서 고대사의 위상을 체험하여 「국사」 서술을 준비하게 되었다.

산운이 블라디보스토크에 있던 1913년 겨울(안중근의 동생인 안정근 집에 투숙)에 안창호의 도미요청을 거절하고 1914년에 귀국하여 영변(평안북도) 약산에 있는 棲雲寺에 머물면서 「국사」 발간을 준비하였다. 이어 그는 1년간 오산학교에 근무할 때 우리 역사의 의미(애국정신과 민족문화의 우수성)를 강조하여 한경직 목사 등 당시 학생들에게 큰 교훈과 감동을 주게 되었다.[6] 그 후 산운은 고향에서 건강을 회복하면서 1919년 말에 잡지 「서울」을 간행하여 항일정신과 구국사상을 일반인에게 알리기도 하였다.[7]

1920년 이후 20여 년간 저술에 관심을 두고 정치활동을 외면하였던 산운은 1945년 9월 22일에 「민중일보」를 간행하여 우리 민족이 가야할 길로서 민족단결로 신국가 건설을 위한 국민적 각성을 촉구하였고, 자신이 쓴 국사 강좌내용을 연재하였으며 그 후 재정난으로 윤보선이 이어받았으나 1948년에는 폐간되었다. 해방 후 좌·우 갈등이 격심한 1946년 9월

---

5) 김희태, 앞의 책 p.76

6) 김희태, 위의 책 p.132

7) 「학생계」의 창간호에는 오천석·장도빈·김억〈문학〉·박태원〈음악〉·김환〈미술〉·이종준〈과학〉 등의 글이 실렸으며, 「조선지광」 창간호에는 산운의 조선민족의 미래를 논함·조선민족발달사개론·조선 10대 위인전 등이 전재되어 있다. 특히 본사의 주장으로 ① 조선 민족의 생존과 발전을 위하여 정의와 지식을 선전하고 ② 방법으로 조선인의 교육·식산·협동을 고취하며 ③ 조선민족의 권리와 행복을 옹호하며 세계문화의 공헌을 기도한다고 되어있다.

에 신진당의 설치에 참여한 산운은 당시 복잡한 사정으로 큰 역할을 할 수 없었으며 이어 순국열사 봉건회에 참여하여 민족정신의 건전한 개발과 국민적 통합에 기여한 바 있었다. 그 외 한국사료 연구회(1949)와 단군성조호유회 등에 참여하여 민족혼의 고취와 민족의 정통성을 강조하기도 하였다.[8]

산운의 마지막 교육활동은 단국대학 설치 때 그 설치자인 장형을 도와준 후 초대학장이 되어 국사강의를 한 사실이다. 1946년에 김구·신익희·조소앙·윤백남·장형 등이 국민대학을 설치한 다음 해에 장형은 김정실·이석하와 함께 단국대학을 설립하였다. 이때 장형은 자신과 절친한 친구인 산운에게 자문을 구하였으며 민족의 시조인 단군의 후예임을 자랑스럽게 단군의 나라라는 이름을 쓴 것이다. 산운은 초대학장으로 직접 국사강의를 맡아 민족주체성을 강조하였으며, 동시에 육군사관학교에서도 국사강의를 통해 철저한 국가의식도 보여주고 있었다.

이와 같이 산운은 일생을 고역과 시련 속에서도 국사의 의미를 강조하여 언제나 민족정신의 가치를 내세워

> 조선말에 정치가 극히 부패하여 민중이 살 수 없게 되어 민중은 애국심이 마비되고 국가를 사랑하지 않을 뿐 아니라 도리어 정부가 속히 망하기를 바랐으니 구한국이 망한 가장 큰 원인은 이것이다. (중략) 국민의 애국심이 강하면 나라가 강해지고 그것이 마비되면 나라가 쇠해진다(「조선일보」 1957년 9월 7일).

---

8) 김희태, 앞의 책 pp.187-190

와 같이 단재가 언급한 '역사가 있으면 나라는 반드시 흥하고 역사가 없으면 애국도 국가도 없다'와 같은 역사의 의미를 보여주었으며[9] 산운은 국사와 위인전에서 끝없이 애국심과 영웅(특히 왕과 장군)의 위상과 민족의 자강을 한없이 강조한 주인공이다. 이러한 산운의 역사인식은 다음에서 제시한 국사개설서와 위인전의 분석에서 구체적으로 이해할 수 있을 것이다. 무엇보다도 산운의 생애에서 교육, 항일운동도 중요하지만 국민의 애국정신을 강조한 국사와 위인전의 저술로 국민에게 큰 교훈을 준 사실에서 그의 존재를 확인할 수가 있었다. 이러한 그의 언론·항일활동을 통해서 국가의 의식을 바탕으로 역사의 의미(국사의 위상과 위인의 역할)를 많은 저서를 통해서 보여주고 있었다. 여기에 산운의 위상이 나타나있다.

산운은 국사의 의미를 나타낸 것은 고구려사의 성격인데 고구려는 처음으로 민족을 통일한 나라(비류국·행인국·북옥저·개마국·구다국·주나국·남옥저·예·부여 - 백제와 신라를 조공국으로 함)로서 외적을 격멸하고 민족을 통합하여 대제국을 완성한 나라로 그 위상을 내세웠다. 이러한 고구려의 전성기를 강조함으로써 고대사에 있어서 고구려사를 부각시켰다.[10] 동시에 신라의 통일이 보여 준 의미는 단재와 큰 차이를 보이고 있다.

단재는 김춘추는 평생 과만 있고 공이 없는 불세출의 인간이며 김유신은 전공(戰功)이 없는 정치가로 비판하였다(조선상고사). 이에 대해 산운은

---

9) 김희태, 앞의 책 p.166

10) 고구려가 강국이 된 이유는 상무주의, 군국주의, 진취주의, 정의주의, 애국주의, 민족주의가 발달하여 ① 학문·교육·법률〈패전자 사형〉 ② 역사기록(유기) ③ 철저한 민족주의 ④ 정의엄수 ⑤ 애국심 ⑥ 민본주의를 들고 있다.(「국사개론」 pp.515-516)

高句麗大臣

高句麗大將

高句麗軍人
고구려인

高句麗女子
고구려여자

[사진] 「조선역사요령」에서 보여 준 고구려상

통일신라라는 제목보다도 남북국시대로 설명하고 김춘추(태종)와 김유신·문무왕은 다 영걸로 국사(國事)에 진력하였으며(국사개론) 백제고지를 전부 통일하였고 고구려가 망한 후에 문무대왕은 고구려인과 합하여 고구려 고지를 취하여 서북으로 청천강까지 이르러 국토가 확대되고 문화가 찬란하여 신라의 극성시대가 되었다(국사)라고 하여 신라사의 의미를 부각시켰다.

국사개설서의 분석

산운은 43년간(1916-1952)의 언론과 교육활동, 그리고 항일운동을 하면서 6권의 국사개설서(한권은 고대사 개설서)를 통해 국사 특히 고대사의 역할과 가치로서 영웅(왕과 장군을 중심으로)의 위상을 강조하였다. 특히 고구려사와 신라통일의 의미를 부각시켰으며 역사의 순환과정을 SpenglerToynbee보다 앞서 정리하여 현대 한국사서술 체계화의 방향을 처음으로 제시하였다.

1

국사개설서의 저술과정과
그 내용의 변화과정

산운 장도빈(1888~1963)은 1916년(28세)에 처음으로 「國史」를 저술한 뒤에 「조선역사요령」(1923: 35세)과 「조선역사대전」(1928: 40세)를 발간하였고, 해방 이후에 「국사강의」(1952: 64세)와 「국사개론」(1959: 71세)을 출판하였으며 고대사 개설서인 「대한역사」(1959)까지 6권의 국사개설서를 저술하였다. 이러한 국사개설서는 저자 자신의 역사 인식을 나타내고 있었으며 그 후 이병도를 이어 현대한국사 서술에 큰 바탕이 되고 있다.

젊은 나이에 처음으로 쓴 「국사」(85면)는 우리나라 근대 역사상 최초로 이룩된 국사개설서로서의 의미는 크다. 그는 이어서 40여 년간에 걸쳐 5권의 개설서를 저술하였는데 그 모습은 일부 설명(전개과정 - 목차)과 서술방법은 약간의 차이는 있으나 근본 틀은 「국사」의 내용이 바탕이 되고 있다. 무엇보다도 역사서술의 주요 내용은 대부분이 왕의 업적과 외적퇴치의 장군활동(정치·군사적 업적)이며 점차 문화부분(사상·학문·예술)이 확대되고 있어 국사내용이 변화되고 있다는 사실이다. 이러한 서술내용의 변화 (확대)는 그만큼 사회가 발전하고 있다는 뜻이며 국사내용이 다양화된다는 것을 의미하고 있으므로 역사의 해설도 정치(군사포함) 중심에서 점차 문화의 내용이 복잡화된다는 것이다. 그리고 고려시대를 고대사의 끝부분(近古)으로 하고 고구려사를 중심으로 한 中古시대(삼국~통일신라)가 전체 내용의 절반이 되고 있으며 남북국시대(통일신라~발해)를 마지막 고대사의 체계화에 정리한 사실은 현재 국사개설서의 바탕이 되었다.

산운은 「국사」 내용이 거의가 목차에 이르기까지 대표적인 왕의 업적과 외적퇴치의 장군활동이 주요항목이어서 이어진 자신의 국사개설서의 기본 줄기가 되었으나 역사개설의 설명으로는 한계가 있다고 하겠다. 그러나 그 자신이 다양한 언론활동과 해외에서의 교육·항일운동·유적답사 등을 하면서 국사에 대한 이해와 서술 폭이 변화될 수밖에 없었을 것이다. 따라서 두 번째 저술인 「조선역사요령」(1923)에서는 전기(성립과 강성), 후기(전성과 흥융), 멸망으로 왕 중심의 역사과정에서 사회 변화 내용을 창업—진흥—전성—문약—멸망으로 설명하여 역사의 전개과정을 비슷하게 정리하고 있다. 따라서 역사의 주역은 왕과 장군만이 아니라 사회·문화 방면의 인물(민족의 스승)이 더 있다는 사실이다.

무엇보다도 역사전개과정을 인간의 변화과정과 같이 비슷한 하나의 틀(탄생-성장-극성-쇠퇴-사망)로 정리하여 우리가 알고 있는 Spengler(Der Untergang des Abendlandes: 1918)와 Toynbee(A Study of History: 1934)의 문명순환과정(소년: Genesis - 청년: Growth - 장년: Breakdown - 노년: Disintegration)이[1] 우리나라에 알려지기 훨씬 앞서 역사의 발전과정(변화)을 제시한 산운의 견해는 큰 의미가 있다. 이러한 순환과정으로 인간의 변화과정과

같이 역사(국가)의 전개과정을 우리 국사(고구려·신라·고려·조선)의 해명에
도 설명한 것은 산운의 큰 업적이라 하겠다.[2]

산운의 역사서술이나 해석에 있어서 고대사의 경우는 유일한 사료로서
「삼국사기」의 기록을 바탕으로 서술되고 있다. 그는 마지막 저서인 「국
사개론」(1959, 「삼국사기 비판」)에서 「삼국사기」는 사대주의와 모화사상으
로 국사를 유린하였다고 비판하였지만 고대사 서술내용은 전적으로 그에
준하여 서술하였기 때문에 자신에게 큰 영향을 준 백암과 단재와는 달랐
으며, 유득공의 「발해고」에 이어 남북국시대를 고대사에 체계화 시킨 주

---

1) Spengler의 「서구의 몰락」(1911~1918)과 Toynbee의 「역사의 연구」(1934)가 국
  내에 알려진 것은 1960년대이다. 그러므로 산운의 역사전환과정은 큰 의미가 있
  으며 우리나라 역사전개과정을 왕조변화 과정과 함께 왕조(시대)별로 정리한 것
  은 처음이다. 특히 Toynbee의 해체기 설명에서 기존세력(Ruling majority)이 붕
  괴되고 창조적 소수(Dominant minority)의 등장에서 복고(Archaism)와 미래주
  의(Futurism)의 비교에서 변모(Transfiguration)와 초탈(Detachment)의 의미로
  Dante와 최치원을 등장시킨 것은 시대전환기의 이해에 큰 의미가 있다.
  박성수, 순환론적 역사관(「새로운 역사학」 삼영사, 2005) pp.416-430
  신형식, 최치원과 Dante의 대결적 비교(「한국고대사의 새로운 이해」 주류성, 2009)
  pp.548-550
2) 한국의 근대사학은 박은식 이후 신채호의 연구에서 본격화 된 것은 사실이다. 그
  러나 박은식의 「한국통사」(韓國痛史)는 고대사 서술은 있었으나 대원군 이후 근
  대사 위주며 역사전화과정의 설명은 없다. 신채호 역시 「독사신론」(1908) 이
  후 「조선사」(1931)·「조선사연구초」(1924) 등 여러 저서가 있었으나 대부분이 고
  대사서술이었고 그 후의 내용도 사건·인물중심이었다. 상도빈이 처음 쓴 「국사」
  (1916) 이후 안학의 「조선문명사」(1922), 정인보의 「조선사연구」(1946), 최남선
  의 「조선역사」(1949), 손진태의 「한국민족사개론」(1948)이 있었으나 역사전환과
  정의 틀(탄생〈성립〉-성장-극성-쇠퇴-멸망)로 정리되지 않았다. 그러므로 국
  사전개과정의 방향에서 저작된 장도빈의 「국사」이래 비로소 이병도의 「한국 사
  대관」(1948)으로 이어져 고대사에 대한 현대사학계의 바탕이 이룩된 것이다. (신
  형식, 「한국고대사 서술의 정착과정연구」 경인문화사, 2016, p.285)

인공으로 고대사 서술이 이병도로 이어질 수 있었다. 끝으로 산운의 개설서에서 주목할 사항은 상고사에서 우리가 이해하고 있는 위만조선설을 부인(언급조차 없이)한 것이다. 단군조선이 1211년을 지나서 열국시대가 시작되는 데 여기에는 위만조선이라는 표현도 없이 열국시대로서 기자동래설도 부인하여 단군조선을 계승한 箕朝(41대 929년)를 비롯하여 부여·옥저·동예·3한이 있었다는 것이다.

산운은 최초의 저술인 「국사」(1916)에서 왕을 영웅으로 간주하고 국사체계를 상고(단군·열국시대)—중고(삼국·남북국시대)—근고(고려)—근세(조선)—최근으로 되어있으며 주로 내용이 왕의 업적과 외국의 침략저지(장군의 활동)가 중심제목이다. 두 번째 저술인 「조선역사요령」(1923)에서는 상고내용이 확대되었고 왕의 업적보다는 국가의 전개과정으로서 약간 제목은 바뀌었지만 창립—강성—전성—외구(外寇)—멸망(창업 - 전성 - 내란 - 멸망)으로 산운의 역사관을 상징하는 「대한역사」(1959)에서 보여준 '건국—진보—극성—말세—멸망'으로 이어지는 내용으로 전개되고 있다. 이러한 역사관은 Spengler와 Toynbee가 제시한 역사의 순환과정(봄·Genesis - 여름·Growth - 가을·Breakdown - 겨울·Disintegration)과는 관계없이[3] 그 보다 앞서 제기한 발전된 역사관으로 후에 우리 학계에 많은 영향을 주게 되었다. 다만 말세(쇠퇴)의 설명에 고구려와 백제는 외침(外寇)으로, 신라는 사치·연락(奢侈·宴樂)으로 표시하였다.

산운의 국사서술에서 보여 준 공동사실은 제목에 해방 이전에는 조선

3) 박성수, 순환론적 역사관(「새로운 역사학」삼영사, 2005) 속에는 Spengler(「서구의 몰락」)과 Toynbee(「역사의 연구」)의 「순환론적 순환사관」의 내용을 정리하고 있다.

이라는 표현을 기본으로 하고 있으나, 해방 이후에는 조선이라는 표현 대신에 「대한역사」로 바뀌었으며 또는 「국사개론」 또는 「국사강의」로 되어있어 정치적 변화과정을 개설서의 명칭에도 나타내고 있다. 여기서 주목할 것은 산운의 국사개설서의 내용은 첫 작품인 「국사」(1916)가 그 바탕을 이루었으며 정식 국사개설서로서 가장 큰 비중을 갖고 있는 것은 해방 후 첫 작품인 「국사강의」(1952)이다. 본서는 기존의 저서보다 3배 정도로 풍부하게 설명하였고(302면) 여기서도 고대사(고려사 포함 235면)가 압도적으로 많았으며 실제 고대사(단군～통일신라)의 내용도 150면이나 되어 전체의 절반이나 되고 있어 산운의 고대사관을 볼 수가 있다.

그의 마지막 저서인 「대한역사」(1959)와 「국사개론」(1959)은 물론 개설서이지만 내용은 전혀 다르다. 「대한역사」는 고대사 개설서로서 상고사 다음에는 왕조별(고구려·백제·신라·발해)로 설명(要解·大要)한 후 마지막에 정치·법제·지리·문화 내용을 설명하고 있다. 그리고 「국사개론」은 한국사전체의 개설서이지만 내용은 역사(대요) 다음에 당시 사회의 구체적 모습·성곽·영토·인구·문화·제도·대외관계의 모습해설(보완)이다. 고대사의 경우는 고구려사 위주의 인식이지만 통일신라와 발해사를 역시 남북국시대로 하여 그 의미를 부각시키고 있다. 산운의 고대사 인식을 알기 위해 고대사서술의 비중(면수)을 보면 아래와 같다.

아래 [표]에서 알 수 있듯이 산운은 고대사(고려사를 제외하더라도)가 절반이 되고 있어 박은식과 신채호의 영향을 외면할 수가 없다. 두 선배의 영웅사관에 입각한 구국정신(백암의 혼, 단재의 낭)은 산운에게는 외면할 수 없는 가르침이었다. 자신을 신문사에 추천한 백암은 산운이 27세 때(1915)에 「한국통사」를 저술하였는데 그 속에서 보여준 '나라는 멸망할 수 있으

나 역사는 없어지지 않는다'고 하여 국사의 중요성을 보여준 사실은[4] 그
에게 큰 영향을 주었던 것이다.

[표] 산운의 고대사 서술의 비중

책명	총면수	고대				근세	최근	고대사비중(%)(삼국－남북국)	출판연도
		상고	중고	근고	합계				
국사	85	3	44	17	64	15	3	44면(52)	1916
조선역사요령	102	7	53	9	69	18	2	53면(52)	1923
조선역사대전	137	16	48	22	86	26	11	48면(35)	1928
국사강의	302	15	132	85	232	44	21	132면(44)	1952
국사개론	122	20	77	6	103	14		177면(64)	1959

또한 산운은 신문사에서 신채호와 많은 대화와 논술을 통해 역사관을
이해할 수 있었으며 1908년에 매일신보에 입사한 해에 단재는 「을지문덕
전」·「이순신전」, 그리고 다음 해에 「최영전」(최도통전)을 저술하였으며
「역사와 애국심의 관계」(「대한협회보」 2-3회: 1908)와 「한국의 제일 호걸대
왕」(광개토왕, 「대한매일신보」 1909년 2월 25·26일) 등을 통해 역사와 애국심과

4) 홍이섭, 박은식 한국통사와 한국독립운동지혈사 「새교육」 101, 1963.
　이만열, 백암 박은식의 사회사상 「숙대사론」 9, 1976.
　＿＿＿, 백암 박은식의 생애와 사상(「한국근대 역사학의 이해」 문학과 지성사, 1981)
　신용하, 박은식의 역사관〈상·하〉 「역사학보」 90·91, 1981.
　＿＿＿, 「박은식의 사회사상연구」(서울대출판부, 1982)
　김기승, 박은식(조동걸 등 엮음), 「한국의 역사가와 역사학」〈하〉 창비사, 1994

의 관계를 제시하였고 민족의 생존은 영웅의 존재(역할)에 의존(국가의 강
약은 영웅의 유무에 있다)한다는 사실을 구체적으로 서술하고 있었다.[5] 동시
에 단재가「독사신론」을 대한매일신보에 연재하고 있었음으로 산운은 역
사에 있어서 영웅의 존재와 고조선의 위상, 그리고 조선을 이은 고구려사
의 가치를 이해함으로서 자신도 영웅(왕과 장군)의 존재를 부각시키기 위
해 그 자신이「국사」를 통해 새로운 한국사 서술의 필요성을 느끼게 되었
던 것이다.

　이러한 시각에서 산운은「국사」(1916)에서 영웅으로 볼 수 있는 각 왕
조의 시조를 비롯하여 대표적인 왕과 외적침략을 저지해준 장군을 부각
시켰으며, 두 선배(백암·단재)와는 다른 시각(고구려를 더욱 강조하면서 화랑이
주는 신라인의 호국사상과 문화번영)을 위하여 유득공의 발해사를 계승하여[6]
남북국시대를 한국고대사의 체계화에 정리하기 시작하였다.

　따라서 다음에 저술된「조선역사요령」(1923)은 각 항목이 왕 중심에서
벗어나 사회변천과정(건국 - 발전 - 전성 - 멸망)으로 바뀌었고 고구려의 강성
과 남북국의 비중은 여전하였으며 처음으로 영토 확인을 보여준 지도(地
理라고 칭함)와 제도·문화(종교·학술·예술)를 비교적 자세히 설명하여 다음

---

5) 한영우, 한말에 있어서의 신채호의 역사인식(「단재선생 탄생 100주년 기념 논문집」1980)
　　신일철,「신채호의 역사사상연구」(고려대 출판부, 1981)
　　신용하,「신채호의 사회사상연구」(한길사, 1984)
　　이만열,「신채호의 역사학연구」(문학과 지성사, 1990)
　　신형식〈편〉,「한국사학사」(삼영사, 1999)
　　최홍규,「신채호의 민족주의 사상」(단재선생 기념사업회, 1983)
　　윤병석〈편〉,「단재신채호전집」6권(단재신채호전집 편찬위원회, 2008)
6) 송기호, 유득공(「한국사 시민강좌」12, 1993)
　　조이옥, 발해고(신형식〈편〉「한국사학사」삼영사, 1999)

의 저서인 「조선역사대전」(1928)으로 계속되었다. 이러한 변화는 영웅의 존재는 국가흥망의 바탕임에는 틀림이 없으나, 20세기는 한 둘의 영웅이 있는 것이 아니고 정치·종교·실업·무역·학술에서 활약하는 다양한 인물(일종의 영웅)이 존재하기 때문에 신국민상이 등장한다는 단재의 영향을 이해한 것으로 보인다.[7] 무엇보다도 산운의 역사전환과정(건국 - 발전 - 전성 - 멸망)을 Spengler(1880~1938)나 Toynbee(1889~1975)와 비교할 때 그보다 훨씬 이전에 제시한 사실로 보아 그의 영향이 아닌 산운의 독자적인 역사 인식으로 그 의미는 컸다고 보인다.[8]

이러한 변화를 거친 후 해방 후의 첫 저술인 「국사강의」(1952)는 그 분량이 배가하고 있으나 그 서술 방향은 앞 책과 같이 국가 성장·발전·전성·멸망과정으로 되어 해방전의 내용과 큰 차이는 없다. 다만 정치제도와 문화내용이 확대되고 있어 「국사」이래 대표적인 서술서가 되었다. 이어서 「국사개론」(1959)은 상대사(고조선·옥저) 이후 각 왕조별로 정리된 개설서로 역시중고사(고구려 위주)가 중심으로 각 왕조별 주의사항(국가기원·수도모습·성곽시설·문화내용·주요 장군명)을 해설한 것이어서 개설서라기보다

---

7) 이만열, 앞의 책 p.175

8) Toynbee(1889~1975)와 장도빈(1888~1963)은 출생연대가 비슷하다. 토인비가 저술한 A Study of History는 20년이라는 긴 세월(1934~1954)을 지나면서 이룩된 저서이지만 한국에 소개된 것은 60년대 이후이기 때문에 그 저서에 대한 찬·반의 비판이 엇갈리고 있으며 역사 전문가는 누구나 생각할 수 있는 테마이다. 그러나 장도빈의 처음 저서가 1916년이었으며 역사전개과정으로서 창립-발전-전성-멸망의 과정을 제시한 「조선역사요령」은 1923이며, 보다 구체적인 설명(창업-강성-전성-쇠퇴-멸망)이 「조선역사대전」(1928)임으로 이러한 시각은 Toynbee의 영향이 아닌 그의 독자적인 견해인 것이다. 그리고 마지막의 「대한역사」(1959)의 신라사 서술에도 건국-융성-극성-쇠퇴-멸망으로 되어 있어 역사의 전개과정을 인간의 변화과정과 흡사하게 설명하고 있다.

는 주요 사건·사건의 해명서와 같다. 그리고 마지막 저술인「대한역사」
(1959)는 고대사 개설서로서 각 왕조의 변화과정(건국-진보-극성-쇠퇴-멸망)
과 정치·제도·지리·문화의 내용을 정리한 것이다. 그러므로 각 왕조의
해설서라고 볼 수 있으며 역시 대고구려사에 지나친 비중을 보이고 있다.

이상에서 산운의 6개에 걸친 국사개설서의 내용을 정리하였다. 처음
에는 왕과 장군중심의 개설서였으나 점차 사회변화과정을 중심으로 바
뀌었으며 사회의 변화과정(건국 - 강성 - 융성 - 쇠퇴 - 멸망)으로 역사의 전
개과정을 설명하여 정치·군사 위주에서 사회·문화로의 변화상을 부각
시켜주었다.

이러한 과정에서 백암과 단재의 영향을 점차 벗어나면서 특히 고대
사 체계화에 기자동래설을 부인하고 단군조선－부여－고구려 중심에
서 고구려－통일신라－발해로 이어져 남북국시대 의미를 보여주게 되
었다. 무엇보다도 역사전환과정을 Spengler나 Toynbee보다 앞서서 인간
의 변화과정과 비슷한 모습(봄〈탄생〉- 여름〈발전〉- 가을〈쇠퇴〉- 겨울〈붕괴〉)으
로 역사전개과정을 정리한 것은 큰 의미가 있다.[9]

동시에 우리 고대사 내용은 전적으로「삼국사기」기록을 근거로 하고
있으며 국사개설서에 고구려 중심의 고대사(中古)와 함께 단재와 달리 통

---

9) 역사전개과정에 대해서 다음의「조선역사대전」(1928)에서 고구려의 경우는 '창
   업－강성－전성－외구(隋寇·唐寇)－멸망'으로 되어있고 고려의 경우는 '창업－전
   성－쇠란－멸망'으로 되어있다.「국사강의」(1952)에서는 고구려의 경우는 '건국
   －강성－외구－멸망'으로 되어있고 신라는 '건국－발전－극성－쇠세(衰世)－멸
   망'으로 되어있다. 그리고「대한역사」(1959－신라)에는 '건국－진보－흥융－극
   성－말세－멸망'으로 되어있다. 이러한 설명은 산운이 한국사의 변화과정을 스스
   로 정리한 결과로 볼 수가 있다.

일신라를 부각시켰으나, 마지막 개설서인「국사개론」의 말미에「삼국사기」를 비판하고 있다. 특히「삼국사기」첫 줄(박혁거세 즉위 연대)에 중국(전한) 宣帝 五鳳 원년(B.C.57)이라고 한 것은 사대주의와 모화사상의 근거라고 하였으며 무엇보다도 중국문헌(「사기」·「한서」·「후한서」·「삼국지」·「북사」·「남사」·「수서」·「당서」(신·구)을 인용한 사실과 외교기록에서 중국 측이 주장하는 朝貢을 사용한 사실, 그리고 왕의 죽음에 薨자를 쓴 것 등을 들고 있다. 다만 신라사에서 화랑도의 의미와 통일신라와 발해를 한민족으로 남북국시대를 강조한 것은 산운의 역사관이지만 경애왕의 포석정 연유(宴遊: 포석정은 놀이터가 아님)가 신라 멸망의 단초라는 견해는 산운이 미처 생각하지 못한 한계로 생각된다.

　이와 같이 산운은 국사내용을 서술하면서 사회가 바뀌고 동시에 많은 역사저술이 보여졌음으로 자신도 그 내용이 달라지게 됨을 나타내기 위해 저술을 보강하였으며 역사서술내용에 대한 새로운 해석과 자신의 역사 인식의 보강을 위해 여러 권의 저술이 필요하게 된 것이다. 그러나 고대사 위주의 역사 인식은 바뀌지 않았으며 국사가 주는 의미(교훈)는 더욱 강조하려는 뜻에서 보완의 저술이 이어진 것이다. 그리고 국사내용의 보완책으로 위인전을 통해 자신의 역사관을 나타내고 있었다.

2
•

해방 이전에 편찬된
국사개설서(제1-3권)의 분석

  산운이 1916년(28세)에 처음으로 쓴 「국사」(85면)는 상고사(단군조선-열
국시대: 2장-3면), 중고사(삼국-남북조시대: 24장-44면), 근고사(고려시대: 10장
-17면), 근세사(조선시대: 8장-13면), 그리고 최근사(항일합방-해방: 1장-3면)
으로 되어있다. 이 책의 특징은 고대사 분량이 전체의 75%(64면)가 되고
있으며 고려사(근고)를 제외한 중고사도 44면(52%)으로 전체의 절반이 되
고 있지만 실제로 고구려사 부분이 35면(19절: 41%)이나 되고 있어 「국사」
가 지닌 의미는 고구려를 강조한 단재의 견해를 보강하면서 고대사를 부
각시켰다고 생각된다.

  이 책의 특징을 한마디로 말하면 역사의 전개(발전)과정은 왕의 업적기
록이라 하겠다. 중고시대 설명의 24장 내용이 거의 전부가 왕의 활동 내
용으로서 고구려는 주몽부터 보장왕까지 23명의 왕(백제는 9명, 신라는 14명,
발해는 4명)의 업적이 역사서술내용의 기본사항이며 그외 외적퇴치의 장군

(을지문덕·개소문)의 활동이 대부분을 차지하고 있다. 그 외 제도내용과 유적제목(고구려벽화, 신라 불국사, 석굴암 등)은 명칭 정도의 서술뿐이었다. 「국사」 내용을 시대별로 정리하면 [표 1]과 같다.

[표 1] 「국사」의 내용(85면)

내용	분량(p)-%	주요 사항
상고	3(p)-0.4%	단군의 건국(태백산 탄생)·열국시대(조선의 수도-평양)
중고	44(p)-52%	대표적인 왕(광개토왕·장수왕-진흥왕·문무왕·성덕왕-무왕·문왕〈발해〉)
근고	17(p)-20%	왕(왕건·성종·문종)·거란(강감찬)·여진·몽고·삼국사기·금속활자
근세	13(p)-15%	왕(태조·태종·세종·성종)·임진왜란(이순신)·당쟁·유학자
최근	3(p)-4%	세계대전·3·1운동·임시정부
기타	5(p)-6%	목차(4p)·연표(1p)

여기서 볼 수 있듯이 국사내용은 각 장 항목이 거의가 왕의 활동으로 되어있으며 마지막에 제도와 문명은 간략한 제목뿐이었다. 그러나 고대사 중심(고구려사 위주)으로 서술되어 있으며 주요항목은 「삼국사기」 내용을 거의 인용하고 있으나, 「삼국사기」에 빠지고 없는 발해를 남북국시대로 고대사 체계화를 시도한 것은 단재와 다른 산운의 역사관으로 보여진다. 동시에 통일 신라라는 표현을 쓰지 않았으나 백제고지를 전부 통일하였으며 통일을 강조하기 위해서 '태종은 영걸하여 김유신을 대장군을 삼아 백제고지를 전부 통일하였고 고구려고지 남부를 취한 후에 정치가 현명하고 문화가 융성하였고 신라와 발해가 병립하여 남북국시대가 되었다'라고 서술하였다.

그러나 이러한 산운을 계승한 이병도는「한국사대관」에서 신라통일은 강조되고 있으며 '발해의 건국은 고구려의 부활'로 표시하였으나, 두 나라는 하등의 국제적 교섭이 없었다(pp.129 - 133)고 서술하고 있다. 그러나 이기백의「한국사신론」(일조각. 1967 - 신수초판. 1990)에서 남북국의 형세 (p.130)로 보았으며 변태섭의「한국사통론」(삼영사. 1986 - 개정판. 1996)에도 민족의 통일과 남북국가(p.206)로 나타나있다. 이어 한영우의「다시 찾는 우리역사」(경세원. 1997 - 전면개편 2004)에도 통일신라대신 후기신라로 되어 있지만 발해의 건국과 남북국시대(p.147)로 되어있으며 국사편찬위원회 에서 출판한「한국사」(권10. 발해사. 1996)에도 남북국(p.234)으로 설명하고 있다. 따라서 유득공(「발해고」)에서 시작된 남북국시대는 산운에 의해서 정식으로 고대사 체계화가 이룩된 것[10]이다. 현재 많이 활용되고 있다.

결론적으로 정리하면 산운의 국사개설서의 바탕이 된 초판「국사」는 전체가 45장으로 되어있지만 상고는 2장, 삼국·남북국시대는 24장, 고려 (근고사)는 10장으로 되어있어 고대사는 34장이어서 전체의 63%가 되고 있어 고대사의 의미를 보게 된다. 그리고 근세(조선시대)는 8장, 마지막 최근세는 1장으로 되어있다. 무엇보다도 제목(목차)에 보여진 내용이 거의 가 왕의 활동(일부는 외족퇴치내용)으로 되어있어 국사의 의미를 알 수 있으 며, 국사개설서에 처음으로 남북국시대를 적용하여 고대사의 체계화(상고 - 중고 - 근고)를 비로서 정리하였으며 그 후의 저서에도 적용되었으며 고 대사가 지닌 의미(강렬한 국가의식과 외적퇴치)로 부각시킨 산운의 고대사 인

---

10) 남북국에 관계된 구체적인 문헌은 없으나「삼국사기」(권10)에 원성왕 6년(790)
   에 일길찬 伯魚를, 헌덕왕 4년(812)에 급찬 崇正을 북국(발해)에 보냈다고 되어
   있으며, 최치원의 謝不許 北國居上表에도 발해를 북국이라고 하였다.

식을 보여주고 있다.

다음으로 두 번째 저술서인 「조선역사요령」(102면: 1923)은 앞선 「국사」
보다 분량이 약간 늘었으나 실제내용은 큰 변화가 없으며 역대세계표(歷
代世系表)가 많은 분량을 차지하고 있다. 본서에서도 중고사가 53면(52%)
으로 그 비중을 알 수 있으나 무엇보다도 내용은 앞선 책이 보여준 왕의
활동(업적) 위주에서 벗어나 국가의 발전문제(왕조의 성장과정, 영토 확장, 전
란, 수·당전쟁, 지리·제도·문화)와 특히 역사이해에 큰 도움이 되는 지도가 빈
번하게 나타나고 있다. 다만 중고사는 앞 책과 달리 삼국의 전기(성립과 3
국의 갈등), 후기(광개토왕~제·려 멸망), 남북국 시대(신라전성, 발해창업, 신라·발
해 멸망, 지도)로 정리되어있다.

특히 신라의 흥융에 대해서는 정치현명, 교육선미, 국민의 忠良·의용
심·단결심에서 온다고 하였으며 제·려 멸망으로 그 인민과 문명이 많이
파괴된 것은 조선인의 불행으로 보았으나, 곧 이어 신라가 조선반도의 대
부분을 통일하였고 웅려한 신라문명을 작출한 것은 의미가 크다고 하였
다. 특히 신라인의 위국충절(멸사위국)의 화랑정신을 강조하여 사다함·김
흠운·관창·비녕자·지조부인(무열왕의 딸로서 김유신 부인으로 전쟁에서 패하고
살아돌아온 元述을 만나기를 거부 등)을 들고 있다.[11]

여기서 주목할 것은 국가의 성장과 변화과정에서 「국사」에서 볼 수 없
었던 역사의 전개과정에서 다음과 같은 소개가 나타나있다.

---

11) 김태식, 김유신과 그 가족(「화랑세기 또 하나의 신라」 김영사, 2002) p.154
    신형식, 김춘추와 김유신의 관계 속에서 밝혀야 할 내용은(「새로밝힌 삼국시대
    의 역사적 진실」 우리역사연구재단, 2013) p.240

　　고구려: 창립-강성-전성-외구(隋寇·唐寇)-멸망

　　신라: 창립-진흥-흥융·전성-문약-멸망

　이러한 사실은 어느 사회(왕조)의 전개과정에서 볼 수 있는 내용으로 산운의 다음 저서에서도 그대로 이어지고 있다. 그러나 이러한 사회변화과정은 인간의 성장과정(변화)에서도 볼 수 있는 내용으로서 Spengler와 Toynbee의 순환사관에서 제시한 내용 중 Spengler의 생물학적 문명관(소년〈봄〉-청년〈여름〉-장년〈가을〉-노년〈겨울〉)과 Toynbee의 문명의 순환론(Genesis-Growth-Breakdown-Disintegration)[12]보다 앞선 산운의 역사전개과정(창립-진흥-흥융-문약-멸망-신라)은 큰 의미가 있다고 하겠다.[13] 무엇보다도 Toynbee가 제시한 역사전환과정에서 나타난 도전(Challenge)과 응전(Response)의 문제와 마지막 해체과정(Disintegration)에서 보여지는 혼(종교)의 분열과 지배계층의 분리(Ruling Majority가 Dominent Minority)모습은 나말여초와 여말선초의 현상과 너무나 비슷한 모습을 보게 된다.[14]

　[표 3]에서 볼 수 있듯이 「조선역사요령」은 앞서(「국사」)보다는 약간 분량은 늘었으며 역시 중고사에 중점을 두었으나 왕의 업적보다는 앞에서 제시한 역사전개과정에 초점을 보이고 있으며 역사전개과정의 큰 틀은

---

12) 박성수, 순환론적 역사관(「새로운 역사학」 산영사, 2005) pp.416-432
13) 신형식, 장도빈(「한국고대서술의 정착과정연구」 경인문화사, 2016) p.285
14) 신라말의 변화과정(불교〈성종의 미두〉 유교사상의 변화·호족의 대두·최치원을 대표하는 신흥세력의 등장)과 고려 말의 변화(성리학의 수용과 정도전 등 신흥사대부의 등장)와 너무나 흡사하다.

[표 3] 조선역사요령(1923-102면)

내용(면수)-%	주요 내용
상고(7)-7%	단군조선(2장)·열국(5장)·단군조선지도(흑수〈동북〉·서〈난하〉)
중고(53)-52%	전기(삼국의 성립·갈등)·후기(고구려·신라전성)·남북국(지도)
근고(9)-9%	제1기(고려성립·전성)·제2기(멸망·제도·문화-지도)
근세(18)-18%	제1기(성립·사화)·제2기(당쟁·외구-지도)
최근(2)-2%	조선말엽 안중근의 이또살해
목차(5)·우리나라 역대세계(8)	

왕의 활동이 아니라 변화되는 과정에 중점을 두었으며, 이러한 시도는 다음의 저서에서도 계속되고 있다.[15]

「조선역사요령」의 내용크기는 「국사」의 그것과 비슷하지만 상고시대와 고려(근고)가 크게 확대되었으나 고대사의 비중은 여전히 크게 서술되고 있다. 그러나 서술 내용이 왕의 개인적인 활동위주에서 벗어나 국가의 발전과정(창립 - 강성〈진흥〉 - 흥융〈전성〉 - 외구〈문약〉 - 멸망)을 제목(주제)으로 제시하고 마지막에 제도 및 문화를 삽입한 사실은 역사이해의 방법을 보다 다양해졌다는 것을 보여주고 있다. 특히 앞에서 나타나지 않던 지리

---

15) 역사전개과정에 대해서 다음의 「조선역사대전」(1928)에서 고구려의 경우는 '창업-강성-전성-외구(隋寇·唐寇)-멸망'으로 되어있고 고려의 경우는 '창업-전성-쇠란-멸망'으로 되어있다. 「국사강의」(1952)에서는 고구려의 경우는 '건국-강성-외구-멸망'으로 되어있고 신라는 '건국-발전-극성-쇠세(衰世)-멸망'으로 되어있다. 그리고 「대한역사」(1959-신라)에는 '건국-진보-흥융-극성-말세-멸망'으로 되어있다. 이러한 설명은 산운이 한국사의 변화과정을 스스로 정리한 결과로 볼 수가 있다.

(지도중심)를 강조하고 있으며 元曉를 학자(문호)로 萬法惟心의 가르침(心生相生 心滅相滅)을 부각시키고 있다.

산운의 세 번째 개설서인 「조선역사대전」(1928: 137면)은 앞선 「조선역사요령」보다 분량이 일부 늘었는데 그 내용은 상고사·근고사·근세사가 조금 커진 대신 중고사는 약간 줄이고 있다. 본서의 시대 구분이나 제목도 거의 앞 책과 비슷하여 중고사도 전기·후기·남북국으로 되어있으며 전기(2277~2723: B.C.57~A.D.390 - 혁거세 등장~고국양왕 7년)에 고구려사를 강조하면서 강성요인은 앞의 책과 같이 상무정치·국민의 용감성·국가위치(민족경쟁터)·국민의 근검성·훌륭한 영주 등을 들고 있다. 그리고 초기 여러 왕의 업적을 소개하고 있으며 백제 역시 근초고왕의 전성기를 설명하고 있다.

중고사의 후기(2724~3001: 광개토왕 1~보장왕 27)는 고구려 전성기로서 광개토왕의 업적(거란정벌·동부여항복)과 장수왕을 거쳐 문자왕·평원왕에 이르는 시기이다. 이 시기를 전후해서 백제·신라도 발전하였으며, 수·당과의 전쟁(을지문덕·양만춘)을 길게 소개하고 있다. 그 후 신라는 무열왕이 김유신의 도움으로 '정치의 흥융·교육의 선미·인민들의 충량·의용심과 단결심'의 결과로 전성기가 되었으나[16] 백제·고구려는 정치적 혼란과 특히 고구려는 연개소문 아들의 갈등으로 멸망케 되었음을 지적하

---

16) 산운은 당시 신라인의 충량(忠良)한 구체적 사례로 ① 18세인 사다함의 행위(포로를 양민으로 삼고 賞田은 군사에게 분급) ② 김흠순이 남이 알던 모르던 전쟁에서 순직함 ③ 관창의 용맹 ④ 비녕자와 그 아들의 전사사건 ⑤ 김유신 아들(원술)이 패전하고 도망간 후에 어머니(智照)를 보러갔을 때 그가 만나기를 거부한 사건 등이다.

고 있다.

끝으로 남북국시대사(3002~3268: 문무왕 9년 669~경순왕 9년)에는 신라의 통일의지를 나타내어 조선반도의 대부분을 통일하였고 인재의 배출·인민의 부서(富庶)·교학의 융성·예술의 우미 등 찬란이 극하여 당시 웅려한 신라문명을 창출한 나라를 보여주었다고 하였다. 이어 발해의 융성과 신라의 문약을 소개한 뒤에 신라·발해의 멸망을 설명하였다.

[표 3] 조선역사대전(1928-137면)

내용(면수)-%	주요 내용
상고(16)-12%	고조선(건국·제도·인민), 열국(흥기·전성·변혁·제도·문화)
중고(48)-35%	전기(삼국의 성립·발전), 후기(고구려·신라흥융·문화), 남북국(신라·발해 전성)
근고(22)-14%	흥융(건국·거란·여진 전쟁), 쇠망(무신란·몽고침입·내란·문화)
근세(26)- 19%	전성(건국·세종·사회), 쇠약(당쟁·외구-제도·문화)
최근(11)-80%	대원군·갑신정변·동학란-일·청전쟁 이후(을미사변, 일·러 전쟁)
목차(6)·세계(8)	

위의 [표 3]에서 보듯이 본서의 내용은 앞의 「조선역사요령」을 계승하여 고구려의 강조와 통일신라의 융성을 그대로 부각시키고 있다. 여기서도 왕의 업적보다는 정치·군사적 변화과정을 중시하였고 고려·조선시대의 내용을 넓히고 있다. 다만 앞의 저서에서 보여준 강성기의 영토를 나타내주는 여러 지도가 사라지고 없는 것이 도움이 될 수 없는 특이한 모습이다. 본서의 서술과정에서도 고구려는 왕조(나라)의 전개과정에 창업-강성-전성-외구(外寇)-멸망으로 되어있으며 신라 역시 창업-진

흥(발전)−전성(흥융)−문약−멸망으로 되어있어 왕조 전개과정의 틀이 얼듯 보기에는 Spengler나 Toynbee의 견해를 보는 것 같지만 산운은 그보다 훨씬 앞서서 역사전개과정을 정리하고 있다.

　본서의 내용은 거의가 「조선역사요령」을 이어 시대구분도 같게 서술(전기 - 후기 - 남북국)되었으며 제목도 그대로 계승되었다. 그러므로 고대사의 내용은 역시 고구려사가 특별히 강조되어 「조선역사요령」과 같이 광개토왕·장수왕만 제목에 나타나고 있다. 동시에 그 이후의 서술에서도 시조(개조)와 외적퇴치의 장군(개소문·강감찬·윤관)의 명단만 나타나 있다.

3
·

해방 이후에 저술된
국사개설서(제4-5권)의 분석

산운의 4번째 개설서는 해방 후 첫 저술인 「국사강의」(302면: 1952)이다. 본서는 개설서로는 가장 큰 책으로 시대구분은 앞선 여러 개설서와 비슷하며 중고사편이 가장 길고(132면: 44%), 상고사(15면: 5%), 근세사(44면: 15%), 최근사(21면: 7%)도 약간 늘고 있다. 다만 중고사는 전기·중기·남북조의 구분이 없이 30장(삼국시대 22장: 남북국시대 8장)으로 역사전개와 정치·문명의 내용으로 되어있다.

그러나 해방 이후의 저서에는 조선이라는 표현이 없어지면서 근본내용은 비슷하지만 새롭게 국사라는 제목이 붙게 되어 독립된 국가로서의 의미와 대한민국의 정통성을 강조한 사실이 주목된다. 이러한 견해를 역사서술의 내용(고대사 위주)은 해방 전의 저술과 큰 차이가 없다 해도 정치와 문화면의 변화과정이 강조되고 있어 국가의식의 중요성을 보여주고 있다는 점이다.

특히 상고사에 대한 중요성(비중)이 앞선 「조선역사대전」부터 강조되면서 본서에서도 우리 민족의 발원(만주대륙과 조선반도)의 의미를 부각시키기 위해 단군조선 이후 열국시대는 고조선을 정통으로 이은 부여를 앞세웠고, 기조(기자조선)가 나타났으며 기조의 계승자인 마한을 강조하고 있다.

다만 해방 이후의 저서에는 당시에 정인보(「조선사연구」 상·하, 1946), 안재홍(「조선상고사감」 상·하, 1947, 48), 손진태(「한국민족사 개론」 1948), 최남선(「조선역사」 1947) 등의 저서가 발간되었기 때문에 단재이외에도 자신의 입장은 물론 이들의 견해가 참고가 되고 있었다. 이것이 「국사강의」(1952)와 「국사개론」(1959)이다. 따라서 고구려사 위주의 삼국시대사와 백제요서 진출(정인보), 고구려의 부여정통계승문제(안재홍), 통일신라의 위상(손진태), 신라문화의 정통성(최남선) 등은 산운의 해방 이후 저서에 큰 영향을 주었다. 그러나 산운은 이미 「국사」에서 고구려사 위주의 고대사 인식과 남북국시대를 한국고대의 체계화로 인정하고 있어 해방 이후에도 그러한 인식은 변할 수 없었다.

그러나 해방 이후의 첫 저서인 「국사강의」에서는 기존의 저서와는 달리 정치제도와 문화면(학술·종교·예술·산업)이 크게 확장되고 있다. 이러한 변화는 해방 후 많은 저서가 출간되면서 그 영향도 있지만 해방 후 한국사회의 발전에 따른 문화(여기서는 문명)의 발달에 따른 불가피한 현상으로서 불교의 발전상과 예술의 발달(고구려의 고분벽화·신라의 불국사·석굴암)에 대한 구체적인 해설과 고승 및 학자들에 대한 설명이 길게 나타나 있다. 이러한 변화는 해방 이전의 정치·군사적 지도자 위주의 사회가 문화면으로 확장되었음을 보여주고 있어 달라진 산운의 역사 인식을 알 수가 있었다.

본서의 특징은 상고사에서 우리 민족은 동양인종으로 東北派(조선인·만주인·몽고인)로 보아 中央派(한인·토이기인·서장인)와 東南派(일본인·태국인·안남인)로 구별시켰으며 단군시대의 국경(동·남쪽은 제주도·울릉도, 서쪽은 난하, 북쪽은 송화강 하류)을 크게 하였고 중국문헌(「사기」·「한서」)에 보여진 기자입국설은 사실이 아니라고 하였다. 다음의 중고사는 3국이 건국된 이후 고구려는 태조왕·동천왕·미천왕 때 발전되었으며 광개토왕·장수왕 때 전성기를 맞았다는 내용은 우리가 알고 있는 바이다. 따라서 백제는 근초고왕 때, 신라는 지증왕 이후 법흥왕·진흥왕 때에 전성기가 된 사실을 기록한 후, 고구려의 수·당과의 항쟁과 제·려 멸망을 설명하고 있다. 그러나 무엇보다도 고구려의 장점(국민의 용감성·위대한 민족성·상무주의적인 교육훈련)과 영웅군주(광개토왕·장수왕)의 등장과 같은 고구려사에 큰 비중을 둔 것은 여전하였다.

본서에서 주목할 사항은 역시 역사전개과정의 설명에 나타나있다. 고구려의 경우 '건국—강성—대업(전성)—외구—멸망'이라든가 신라는 '건국—발전—극성—쇠세(衰世)—멸망'으로 하여 「조선역사요령」 이후 꾸준히 계속된 역사전환과정으로 외모는 Spengler, Toynbee와 비슷하지만 그 보다 훨씬 앞선 견해(국내에 알려지지 않아)로 그와는 관계없이 산운의 독자적인 입장으로 이미 앞에서 서술된 것은 의미있다고 할 것이다.

이러한 고구려사 위주의 서술과 함께 산운은 신라사에도 큰 비중을 두고 신라의 흥융원인(현명한 정치·교육의 선미·화랑정신에 따른 의용과 단결심·애국심)과 통일의 의미를 부각시켜 단재와 전혀 다른 시각을 갖고 있다. 단재는 김유신을 '내심이 험악하고 억센(陰險鷙悍) 정치가며 평생 전장에 가지도 않고 음모로 외국을 쳐들어간 반민족적 죄인'으로 규정하여 김춘추와 김유신을 부정적으로 평가하였지만[17] 산운은 이와 정반대로 탁월한 영걸로 국사에 협력한 인물로 부각시켰다. 이러한 시각에서 「삼국사기」에는 없는 발해 태조가 3034년(효소왕 10년: 701)에 신라에 사신을 보내 남북국시대가 되었다고 하였다.

[표 4] 「국사강의」 내용(총 302면)

내용	분량(%)	주요 내용
상고	15면(5%)	우리민족의 기원·단군·열국시대·열국시대 문화
중고	132면(44%)	삼국의 건국·삼국의 발전·삼국의 전성 삼국의 정치·문화·신라 극성·발해성시
근고	85면(28%)	고려의 건국·발전·강감찬··윤관·몽고관계·고려의 정치와 문명
근세	44면(15%)	태조·태종·세종·세조·성종·당쟁·이순신당쟁
최근	21면(7%)	대원군·러·일전쟁·일본침략·한국말세의 문화
목차(5)		

[표 4]에서 보듯이 본서 내용은 역시 중고시대가 절반 정도이며 고려사(근고)가 크게 확대되었지만 앞선 개설서의 설명을 거의 계승하였으며, 무열·문무왕의 통일의지(려·제고지를 통일하고자 함)와 김유신을 포함한 3인을 당세 영걸로 부각시켰다. 제목에는 없으나 남국(신라)과 북국(발해)이 병립하여 남북국시대를 강조하였다.

위에서 보듯이 「국사강의」는 첫 번째 서술된 「국사」를 이어받아 「국사강의」로 조선역사라는 제목을 바꾸기 시작하였다. 그 내용은 「국사」의

---

17) 신채호, 「조선상고사」(김춘추의 외교와 김유신의 음모) p.321

바탕을 이었으나 제목에는 삼국의 발전 외에 많은 왕은 약간 줄었으며 시조 외에 고구려는 광개토왕·장수왕 외에 태조왕·동천왕·미천왕이 등장되었고 백제는 근초고왕뿐이었고 신라왕은 진흥왕과 문무왕이 전부였다. 그러나 고려(근고)사에는 개조 외에 여러 왕(광종·성종·현종·덕종·인종·의종·충열왕(敬孝大王)이 등장하고 있으며, 외적퇴치의 장군(을지문덕·개소문)이 나타나있다. 결국 본서도 최초의「국사」내용을 보강한 것이다.

산운의 5번째 개설서인「국사개론」(122면: 1959)은 상대사 이후 고구려·백제·신라·발해·고려·조선사연구(왕조별)로 되어있다. 제목은 상대·중고·근세로 있지만 실제 내용은 왕조별로 정리되어 있으며 여기서도 중고사(77면: 63%)가 전체의 절반이 넘으며 고구려사가 44면(전체의 36%)으로 지나치게 강조되었으나 고려사는 고작 6면, 조선사는 14면으로 되어있어 한국사 개설로 볼 때 균형을 잃고 있다.

비교적 부피가 큰 상대사(단군조선~열국시대)는 단군조선(대동강 중심)과 그 후 부여(만주)·삼한(반도의 남부)을 말하고, 단군(4292년 전)의 건국에 대한 근거를 제시하였고[18] 단군 및 열국시대의 경계와 기자의 조선왕설은 역시 부인하고 있다.

중고사(77면)의 첫 장으로 강대국인 고구려(138면)는 상무주의·군국주의·진취주의·민족주의·정의주의·민본주의 국가로서 정치·법률·교육·군사 등 각 방면에 나타나있다 하였다. 그리고 고구려를 대표하는 유적으로서 광개토왕비·평양시가·왕릉벽화 등을 소개하고 고구려의 인구수(2480만)를 설명한 후 고구려멸망 원인(정치문란·부패·연개소문 아들의 문란)

---

18)「세종실록」·「제왕운기」·「삼국유사」등의 기록으로 정리하였다.

으로 정리하고 있다. 백제는 간략하게 소개하여 부여의 인구(152,300)와 관직, 그리고 정림사탑 등을 설명하고 있다. 여기도 강조한 것은 국가의 흥망은 국가의 대소에 있는 것이 아니라 국민의 정신(애국심과 정의감)에 있는 것임을 내세운 점이다. 고구려 멸망원인은 정치의 문란, 관리의 부패, 연개소문 자식의 반란, 그리고 나당의 군사적 단합 등을 들고 있다.

다음의 백제사(6면)는 그 나라의 기원으로 마한정복, 왕의 계보와 국호(처음에는 十濟), 백제의 주요 성곽(한성·북한산성), 수도인구(15만 3300호), 문화내용(건축술·백제 鏡) 그리고 문화내용(일본 법륭사와 신라 황룡사 9층탑은 백제 기술자의 작품) 등 아주 간단하게 서술되어 있다.

신라사의 설명(15면)에는 대마도는 세종 때까지 신라영토였고 神功王后의 신라침략기록(「일본서기」)은 사실이 아님을 밝힌 후 신라가 고구려 문화(경당)를 수입한 결과 고구려의 상무정신과 무용(武勇)을 받아들여 화랑도의 발전에 가능했다고 보았다. 그리고 원광의 5계는 공자와 석가도 몰랐던 사상체계로 신라인의 國敎인 화랑도는 3교(유·불·도)를 포함한 위대한 정신인 동시에 교육이라고 하였으며 그 훈련요령을 구체적으로 설명하고 있다.[19] 이어서 신라는 백제정벌 후 그 고지를 전부 확보(통일이라는 표현은 보이지 않음)하였고 고구려고지는 청천강 남쪽까지 국토를 확장시킨 근거를 제시한 후 삼국시대의 문화는 크게 번성하여 당시 세계의 선진국으로 동양문화의 정수가 되었으며 그 증거로 고구려벽화의 우수성, 원효

---

19) 첫째로 화랑은 훈련소를 열고 다수의 남도(100명 또는 1000여 명)를 훈련시킨다. 둘째 남도와 훈련 받는 정신과목은 정의·애국봉공의 의용과 희생정신으로 武勇·겸손·신의·근면·정직을 실행한다. 셋째로 남도의 학습과목은 학문·무예·(기마·사궁·용검·투창)·음악·유람 등이며 도의를 연마한다는 것이다.

저서의 가치 그리고 첨성대 등을 들고 있다.

특히 산운은 제·려의 멸망은 우리 민족의 쇠약으로 통탄할 일이었으나 신라는 당나라의 야욕을 물리치고 우리민족과 영토를 보존시킨 것은 태종·문무왕·김유신과 같은 영걸(國事에 진력)의 존재와 화랑도의 교육(무력·애국심·단결력)의 결과이며 고구려인의 신라에 대한 원한을 해소하고 발해를 세운 사실 때문이라고 하였다. 그러나 문무왕 이후 신라위정자들이 자립능력을 기르지 못하고 사대주의와 모화주의(慕華主義)에 빠져 민족성이 추락되었다고 보았다. 그러나 신라는 우미한 문화를 성취한 것은 의미가 있다고 하였다.

본서에 주목할 것은 신라의 통일은 언급이 없으며 신라가 외세(당나라)를 이용하여 제·려를 멸망시킨 것은 민족의 쇠약이며 민족정신의 박약이 원인이지만 국토를 확장시킬 수 있었던 것은 신라인이 화랑정신에 입각하여 애국심·단결심이 강했기 때문이라고 하였다. 그러나 신라는 점차 사대주의와 모화주의가 확대되어 나라가 상하게 되었다고 하였다. 그리고 왕조별로 설명하였음으로 남북국시대라는 제목은 없다.

마지막으로 발해사(10면)는 고구려의 계승국으로 신라와 관계가 거의 없었다. 그러나 본서에는 대조영이 효소왕(692~702)때 國使를 보냈다고 하였으며 신라는 발해라고 쓰지 않고 北國이라고 하여[20] 두 나라가 통일

---

20) 발해와의 관계는 「삼국사기」에는 원성왕 6년(790)과 헌덕왕 4년(812)에 사신을 발해(기록에는 北國)에 보낸 기록뿐이지만 최치원의 글(表)에 (謝不許北國居上表)에 발해인이 인접을 요청하여 그 추장(대조영)에게 대아찬의 관등을 주었다고 되어있다. 다만 「동사강목」(권4, 하) 효소왕 9년조에 말갈의 추장 대조영이 사자를 보내 來附하였다는 기록뿐이다.

민족임을 나타낸 것으로 보았다. 그리고 발해 5京·15府·60州의 해설이
있으며 일본과의 관계로 楊泰師의 시가 소개되어 있다.[21] 끝으로 발해가
멸망한 원인으로 발해는 극도로 모화사상에 빠져 고구려의 상무정신을
버리고 부패하고 문약해서 결국 망했다고 하였다. 무엇보다도 발해에 굴
복하며 모욕을 받던 말갈인이 결국 발해 멸망을 촉진시켰다고 보았으며
이로 인해 만주를 잃게 되었으니 이러한 사실은 우리의 민족정신이 빈약
했기 때문이라고 하였다. 또한 신라와 발해가 서로 화합하지 못하였으며
발해(무왕)가 당(등주)을 공격했을 때 당의 요구에 따라 신라가 발해(남경)
를 쳐들어간 사실은 이러한 양국 간의 불화를 의미한다고 하여 두 나라가
和好하지 않은 원인이라고 하였다.

[표 5] 국사개론(1959-122면)

내용	분량(면수)	주요내용
상대사	20(16%)	단군기원·상대의 경계·기자입국부인·열국의 문화
중고사	77(63%)	고구려(44)·백제(6)·신라(15)·발해(10)·화랑도·5계
근고사	6(5%)	고려의 고구려정신 계승·고려문화
근세사	14(11%)	태조·태종의 사대주의·유교의 실패·이순신
삼국사기 비판 5		사대주의·모화사상·중국문헌 활용

[표 5]에서 볼 수 있는 것 같이 본서는 1916년에 산운이 처음으로 서술
한 「국사」를 여러번 보완 끝에 마지막으로 정리한 국사개설서이다. 결국

---

21) 신형식, 발해와 일본과의 관계(「다시 찾은 한국고대사의 해외유적」 주류성, 2012) p.255

산운은 우리나라 역사의 바탕이 된 고대사(중고사: 삼국~남북국시대)를 강조하였고 특히 고구려 상무정신(武勇)이 신라 화랑도로 이어졌으며 비록 상호대립 되었으나 남북국시대를 한국 고대사의 큰 획을 그렸다는 의미를 강조하고 있으나 신라와 발해가 和好하지 못한 것은 상호간 민족정신의 빈약에 있었다고 보았다.

산운은 「국사개론」의 마지막에 삼국사기 비판이라는 글에서 김부식은 묘청의 난 이후 득세하여 仁宗의 명으로 「삼국사기」를 저술하였는데 그는 사대주의와 모화사상에 빠져 박혁거세 즉위년을 漢의 宣帝 五鳳 원년으로 표시한 사실을 비판하여 사대주의 제1보라고 하였다. 더구나 중국문헌(「사기」·「한서」·「삼국지」·「남사」·「북사」·「수서」·「당서」)을 참고하여 중국사에 기입된 사항을 뽑아내어 편성한 사실도 잘못된 것이라 하였다. 특히, 중국과의 관계를 朝貢이라고 한 것은 '김부식의 죄'라고 하였으며, 중국을 天子라고 존경한 것도 사대주의의 필법이며 왕이 죽은 것을 薨자를 쓴 것도 사대주의의 필법이라고 비판하였다. 그러므로 그 편찬의 정신과 방법이 불량했으므로 이제라도 개정 편찬하여 「삼국사기」를 없애고 새로운 역사책을 써야한다고 하였다.[22]

그러나 김부식은 모든 사실을 「삼국사기」의 내용을 바탕으로 고대사

---

22) 김부식은 그 방법으로 「삼국사기」·「삼국유사」·「삼국사절요」·「제왕운기」 등을 자료로 「삼국사기」를 새로 편찬할 필요가 있다고 하였다. 조공이 중국 측으로 볼 때는 主從관계의 표현으로 보이지만 삼국의 입장에서는 연결(외교)된 나라는 중국뿐이었고 당시의 국세로 보아 조공관계는 필수의 외교였다.

다만 삼국은 조공을 통해 선진문화(유교·불교·각종제품)를 받아들일 수밖에 없었음으로 정치적으로는 주공관계라고 하지만 사화·문화상 새로운 문화를 접하는 기회가 될 수 있었다.

신형식, 삼국의 대중국관계(「한국의 고대사」 삼영사, 1999)

를 서술하였음으로 만일「삼국사기」가 없었다면 우리 고대사가 거의 알려질 수가 없었다. 더구나 혁거세 즉위년을 오봉 원년으로 한 것은 당시에 紀年이 알려진 것은 오봉뿐이어서 그것이 꼭 사대주의의 방식은 아니었으며 朝貢이 반드시 사대주의는 아니었고 단지 중국과의 교섭은 조공이라고 하였지만 그 속에는 선진문화의 수용과 강국에 대한 배려였을 뿐이다.

4

마지막으로 저술한
국사개설서(제6권)의 분석

1. 한국상고사의 내용

　산운이 마지막으로 쓴 「대한역사」(1959년: 450면)는 책명칭은 우리나라 역사라고 되어있지만 실제내용은 왕조별로 된 고대사 정리서로서 상고사 (상고조선사·열국사: 86면)·대고구려사(191면)·백제사(59면)·신라사(가야사 포함: 64면)·발해사(48면)로 되어있다. 본서의 특징도 고구려사를 강조하여 앞선 개설서의 성격과 비슷하게 되어있다. 따라서 고구려사를 제외한 각 왕조의 비중은 큰 차이가 없으며 삼국시대의 서술은 각기 다른 제목으로 되어있지만 그 내용은 거의가 「삼국사기」 내용의 왕조별로 설명으로 되어있다.

　상고사의 첫 장 韓國上古史는 우리 민족의 기원으로부터 옥저까지의 역사이다. 우리 민족의 기원은 약 5천년 내지 만 년 전에 만주에 들어와 태백산(백두산)을 중심으로 만주대륙과 조선반도에 정착하여 농업생활이 전개되었다는 것이다. 그 후 4천여 년 전에 대동강 유역(평양 중심)에서 조선(왕검조선)이 건국되었다고 하였다. 단군이 당요(唐堯) 즉위 50년(경인, B.C.2333)에 평양성에서 고조선을 세웠으며 수도를 아사달(구월산)로 옮긴 후 1500년에 장당경(藏唐京)으로 옮겼다가 다시 아사달로 돌아와 산신이 되었다(1908세). 이러한 조선은 연방국가(다수의 소국)였으며 그 유적으로 고인돌(支石)과 많은 석기유물(石刀·石劍)이 발견되고 있다. 그리고 고조선의 지리(영역)에서 동쪽은 울릉도, 남쪽은 제주도, 북쪽은 송화강 하류, 서쪽은 난하유역이라고 하였는데 당시 제주도·울릉도는 알려지지 않았기 때문에 다시 생각할 문제이다.

이어진 列國史에 부여는 고조선의 실질적 계승자로서 조선 다음가는 오랜 역사를 지닌 강력한 나라(3천 년 전에 건국)로 해씨왕조이며 고구려의 전신으로 정치가 비교적 발달되어 중국(漢)과 맞섰던 나라였다. 특히 북부여 해부루왕과 금와왕(金蛙王) 그리고 해부루와 해모수 관계, 이어서 해모수왕의 태자인 대소(帶素)와 유화의 아들인 추모(鄒牟)와의 관계를 통해 고구려 건국 내용을 조선유민이 세운 나라로 마한왕에게 부속되었으며, 그 소국인 신라(혁거세)가 2277년에 나라를 세워 점차 세력이 커져서 단기 2500년에 신라에 통합되었다. 진한은 미곡(米穀)과 어육·채과(菜果)를 식용으로 하고 악기가 있었는데 이것은 가야금의 전신으로 추측하였으며 2500년대에 신라에 흡수되었다. 卞韓은 12개 소국으로 이룩된 나라로 마한의 속국으로 초기에는 신라에 부속되었다가 2375년에 가야국(김해) 소속되었다. 濊國은 아슬라(강릉)를 중심으로 건국되었으나 2370년(대무신왕 20)에 고구려에 통합되었다. 沃沮(함경도 일대)는 남옥저(동옥저)와 북옥저로 분립하였으나 북옥저는 2307년(동명성왕 11)에, 남옥저(「삼국사기」에는 동옥저)는 2390년(태조왕 4)에 고구려에 흡수되었다.'

2. 대고구려사의 내용

상고사 다음의 大高句麗史는 「대한역사」 전체의 42%가 되는 191면으로 산운이 언급한 국사의 최대 중요한 부분으로 '고구려사를 제하면 우리 국사는 가치가 없다'는 것이다. 본서의 첫머리는 총설(대고구려사 요해)로 고구려는 우리민족의 자주독립 정신과 강국을 가진 나라로서 건국이념(무용·정의)에 따라 법률은 敗戰退走者는 사형, 교육은 무예(用劍投槍), 풍속은 기사수렵(騎射狩獵), 도덕은 義勇奉公, 습관은 자유혼인이며, 외적퇴치 정복내용을 연대순으로 소개하였다. 고구려극성기(평원왕~영류왕대: 559~642)의 모습(서쪽은 요하〈산해관 이동〉, 북쪽은 흑룡강, 동쪽은 연해주, 남쪽은 충청북도까지 동서남북 6천리)에는 인구는 3천만으로 설명하였다. 당시 국민의 애국심과 단결력이 강하여 수·당의 침입을 격퇴할 수 있었으나, 말기의 정치의 부패·연개소문의 아들내란·오랜 전쟁으로 물자결핍·나당군의 연합으로 패망하였다고 서술하였다. 이어 백제고지와 고구려고지(청천강이남~원산이남)는 신라가 영유하고 그 이북은 발해가 나타나 남북국시대가 전개되었다고 하였다.

대고구려사 요해는 총설에서 우리민족의 자주독립과 강국의 경험으로 고구려사가 유일한 표준이라고 하였다. 첫째로 부여의 전통을 계승한 尙武義勇을 지녔으며 건국이념은 武勇과 正義라는 것을 강조하였다. 그러므로 엄격한 법률 훌륭한 교육(騎馬·射弓·독서수학), 위대한 풍속(騎射狩獵· 음악·무용선호·학문숭상), 훌륭한 도덕(정의·근면·애국심)이 있었음으로 건국이 되었다는 것이다. 그리고 고구려의 성장과정(외적퇴치·민족통일[23]·극성시대) 과 멸망(말기의 정치부패·오랜 전쟁의 피해·나당연합·남북국시대)에 이어 훌륭한 문화(석조능묘·평양시가의 멋·고분벽화)를 들고 있다.

총설인「대고구려사 요해」에 이어진「대고구려사」는 처음에 대고구려 700년사(120면: p.114 - 234)로 고구려사전과정을 정리하고 있다. 먼저「삼 국사기」기록에 따라 동명성왕의 19년간의 업적과 그 아들인 유리명왕 의 37년간의 활동을 소개한 후 대무신왕의 업적과 모본대왕의 6년간에 한 일들이 소개되고 있다. 이어 태조대왕의 94년간(53~146)의 활동과 그 를 이은 차대왕·신대왕·고국천왕 그리고 산상왕의 내용은 역시「삼국 사기」내용을 그대로 옮기고 있다. 이어서 동천왕·중천왕·서천왕·봉상 왕·미천왕·고국원왕의 활동역시「삼국사기」기록을 복사하고 있다.

고국원왕을 이은 소수림왕(371~384)의 업적을 설명하면서 특히 불교의 전래(順道)와 大學설치를 특별히 강조하였으며 고국양왕이 신라와 맺은 우호관계(왕족인 실성을 인질로 받음)를 강조하고 있다. 특히 광개토왕(391~ 413)의 업적에는 백제정벌 외에 광개토왕비문 내용을 소개하고 있으며 장 수왕(413~491)의 활동에는 평양천도(427), 대외관계(후위·왜)와 개로왕 살

---

23) 산운은 고구려의 강성을 설명할 때 소제목은 민족통일이라 하여 옥저·동예·부여 의 통합과 백제·신라를 조공국으로 설명하여 내용은 민족의 통합이라고 하였다. 따라서 민족의 통일이라기보다는 통합으로 보는 것이 타당하다. 다만 중국과의 관계 속에서 보여진 백제·신라가 조공국이라고 하여 같은 민족끼리 조공국이라 고 한 것은 사실이 아니다.

해 사실 역시 「삼국사기」 내용을 그대로 전하고 있다. 이어 문자왕·안장왕·안원왕·평원왕·영양왕의 업적을 전하고 있다.

특히 영양왕 23년(612) 여수전쟁(살수대첩)의 천황(수나라 9군의 모습. 을지문덕의 역할〈적장 于仲文에게 보낸 5언시〉)을 부각시켰다. 이어 영류왕의 업적에는 장성조성(연개소문 - 대전략가: 631～646)이 소개되었고 보장왕의 활동에는 안시성승리과정(645)을 장황하게 설명한 후에 고구려 멸망과정이 이어지고 있다. 다만 고구려 멸망은 고구려건국이 망한 것이 아니라고 씨왕조가 망한 것이라고 해설하고 있어 그 성격에 문제가 있다.

끝으로 대고구려제도사는 중앙정부조직으로 國相(막리지) 아래 大主簿(재정)·古雛大加(외교)·中裏位頭大兄(내무) 이후 대장군은 군사를 장악한 관직이라고 보았다. 그리고 형법제의 내용으로는 사형제와 몰수제를 설명하고 있다. 문화사에는 고유종교(조상제사·천제·산천제), 유교(교육과 정치의 바탕), 불교(문화의 바탕 - 고승들의 애국정신 부족), 고승명단(담징·혜량·혜자·혜관·보덕), 그리고 고분벽화(수렵도·야유도·씨름도·행열도)는 세계적인 예술품이라고 칭찬하였다. 특히 고구려의 음악에는 중국문헌(「구당서」)에 소개된 도피필률(桃皮篳篥: 풀피리·草笛)을 설명하고 있어 우리민족의 전통음악의 가치를 부각시키고 있다.[24] 여기서도 국가의 흥망은 국가의 대소에 있는 것이 아니라 국민의 정신(애국심과 정의감)에 있는 것임을 강조하고 있다.

이상에서 본바와 같이 산운은 고구려사에 대한 지나친 강조로 대고구려사로 나타냈으며 모든 왕을 大王으로 표현하고 있다. 고구려는 군사적

---

24) 박찬범, 「한국 풀피리음악의 역사와 자료」(정우출판사, 2009)
　　신형식, 풀피리는 우리나라 최고의 민속음악이다(「새로 밝힌 삼국시대의 역사적
　　진실」 우리역사연구재단, 2013) pp.181-185

인 강국만이 아니라 문화대국으로 제·라뿐만 아니라 해외(말갈·거란·일본)에 전파시켰으며 고유의 종교(祭祖觀·祭天·祭山川)·유교(교육과 정치에 반영·충효관)·불교·예술(궁전·회화·음악〈도피필률〉·벽화)의 발전에 따른 민족문화의 발달을 들고 있다.

3. 百濟史의 내용

백제사는 백제사요해에서 그 나라 성격을 정리한 후「삼국사기」내용을 중심으로 건국 이후 변화과정(1~6절)을 한 후 제도·문화를 설명하고 있다. 백제는 마한의 한 나라였으나 근초고왕(346~375)때 강국으로 성장하였으나 그 후 신라와의 갈등으로 나·당연합군에 패망하였지만 말년에는 인구가 620만이나 되는 큰 나라였고 발달된 문화(중국문화와 불교문화를 바탕)를 일본에 전해준 바 있다고 하였다.

제1절(본기 제1)은 온조왕부터 5대 초고왕까지(B.C.18~214:「삼국사기」본기 1)로 온조왕의 등장과정(주몽이 죽자 유리왕 등장으로 비류·온조는 남하)으로부터「삼국사기」에 나타난 활동(말갈침입격퇴·순행·성곽조성·마한침략격퇴)을 그대로 옮기고 있다. 이어 다루왕·기루왕·초고왕 등의 업적을 소개하고 있다. 제2절은 6대 구수왕부터 15대 침류왕(214~385)까지의 내용으로 「삼국사기」와 외국문헌(「남사」·「북사」·「일본서기」)의 기록을 정리한 것으로 말갈·신라와의 갈등이 중심이었으나 고이왕 27년(260)에는 6좌평과 16품의 관제를 설치하고 품계 간의 관복을 정하였으며 왕 52년(285)에는 王仁을 왜국에 보내 논어와 천자문을 가르쳤다고 하였다. 그리고 근초고왕

(346~375)은 고구려(평양)를 침입하여 고국원왕을 살해(371)하였다.

제3절은 16대 진사왕부터 23대 삼근왕까지(385~479)의 내용으로 고구려와의 싸움이 주 내용이며, 아신왕 6년(397)에는 태자인 腆支를 왜에 인질로 보낸 사실(「일본서기」)을 보여주었다. 개로왕 21년(475)에는 장수왕의 침입(간첩자 道琳〈스님〉 이용)으로 피살되었으며 이어 문주왕은 웅진으로 천도하였다. 제4절은 24대 동성왕부터 26대 성왕까지(479~554)의 내용으로 여기서도 외국문헌(「남사」·「북사」·「일본서기」)의 내용을 참고하였다. 특히 동성왕 12년(490)의 북위의 침투를 격퇴한 기록은 「삼국사기」에 없는 내용이며 15년(신라 소지왕 15년, 493)의 결혼사실(신라 이찬 比智의 딸)은 「삼국사기」의 기록이다. 이어 무녕왕(501~523)의 고구려 습격사건과 성왕(523~554)은 사비천도(538) 이후 신라와의 싸움(金武力 참전)에서 패한 사실이 기록되어 있다.

제5절은 27대 위덕왕부터 30대 무왕까지(554~614)의 내용으로 신라와의 싸움과 일본과의 관계(사절·승려〈혜총·도엄 등〉·造寺工(기와 질그릇 기술자: 瓦博士 畵工)로 법률사 등 대사찰을 조성하였다는 것이다. 이어 武王(600~641)의 신라와의 충돌과 당과의 관계설명이 보인다.[25] 마지막 6절은 의자왕(641~660)의 활동(백제멸망과정) 내용이다. 여기서의 내용은 의자왕의 활동이라기보다는 신라와의 대립과 당·일본과의 관계 다음에는 의자왕의 환락생활(성충의 반대 후 옥사)과 복잡한 멸망과정의 설명이 큰 비중을 갖고 있다. 이어 豊王의 활동(福信살해·일본에 구원요청)과 백제멸망 후 신라군

---

[25] 당시 고구려와 당과의 관계가 나빴기 때문에 무왕은 당과의 친선을 위한 조공사를 16차의 조공사를 파견하였다(신형식, 「삼국사기 연구」 p.141).

의 당나라군 격퇴(설인귀 도주)로 신라의 백제고지를 전부 통일하였다는 내용이다.

다음에는 백제정치제도에서 중앙정부(상좌평이하 6좌평과 16관등)와 외관·내관 그리고 지방관제(方領·道使)의 설명이 이어진다. 이어서 백제지리고에서 전국을 5方·50군·142현의 내용의 소개가 있다. 백제 문화고에는 한문학(王仁·高興·단양이)과 불교는 고승의 명단으로 謙益 이후 도일승려명단(혜총·담혜·관륵·혜근 등 26명)을 들고 있다. 그리고 예술은 고구려·중국문화를 수용하여 큰 발전을 이루었는데 그 구체적인 예로 건출예술(아비지의 황룡사 9층탑 조성·일본 법융사 건설〈태량·말태 등이 조성〉), 화려한 거울(鏡), 왕릉(송산리 고분·부여 왕릉리 고분), 불상, 악기(鼓·角·箏 등) 소개가 있었으며 일본문화의 바탕이 된 사실은 의미가 있다는 것이다. 끝으로 법제로는 사형(반역자·패전자·살인자)과 노비형(부인이 간음한 자는 남편집의 노예가 되고 살인자와 그 처자는 노비가 된다)의 설명 뒤에 국민은 모두 병역의 의미가 있다고 하였다.

4. 新羅史의 내용

신라사의 내용은 건국 이후 발전과정과 정치제도 및 문화의 설명으로 되어있으며 앞의 저서에서 보인 남북국시대라는 표현이 없어지고 당나라군은 물리쳤지만 삼국시대의 세력을 회복하지 못한 것(민족의 쇠약)은 신라의 큰 실책(과오)이라고 하였으며 청천강까지 영토를 삼았다고만(신라의 통일이라는 서술은 없다) 언급하고 있다(강토의 확장). 따라서 「삼국사기」에 없는 태조(대조영)의 천동 20년(718)에 신라와 통교하여 신라 효소왕이 북국 (발해)과 교통합을 시작하였다고만 나와있다.

신라사는 백제사(「삼국사기」 기년 의존)와 달리 건국 이후 성장과정(진 한 통일. 제·려와의 갈등. 흥융), 제·려 멸망(영토확장)과 쇠퇴과정(사대주의·문화 사상 - 쇠퇴·멸망), 그리고 정치제도와 문화설명으로 되어있다. 시조 혁거세 (楊山촌장 蘇伐公이 수양)는 훌륭한 인간으로 卞韓을 흡수하였고, 다음의 남 해왕(4~24)은 6部人에게 姓(李·崔·孫·鄭·裵·薛氏)을 주었으며 그 후 왜(일 본)의 계속적인 침략(혁거세 8년 〈B.C.50 이후〉)이 소지왕 22년(500)까지 보 이고 있다.

그 후 지증왕(500~514) 신라는 홍융기에 접어들어 법흥왕(514~540)은 율령반포·불교공인·금관가야합병(532) 등 국가체제가 번창해지면서 진 흥왕(540~576)은 한강유역 진출(신주)·대가야 흡수(562)·성왕살해(554)· 국사편찬 등을 통해 신라전성기를 맞게 되었다. 그 후 선덕여왕(632~647) 때 백제의 공격(大耶城)으로 김품석 부부(김춘추의 사위와 딸)가 살해되어 김 춘추의 고구려구원요청(보장왕의 근신인 先道解의 도움으로 귀환)이 실패된 후 무열왕(654~661)·문무왕(661~681)의 친당정책으로 백제정벌(660)·고구 려정벌(668)과 당군축출(668~676)로 신라는 통일이라는 표현이 없이 청천 강 유역까지 영토를 확장하였다고 하였다. 이어서 신문왕(681~692)과 성 덕왕(702~737) 그리고 경덕왕(742~765)에 이르러 신라의 정치·문화적 극 성기가 되었다. 이러한 사실은 불국사와 석굴암이 나타날 수 있었다는 것 이다.

그러나 신라의 전성기에 사대주의와 모화사상이 나타나 당나라의 의관 (복식)사용, 당의 연호사용,[26] 당의 봉작받고 조공한 뒤에는 당을 배척하였다고 되어있다. 산운은 여기서 신라가 반도를 통일하여 200여 년에 조공국이 되어 공수동맹을 맺어 발해를 적대시하였다고 하여 사대주의가 그 후(고려·조선)에 전염되어 민족의 고질이 되었다는 것이다. 여기서 산운은 통일이전에는 독립국가의 의미로서 독자적인 年號의 사용을 들고 있었으나,[27] 통일이후에는 사대주의가 나타나 민족은 중국문화에 심취되어 쇠퇴의 길을 걸었다는 것이다. 그 결과 신라교유의 선거제도(弓箭: 활 잘 쏘는 사람 등용)를 버렸으며 당의 요청으로 발해침공(패퇴)을 하기 까지 했다는 것이다. 더구나 신라 말의 名文家(최치원 대표)들이 국가의식이 없었고, 당시의 위정자가 文弱(상무정신의 폐지)에 빠져 정치의 혼란에 빠졌으며 반란이 계속되어 신라의 말세(왕권쟁탈전)가 되었다고 보았다.[28]

신라말세의 또 하나의 문제는 귀족들(왕족을 포함)의 호화스런 생활과 군신들과 함께 연유(宴娛)로 경애왕 피살(경순왕 등장) 이후 신라의 고려(왕건)에 항복하는 사태가 벌어지게 되었다. 여기서도 포석정의 놀이문제는 「삼국사기」 내용을 비판없이 인정하고 있는 한계를 보이고 있다.[29]

---

26) 우리문헌에는 신라가 당나라의 연호를 사용했다는 기록은 없다. 다만 성덕왕 22년(723)에 당나라 보낸 2명의 여인의 한 사람인 貞婉의 비문(貞婉碑)에 天寶(현종의 연호: 742-756) 원년에 당에 들어갔다고 하였다.

27) 독자적인 년호는 법흥왕의 建元 이후 진흥왕(開國·大昌·鴻濟), 진평왕(建福), 선덕여왕(仁平), 진덕여왕(太和)까지는 계속되었다고 하였다.

28) 구체적인 예로는 혜공왕 4년의 金志貞반란, 애장왕 10년의 金彦昇의 왕피살(헌덕왕 즉위), 헌덕왕 14년의 김헌창반란, 흥덕왕 때 悌隆·均貞의 쓰움, 장보고의 반란 등을 들고 있다.

29) 포석정이 놀이터가 아니고 종교적 의미의 성당이라는 견해가 나타나있다.
강돈구, 포석정은 제천사지였다「신라멸망과 마의태자의 광복운동」 신라사연구소, 1999) p.6.
_____, 포석정의 종교적 이해(「한국사학사」 4·5, 1993)

끝으로 신라의 정치제도에서 상대등·시중이하 14관부와 경성주작전 (京城周作典: 수도 관리와 건설사업), 사찰담당관청[30] 시정감독기관(東市典·西 市典·南市典) 등 많은 기관이 있었다.

그 외 지방관(9주·5소경·군·현), 무관·승관도 있었으며, 형법(사형: 노비형) 은 제·려와 같았다.

그 외 국민생활법으로 각 신분간의 가옥 크기와 복식이 차이가 있었 다.[31] 신라의 인구는 1800만이며 서울 인구는 100만이었다. 신라문화는 고승명단(원광·원효·의상·혜초·범일 등 35명), 화랑도(국선), 대표적인 사찰(황 룡사·불국사·해인사·통도사·부석사 등 25개), 금관·태종릉 귀부·첨성대·석굴 암·불국사(다보탑)·향가·원효의 저서 등의 소개가 있다.

여기서 주목할 것은 고대사 개설서인 「대한역사」는 上古史(고조선·열국 사)의 경우는 건국·정치·문화면의 간단한 설명(86면)이며 이어 4왕조의 설명으로 되어있다. 처음의 대고구려사는 총설·700년사(주몽·태조왕·동천 왕·소수림왕·영류왕 중심의 활동)·제도·문화로 장황한 설명(178면)으로 되어 있으며, 백제사는 요해(2면) 이후 「삼국사기」의 기록에 따라 본기(1-6, 온

이종욱, 포석사(「화랑세기로 본 신라인의 이야기」 김영사, 2000) pp.340-342
이종호, 포석정(「과학 삼국유사」 동아시아사, 2011) pp.41-56
신형식, 포석정의 진실은(「새로밝힌 삼국시대의 역사적 진실」 우리역사연구재단, 2013) p.206

30) 사찰담당기관으로는 사천왕사성전·봉성사성전·감은사성전·봉덕사성전·봉은사 성전·영묘사성전·영흥사 성전 등 7개의 관청이 있으며 책임자로 슈(처음 명칭은 금하신) 아래에는 副使(卿)·錄事·史 등이 있다.
31) 진골의 가옥은 방의 크기가 24척이며 의복은 비단옷은 금하고 진골여인의 옷은 금·은실 사용을 금한다. 6두품 가옥의 방 크기는 21척, 5두품은 18척, 4두품 이하 는 15척에 불과하다.

조왕·구수왕·진사왕·동성왕·위덕왕·의자왕〈38면〉)와 정치·문화(14면) 등 57면으로 되어있다. 그러나 신라는 두 나라와는 달리 건국─진보(남해왕)─흥융(지증왕)─극성(문무왕)─말세(헌강왕)─멸망과정(경애왕)의 설명(28면)과 제도·문화·연표(31면) 등 59면으로 되어있다. 무엇보다도 앞에서 본 바와 같이 신라왕조의 변화과정은 고대왕조를 대표하여 한 국가의 전개과정(건국 - 발전 - 전성 - 쇠퇴 - 멸망)을 상징적으로 설명하고 있다. 이러한 서술은 그 후 국사서술에 기본 바탕이 되어 Spengler나 Toynbee의 견해보다 앞선 우리역사해설의 의미로 보여진다.

신라사 다음에 부록으로 가야사를 간략히 서술하고 있다. 우선 금관가야사는 서기 42년(신라 유리왕 19)에 김수로왕이 가야 9촌대표(干)의 추대로 김해에서 나라를 세웠다는 사실과 10대 구형왕까지 재위연간기록(520년간)으로 되어있다. 대가야는 이진아시왕(본서에는 수로왕의 동생인 뇌실주일이라고 하였음)이 고령에서 세웠다고 하였으며 16대 527년간 존속되었다고 하였다.

5. 발해사의 내용

발해사는 변천과정(건국 - 강성 - 융창 - 쇠망)과 정치·지리·문화의 내용으로 되어있으며, 여기서도 산운이 즐겨 사용하는 발생(건국)─발전(강성)─융창(극성)─말세(쇠망)의 과정으로 발해사를 설명하고 있다. 발해시조 대조영(대중상의 아들)은 보장왕의 외손인 安勝은 고구려부흥운동(검모잠)을 외면하고 신라에 귀화한 후 고구려 유민을 이끌고 동모산(돈화)에서 발해를 세웠다(처음 국호는 震이며 연호는 天統). 다만 天統 2년(700: 효소왕 9)에 대조영이 사신을 신라에 파견했음으로 효소왕이 발해(北國)의 왕에게 대아찬(5등급)으로 봉했다고 되어있으나 이 기록은 최치원의 당나라에 보낸 글(謝不許北國居上表)에 보이지만 「삼국사기」에는 없는 내용이다.

다음의 발해 강성에서는 武王(719~737: 仁安)은 영토를 확장시키고 당나라와 친선을 유지하였으며 당나라와 대립하면서 일본과도 친선관계를 이루었다. 특히 인안 14년(732)에는 장군 장문휴를 보내 산둥반도(등주)를 공격하였을 때 신라는 당의 요청으로 발해남부를 공격하였으나 대설로 철수하였다. 이어 文王(737~793: 大興)은 서울을 上京(동경성)으로 옮기며 발해의 전성기를 이룩하여 신라가 2차에 걸쳐 사신을 보냈다(1차는 원성왕 6년⟨790⟩에 伯魚파견. 2차는 헌덕왕 4년⟨812⟩에 崇正을 보냈으나 발해 측의 답례는 없었음). 이어 成王(794~795)은 다시 서울을 上京으로 옮겨 망할 때까지 수도로 존재하였다. 이어 발해가 당나라에 보낸 100여 명의 사신명단(명단이 없을 때는 使臣이라고 했음)을 제시하였다.

이어서 발해의 隆昌(전성)으로 정왕(809~813: 永德)으로부터 선왕(818~830: 建興)까지 9세기 이후 쇠퇴했으나 발해는 강국이 되면서 국인이 나태·사치·유락(遊樂)에 빠졌으며 발해에 속해있던 만주족이 배신한 사실을 들고 있다.

발해의 정치·문화에서는 3성·6부와 5京·15부 60주의 설명이 있었고 인구수(1800만)와 풍속(騎射에 따른 지모와 용감성)은 컸으나 발해의 정치제도가 지나치게 당나라식의 제도를 모방하여 민족고유의 제도를 갖지 못한 것이 멸망의 원인이라고 하였다. 그러나 발해문화의 독자성을 비롯하여 5경제도와 한자와 다른 발해식문자 사용으로 당시 동북아시아 여러 민족의 모범이 되었다고 하였다.

  이상에서 산운의 국사개설에 나타난 특징은 고대사 위주의 국사서술로 고구려사가 가장 큰 비중을 갖고 있으나, 통일신라를 포함한 남북국시대를 고대사 체계화에 포함시키고 있다. 그리고 상고사(단군조선~3한)의 경우 '고조선─부여─고구려'의 계승론을 부각시켰으며 역사전개과정은 Spengler나 Toynbee보다 앞서서 '건국(탄생)─성장─극성─쇠퇴─멸망'이라는 역사의 순환과정을 정식으로 설명한 사실은 큰 의미가 있다. 무엇보다도 산운의 서술체제가 한국 고대사 체계화에 바탕이 되어 이병도(「한국사대관」, 1964)로 이어졌으며, 그 후 이기백(「한국사신론」, 1967)·변태섭(「한국사통론」, 1980)으로 계승되어 현대 한국고대사 서술에 계기를 마련하였다는 사실이다.

제3장

위인전의 분석

산운이 역사서술에서 가장 강조한 내용은 당시 정치·사회·군사·문화에 활약한 인물(위인)을 부각시킨 것이다. 정치에는 왕(시조 포함), 군사에는 장군, 사상사에는 유교·불교에 관계된 승려·학자와 혁명을 주도한 사회개혁주도자들로서 민족의 스승으로 한국의 혼을 부각시킨 인물을 들고 있다. 그 외 교육가·발명가·식산가·예술가 등이 포함되는데 대부분이 고대인물로서 산운의 고대사인식을 보여준다. 끝으로 린컨전은 우리민족의 문제점(게으름과 남에게 의존)을 지적하려는 것으로 백성의 뜻을 보여준 것이다.

1
●
원효전(元曉傳)

    산운의 최초의 위인전 「원효전」은 그의 첫 국사개설서인 「국사」(1916)를 발간한 다음 해에 「위인 린컨」과 함께 출간하였다. 그러므로 본서는 「국사」내용(지나치게 왕과 장군의 활동)에 대한 보완적 의미로 보인다. 그리고 그 내용은 원효 이전과 이후의 사회를 비교하였고 원효의 생애와 그의 저작소개와 활동을 간략히 소개하고 있다.

    먼저 머리말(叙言)에 위인(先哲)은 우리의 모델(典型)로서 그의 훌륭한 말씀(嘉言)은 우리에게 교훈이 되고 그의 선행은 우리에게 모범이 되어 그의 사상은 우리의 뇌에 인상을 주며, 그의 주의는 우리의 몸에 생명을 주기 때문에 그의 한방의 침(一唾)이 땅에 떨어지면 우리에게는 금옥이 되고 그의 한 발짝(一躅)도 우리에게는 일정한 법식(準繩)이 되기 때문에 우리의 영원한 스승이 된다고 위인의 존재를 길게 설명하고 있다. 따라서 선철은 교사·법관·부형보다 우리에게 진실한 가르침을 주는 선인이라는 것이다. 원효는 동방의 새벽 별(曙星)로 천고의 어둠을 무너뜨린 동방 제일의 자연소리(天籟)로 사방의 적막을 깨쳐준 선철의 모습을 밝히기 위해 원효전을 썼다는 것이다.

머리말 다음에는 원효 이전의 사회상을 알기위해 먼저 고대인의 성격을 정리하였다. 삼국시대 초에는 하느님(天帝)을 숭배하여 하느님의 진리를 수행하는 것이 인생의 목적으로 생각하여 하늘에 제사하게 되었으며 한편으로는 공자의 도덕을 수입하면서 유학이 번성하게 되어 사회심리가 유교의 충효사상이 확대되었다는 것이다. 이어 불교가 전래되어 (372년: 소수림왕 2) 사찰이 조성되고 고승이 등장하여 충신(忠信)·의용·효애(孝愛)가 번성함으로서 유·불사상이 유행하게 되었다는 것이다. 그러나 어떻게 사회를 더욱 발전(善美)시킬 것인가를 이해하지 못하였다고 하였다.

이러한 시기에 보다 나은 사회를 발전시키는데 등장된 인물이 원효라는 것이다. 617년(본서에는 622년으로 되어있음. 원효의 어머니가 유성의 꿈을 꾸고 임신)에 태어난 후 10세에 천성이 뛰어나서 남다른 지혜와 능력을 지녔으며 義湘과 중국을 가는 도중에 해골에 고인 물을 마신 후 그것이 아닌 것을 알고 드디어 惟心사상을 느끼게 되어 3界가 곧 마음이요 만법이 오직 마음이니 心生種種法生 心滅種種法滅(마음이 생겨나면 온갖 것이 생겨나고 마음이 없어지면 온갖 것이 없어진다)을 통한 그의 일심사상을 보이고 있다. 이어서 그의 저서로서 「화엄경소」·「금강삼매경소」 등 천 여권의 명단이 소개되어있다. 산운은 만일 원효가 그리스나 로마에 태어났다면 동방의 플라톤이나 아구스티누스가 되었을 것이라고 하였다.

그리고 원효가 고선사(高仙寺)에 있을 때 蛇福이라는 가난한 사람이

67

찾아와 자신의 어머니 장례를 부탁했을 때 그 집에 가서 장례를 치러 준 사실을 원효의 자비로 설명하고 있다. 또한 원효는 백제멸망 후(문무왕 2년: 662 - 본서에는 무열왕 2년으로 되어있음) 당의 작전상에 필요한 암호를 해석해줌으로써 신라군에게 도움을 준 군사적 활동(역할 당나라의 암호를 해석하여 김유신 지원) 내용이 소개되어 있다. 따라서 원효는 단순히 입산 수도하는 승려가 아니라 국가를 위해 군사적 도움까지 준 위인이라는 것이다.

산운이 불교에 이해는 승려들의 활동에 대한 설명에 나타나있다. 삼국시대의 승려는 입산 수도의 독선(獨善)을 행하는 교도가 아니라 자비를 통해 세상을 구제하는 스님이었고, 불경을 외우는 스님이 아니라 40년간 설법을 한 부처님과 같이 대중에게 도를 전하며 절간에서 밥이나 먹으면서 세월을 보낸 스님이 아니라 왕자의 자리를 양보하고 가련한 민생을 구하는 데 노력한 스님이 곧 원효라는 것이다. 원효의 선교방법은 첫째는 불법의 강설, 둘째는 불교찬미의 노래를 만들어 대중에 전파하면서 함께 즐기는 것, 그리고 셋째는 개인을 권하여 도(道)에 들어가는 것이며 끝으로는 이상한 행위(奇事)를 하여 훈계하는 방식을 하고 있었다. 그러므로 원효가 선교할 때나 시가·시골(村里)·공중·개인에게 설법 또는 창가 등 여러 방법을 이용하였다.

그러므로 원효는 선교를 통하여 진리를 깨닫게 하고 선행을 이루게 하였음으로 원효가 지나간 땅에는 산천초목이 광채를 보여주고 있다고 하였다.

흔히 종교가는 거의가 종교의 예를 고집하여 세상일에 외면하거나 人道에 모순되는 자가 많지만 원효는 종교적 제한으로 인간의 기본 도리

(常軌)를 벗어나지 않는 진정한 대중의 도리를 지킨 위인이다. 그가 요석 공주(무열왕의 딸)와 결혼하여 유명한 설총의 아버지가 되었으니 이는 인간이 지닌 眞과 善을 볼 수 있게 하였다. 여기에 원효의 모습인 외면치래(外飾) 하지 말고 진실로 하며 헛된 일(虛事)에 구애받지 말고 실제 이득(實益)에 노력하라는 뜻이 있다.

특히 그의 아들인 설총이 대표적인 유학자로 이두문을 창작한 위대한 국학자가 되었으니 이는 원효의 교훈을 계승한 것이다.

여기서 우리는 원효의 특이한 발자취(異蹟)로서 첫째 소반(盤)을 던져서(擲) 대중을 구제한 특이한 모습(雲際寺 사건), 둘째 물을 품어서(濮) 불을 끈 기적을 이룬 사건, 셋째 원효는 여러 곳에 자유자재로 나타나 많은 행동(고승·언행·사업·학자·문호)을 보인 것을 들고 있다. 따라서 그의 공적은 불법을 통해 善道를 개척한 사실, 불교의 광명을 전도한 공적, 그리고 사회악을 제하고 선을 일으켜 사회의 어둠을 깨버려 정신계의 위대한 위인이라고 하였다.

끝으로 원효의 가치(공덕)를 살펴보면 원효(617~686)가 활동하던 시기는 통일신라가 전성을 이룩하기 시작한 때로서 불교가 크게 융성하였으나 그 후에는 원효와 같은 위업을 이룬 위인은 볼 수가 없었다. 고대 조선인은 Rome사람과 같이 매우 실용적이어서 군사적(武的)·실행적·예술적 인물은 많지만 문화적·이상적·학술적 인물은 소수에 불과하지만 그 대표적인 존재가 원효라는 것이다. 그는 초기의 20년간은 불교를 연구하였고, 그 후 저술활동과 백성을 위한 다양한 도덕행위를 한 위인임으로 우리는 종교·학문·교육자로서 근로자가 되어야 제2의 원효가 나타난다는 것으로 원효전을 매듭짓고 있다.[1]

　　마지막으로 산운은 원효전을 통해 고대조선인의 문제점을 지적하고 원효는 이러한 사실을 극복한 문화적 인물로 오래 견디는 성격(耐久的: 도덕과 학예를 갖춘)을 지닌 민족의 스승(勤勉之師)이라는 점이다. 그러므로 우리는 무엇보다도 나태한 속성을 버리고 근면의 습관을 길러 제2의 원효가 되어야 한다는 사실을 강조하고 있다.

　　그러나 「대한 위인전」(상)에서는 원효사상에 대한 보완으로 만인평등을 실행한 그의 저서에서 '중생(衆生)이 일체요 우주가 일체인즉 평화귀일론에 따르는 유심론으로 모든 것이 마음에 따른다'는 주장에 따라 그는 고승이요 대학자요 문호로서 자유자재의 위인이라고 하였다. 다만 그의 대표적인 사상체계인 화쟁(和諍)사상에 대한 해설이 없이 단지 '一卽多 多卽一'이라는 중도(원융) 사상의 설명으로 되어있어 필자는 그의 가장 유명한 가르침을 통해 원효는 3교의 융합과 평등을 노래한 대표적인 두 개의 글을 첨가하고자 한다.

　㉮ 옷을 기울 때는 짧은 바늘이 필요하고 (縫衣之時 短針为要)

　　긴 창이 있어도 그것은 소용이 없다 (雖有長戟 而無所用)

　　비를 피할 때는 작은 덮개가 필요하고 (避雨之日 小蓋是用)

　　온 하늘을 덮는 것이 있어도 소용이 없다 (普天雖覆 而無所救)

---

1) 고익진, 원효사상의 사적 의의(「동국사상」 14, 1981)

　김영미, 원효의 여래장사상과 중생관(「선사와 고대」 3, 1992)

　이기영, 원효의 윤리사상(「민족불교」 2, 1992)

　김상현, 「역사로 읽는 원효」(고려원, 1994)

　신형식, 원효와 의상은 우리에게 무엇을 가르쳤는가(「새로 밝힌 삼국시대의 역사적 진실」 우리역사연구재단, 2013)

그러므로 작다고 볼 것이 아니라 (是故不可 而小爲輕)

근성을 따라서는 크고 작은 것이 다 보배다 (隨其根性 大小皆珍者也)

(미륵상생경종요)

㉯ 해는 더운 것으로 그 성품을 삼고 (日者以熱爲性)

달은 찬 것으로서 그 성품을 삼는다. (月者寒爲性)

만약 해만 있고 달이 없다면 (若有日而無月者)

모든 종자의 싹은 마르고 타서 능히 살아 열매 맺지 못한다.

(萬苗燒燋故不能生果)

또 만일 달만 있고 해가 없다면 (亦若有月而無日者)

모든 종자의 싹은 썩어 싹이트지 못한다. (萬苗物卽腐 故不能生牙)

(범망경보살계본사기)

이 두 개의 글은 본서에는 나타나지 않았지만 원효사상을 상징하는 내용을 나타낸 것으로 보인다. 원효는 유심주의를 내세워 일체의 분열과 갈등을 초탈하여 서로 이해하고 감싸는 일심사상으로 화해의 길을 강조한 화쟁사상을 강조한(옳지 못한 것은 스스로 없어지고 정당한 것은 저절로 나타난다. 「대승기신론서」) 민족의 영원한 스승이라는 것을 보여주고 있다. 그러므로 그는 집착을 버리고 화합과 융합의 일심사상으로 인간의 도리를 강조하여 자신의 깨달음을 내세운 사실을 보여주고 있다.

무엇보다도 원효사상의 바탕인 和諍思想이다. 그의 「十問和諍論」에서 인간의 一心思想에서 보여진 만법귀인의 포용과 융합의 강조로 대표된다. 인간은 누구나 갈등·분열·투쟁·부정의 諍(다툼·대립)이 있으므로 이를 포용·극복·화합하는 和의 정신으로 융합된다는 것이다. 이러한 화해의 정신은 결국 불교도 유교도 본질에서는 하나로 통합(무애사상) 되어야 한다는 것임으로 그가 「대승기신론소」에 '옳지 못한 것은 스스로 없어지고 정당한 것은 저절로 나타난다'는 사실을 우리에게 가르쳐 준 것이다.

2

.

조선 10대 위인전

일제는 3·1 운동(1919) 이후 소위 문화정치를 표방하였으나 정치·경제의 수탈은 더욱 강화되어 우리민족의 저항운동이 더욱 격화되어 언론(「조선일보」·「동아일보」 창간: 1920)과 역사(박은식의 「한국통사」: 1915)를 통한 항일·독립운동은 더욱 강화되었다. 산운은 「국사」(1916) 서술 이후 일제에 대한 저항(독립)의식을 부각시키기 위해 「조선역사요령」(1923)을 저술하였다.

그러므로 본서(조선 10대 위인전)에는 단군을 비롯한 각 왕조의 시조와 외적퇴치 장군을 중심으로 새국가 건설과 국가보존의 의미를 강조하고 있다.[2]

[2) 10명의 위인 중에서 6명이 왕인데 5명이 각 왕조(고대)의 시조이며 장군 4명중에 2명이 고구려 장군이어서 산운의 고대사 강조, 입장 특히 고구려사 위주의 역사인식을 알수가 있다.

처음 등장하는 인물은 단군왕검이다. 단군의 설화(환인 - 환웅 - 신시)의 모습은 「삼국유사」 기록을 그대로 소개하고 그 사실을 보여준 「古記」 내용은 구설(口說)로 전해진 것으로 보았고 단군의 의미(박달임금)와 단군의 탄생지인 태백산은 묘향산으로 설명하고 있다.[3] 묘향산은 백두산의 남록으로 평지에 가까우니 묘향산에서 태어나야 부근인 평양에 서울을 정하고 그 근처인 구월산에서 붕서하심이 이치에 맞다는 것이다.

그리고 단군의 도성이 왕검성(평양)인 것은 옛문헌(「삼국사기」·「삼국유사」·「고려사」·「동국여지승람」)에서도 알 수가 있다. 다만 단군이 마니산에 참성단을 지었다는 것과 전등산에 3왕자를 보내 삼낭성을 쌓았다는 기록(「동국여지승람」)은 확실한 근거를 찾지 못한다고 하였다.

또한 단군의 태자가 夫婁라는 직접적인 자료는 없으나 단지 단군과 부여가 매우 밀접한 관계가 있었다는 사실(부여가 단군의 전통을 계승)은 분명하다고 보았다.

「10대 위인전」의 두 번째는 고구려시조 동명왕(고주몽)이다. 동명왕은 사상이 신성하고 그 사업과 공덕이 드높아 조선의 기초를 확립시킨 만왕의 왕으로 단군이후 제일인자라고 하였다.

처음에 동명왕의 탄생과정으로 천제의 태자인 해모수왕의 아들로 태어난 후 하백의 딸 柳花와 결혼하는 과정의 설명뒤에 동명왕의 소년시대의 모습(활 잘쏘고 영무·위엄·지혜·덕성)으로 금와왕자(7명)의 재능이 특출하였으

---

3) 태백산을 묘향산으로 보는 근거는 ① 「삼국유사」(기이1, 고조선)의 기록, ② 「삼국사기」(동명성왕 6년, 대무신왕 9년조), ③ 「삼국지」(동옥저) ④ 「한서」(서개마현) 등을 들고 있다. 특히 고대의 백두산과 묘향산은 개별의 산이 아니라 한 개의 태백산맥으로 포괄되었다.

나 위험이 닥쳐 3인(再思·武骨·默居)을 데리고 졸본천(혼하)에 이르러 고구려를 세운 내용을 아주 길게 설명하고 있다.

이어 동명왕의 업적으로 내치와 외정(外征)을 13면으로 설명하여(다른 왕은 대체로 2면 정도) 만세의 왕(조선의 天使)으로 부각시키고 있다. 왕은 먼저 송양·말갈·행인국을 흡수하였고 서울(京都)을 5부로 하고 군사·재정·행정의 자치제를 실시하였으며 도덕정치로 하나님을 숭배(祭天)하고 나라에 충성하며 부모에 효도를 강조하였다. 동시에 상무주의와 함께 정의주의를 바탕으로 고구려가 강국으로 될 수 있는 바탕을 마련하였다는 것이다. 끝으로 재위 19년만인 48세에 사망하였는데 그 내용은 광개토왕 비문에 나와 있는 '하나님이 황룡을 내려 보내어 황룡이 왕을 업고 하늘로 올라갔다'고 하였다.

세 번째 원인은 백제시조 온조왕으로 이후의 인물은 을지문덕·이순신을 제하고는 아주 간략하게 소개하고 있다. 이 내용은 거의가 「삼국사기」 기록에 의존한 것이며, 주몽이 동부여에 있을 때 낳은 유리가 내려와 태사자가 되어 온조는 형(비류)과 함께 烏干·馬黎와 남하하여 위례성(경성부)에서 백제를 세운 것이다. 형인 비류는 미추홀에 살다가 성공하지 못하여 그 토지와 인심이 백제에 합쳐졌으며 마한 54국을 통합하여 백제 700년의 기초가 확립되었다. 이어 하남위례성(광주)으로 서울을 옮겨 강국으로 발전되었다는 것이다.

네 번째 위인은 신라태조(박혁거세 거서간)이다. 그는 사로국의 6촌 중의 하나인 고려촌장 소벌공이 양산기슭 나정(蘿井) 옆의 수풀 사이에 백마가 꿇어앉아 절하고 있음으로(「삼국유사」는 白馬跪拜로 되어있으나 「삼국사기」에는 有馬跪而嘶라고 하여 말이 울고 있었다고 되어있다.) 가보니 말은 없고 큰 알이 있었고 이를 깨서 보니 남아가 나왔는데 이 사람이 혁거세이다. 이 사람이 훌륭하여 6부를 설치하고 진한 12국을 통일한 신라의 시조로서 그 후 진한을 통합하고 부족자치제로 신라의 융성을 이룩한 주인공이다.

다섯 번째 위인은 광개토왕(391~413)으로 시조가 아닌 유일한 왕이다. 그는 조선의 대영웅으로 Washington이나 Alexander와 비유될 위인으로 당시 3국의 갈등기였으나 왕은 북으로 부여와 거란, 남으로 백제를 정벌하였고 신라를 공격한 왜국세력을 격퇴하였다. 이렇게 고구려 세력을 크게 강화시켰으며 사찰(9寺國)을 세워 천하를 태평하게 이끌었다.

여섯째 위인은 살수대첩(612)의 주인공인 을지문덕 장군이다. 당시 남북조의 분열을 통일한 수나라(581~619)의 위협이 커지던 시기였는데 을지문덕은 대정치가이고 외교가이며 덕행가로서 고구려를 지켜준 대영웅이다. 이때 수양제는 육군(우문술·우중문 지휘) 113만, 수군(내호아 지휘) 7만으로 고구려 정벌을 꾀했으나 살수(청천강) 대첩으로 격퇴하였다. 이러한 살수대첩은 세계사상 대전쟁으로 승리를 이끈 을지문덕은 실로 세계적인 명장이며 수나라 장수 우중문에게 퇴군을 요청하며 올린 다음과 같은 詩(「수서」 권60, 열전 25, 于仲文에 보이는)를 소개하고 있다.

神策究天文 (귀신같은 전술은 천문을 꿰뚫었으며)
妙算窮地理 (묘한 전략은 지리를 통달하였구나)
戰勝功旣高 (전승의 공이 이미 높아졌으니)
知足願云止 (만족함을 알거든 돌아감이 어떤가)

이 내용은 「수서」(636년에 魏徵 등이 편찬)의 내용이지만 「삼국사기」(권44,

열전4)에도 기록되어있어 산운은 철저하게「삼국사기」기록을 참조하고 있음을 알 수 있다.

일곱째 위인은 영류왕을 죽이고 보장왕을 세운 고구려말의 독재자인 천개소문이다.[4] 그는 왕을 죽이고 독재를 하였으며 그 아들(남생·남건·남산)의 문제(갈등)로 고구려멸망의 단초를 보였으나, 그는 당의 침입을 막기 위해서 만리장성 축조를 완성시킨 대정치가이며 절세의 군인이라고 하였다. 무엇보다도 천개소문은 고혜진·고연수를 파견하여 당군 격퇴 시에 안시성주 楊萬春이 안시성전투에서 당나라 군사를 전멸시킨 사실은 뚜렷한 연개소문의 역할 기록(근거)은 없지만 당시 정치·군사의 책임자(막리지)였음으로 천개소문의 명이 있었을 것이다. 특히 본서에는 빠지고 없지만 그는 보장왕 2년(643)에 왕에게 고하여 도교(노자 도덕경)를 받아들여 유교·불교 외에 제3의 종교를 수용(道士 숙달의 입국)한 것은 큰 의미가 있다.

여덟째 위인은 발해태조 대조영이다. 그는 본바탕이 영걸하고 문무를 겸비한 만세위인으로 고구려가 망한 후 부친(仲象)과 함께 말갈추장 乞四比羽와 더불어 적과 싸우다가 중상은 병사하고 걸사비우는 전사하였지만 천문령(백두산 북부) 부근에서 발해(처음 국호는 震)를 세웠다.

그는 신라에 사신을 보내 건국을 고하고[5] 당나라와 돌궐과 교류하면서

---

4) 천개소문이 아니라 연개소문이다. 중국측 기록(「신당서」·「구당서」·「자치통감」)에 성이 泉씨인데 중국측에서는 당의 시조인 高祖 이름이 李淵이어서 연자를 삭제하고 있다.「삼국사기」(권6, 문무왕 6년조)에도 신라에 귀순한 연개소문의 동생을 淵淨土라고 하였다. 산운은 이 사실을 미처 몰랐다고 생각되기 때문에 천개소문으로 썼다고 보인다.

5) 발해가 신라에 사신을 보낸 기록은 없다. 다만 최치원의「謝不許北國居上表」에

국가를 발전시켰다. 그리고 말미에는 발해의 문물제도(5경 15부, 중앙관제)
와 풍속에 대한 설명이 첨가되어있다.

아홉째 위인은 현종 10년(1019) 귀주대첩의 주인공인 강감찬 장군이다.
그는 어려서부터 학문과 지략이 많아 과거에 1등으로 합격하여 예부시랑
(교육부 차관)까지 승진하였다. 발해를 멸망시킨 거란(요)이 성종 12년(993)
에 1차 고려를 침입하였으나 서희가 격퇴시켰다. 그 후 고려가 친송책을
쓰자 거란은 현종 1년(1010)에 제2차 침입이 있었으나 양규가 격퇴하였으
며 현종 9년(1018)에 10만 대군으로 3차 침입이 있었다. 이에 강감찬(상원
수)·강민첨(부원수) 등이 20여 만군을 이끌고 귀주(정주군)대전에서 적군
을 전멸시켜 왕이 영파역(금천군)에 출영하여 왼손으로 강감찬의 손을 잡
고 오른손으로 술잔을 권하면서 왕의 손으로 강감찬의 머리를 잡고 승리
를 축하하였다. 강감찬은 인격이 고결하고 애국·익세(益世)의 미덕은 백
대의 모범적 인물로 문무겸전한 대장군이다.

끝으로 열 번째 위인은 임진왜란(한산도대첩: 1529) 승리의 주역인 이순신
장군(1545~1598)으로 단군·동명성왕과 함께 가장 길게 설명한 민족상징
의 상징적 인물이다. 그러므로 내용도 처음에는 출세과정으로 대장부의
인품으로 널리 알려져 일찍 함경도(경흥부 관조산)의 관리(萬戶)로 출발된
이후 46세에는 전라도 정읍의 현감(縣監: 종6품)이 되었고 이어서 유성용의
추천으로 전라지역 해군 책임자(左水軍節度使 정2품)가 되었다. 1592년 4월

先天 2년(713)에 당(예종)이 대조영을 발해군왕으로 봉했다고 되어있는데 이것은
「구당서」(권199 〈下〉 열전 149 〈下〉)의 발해 말갈조에 기록된 내용이다. 그러나
신라와 발해관계 기마는 최치원이 당나라에 보낸 공식적인 기록(원성왕 6년과 헌
덕왕 4년 기록) 뿐이며 그 외 관계기사는 위의 上表에 나타나 있을 뿐이다.

에 일본수군이 원균(右水軍節度使) 함대를 공격하여 패전할 때 원균의 도움 요청을 처음에는 거절하였으나 결국 이를 도와 왜군함대를 격파(玉浦海戰)하였다.

이순신의 위대함은 한산도해전의 승리이다. 장군은 순천부에 부임한 후 거북선(龜船)을 만들기 시작하여 위에는 갑판을 덮고 중간에 십자로를 두고 전체에 칼을 뽑아내게 만든 전함으로 한산도 해전에서 일본병선 60여 척을 격파하여 적장(來島康親)을 살해하였다. 더구나 일본의 풍신수길이 죽자 일본군이 도망치기 시작하였으나 장군은 명나라 장군(진린)과 함께 도망가는 적군을 격퇴시켰으나 이순신은 적병의 총알을 맞아 1598년에 사망하였다.

그러나 원균의 모함을 받은 이순신은 전쟁 중에 적장인 가등청정(加藤淸正)을 요격하지 못한 죄로 감옥에 가두고 원균이 통제사가 되었다. 그러나 정탁(鄭琢: 판 중추부사)의 건의를 받아 사형은 면죄되고 백의종군하게 되었다. 이때 순신의 어머니가 이를 듣고 사망하자 그는 탄식하여 충효를 보여주었으며 소복단신으로 전라 순안사 권율의 막하에 들어오게 되었다. 그러나 원균이 이순신을 대신하여 통제사가 되었으나 1597년의 한산도해전에 패사하였다. 이에 장군은 통제사가 되고 명량대첩에서 적군을 격퇴한 후 철수하는 왜군을 격퇴하던 중 이순신은 노량해전에서 민족의 최대영웅으로 장렬한 전사를 하였다.

이상에서 산운의 「조선 10대 위인전」을 살펴보았다. 이 책을 출간시킨 1923년은 당시 36세의 젊은 나이로 29세 때(1916) 쓴 「국사」에 나타난 역사사실(역대 왕의 활동)을 상당히 강조한 사실과 함께 그때의 일제무단정치에서 문화정치로 외형이 바뀌는 시기에 민족의 각성을 촉구하려는 뜻이

담겨져 있다. 따라서 당시의 위인이란 어려운 시기에 나라를 세운 시조와 민족의 위상을 높인 훌륭한 왕, 그리고 외적을 물리친 장군이 위인들이며 그들의 민족정신을 잊지 말라는 뜻이 반영되어있다. 그러나 국가의 위기가 아니고 발전기(안정기)에는 위인의 형태가 정치·군사적인 인물만이 아니라 사상·학문의 개발을 촉진시킨 존재로 확대되기 때문에 「조선 10대 사상가」(1925)를 거쳐 「한국의 혼」(1957)에서는 왕·장군·승려·학자·사회봉사자·혁명가 등이 포함되고 있다.

본서에서는 민족의 시조인 단군과 새 나라를 세운 고구려·백제·신라·발해의 시조와 고구려의 최대강국을 이룩한 광개토왕, 그리고 한국을 침입한 당·거란·왜를 물리친 장군을 10대 위인으로 하여 국가를 새로 세우고 민족을 지켜준 위인을 차례로 설명하고 있다.

이러한 견해는 산운의 첫 국사개설서인 「국사」의 내용에 그대로 반영되어 있다. 특히 중고사의 내용이 전부가 역대 왕의 활동상을 소개하고 있으며 외침(隋寇·唐寇)의 격퇴 장군이름(을지문덕·개소문)뿐이며 그 외 시대상도 비슷한 모습이었다. 결국 그는 우리역사는 일제의 지배를 벗어나 새나라(왕조)를 세우고 지켜준 인물의 활동을 잊지 말자는 교훈이라는 것이다.

3

조선 10대 사상가

1. 「조선사상사」의 의미와 변화과정

　조선 10대 사상가는 1925년에 산운이 저술한 「조선사상사」의 부록에
실린 위인전으로 우리나라의 역사전개과정(왕조 변화)에 따라 그 시대를
대표하는 사상의 지도자로서 국민에게 교훈을 준 훌륭한 겨레의 스승
이 된 인물을 말한다. 이러한 사상가는 나라를 세우고 지켜준 정치·문
화적인 인물이 아니라 시대발전에 따라 나타난 사회·문화적(종교·학문)
변화를 주도하여 백성들에게 많은 가르침을 준 지도자를 말한다. 따라서
1928년에 출간한 「조선역사대전」의 분량이 기존의 정치·군사적인 부분
보다 문화적인 내용의 크게 증가되고 있다는 사실에서도 알 수가 있다.
　「조선사상사」는 단군조선 이후 최근까지 그 시대를 대표하는 사상을
정리한 것으로 각시대 마다 당시를 지배하는 사상이 있었다는 것이다. 고

대이후 우리민족이 지녀온 기본사상은 祭天·祭祖사상이었는데 삼국시대에 유교·불교·도교 등 외래 종교가 들어와 우리사회에 큰 변화를 주어 우리나라의 사회·문화발전에 커다란 영향을 주게 되었다는 것이다. 이러한 사상계의 동향은 그 시대정신을 반영한 것으로 대표적인 사상가의 활동은 민족의 지도자로 존경을 받았으며 그 10대 사상가 역시 고대사 인물이 6명이나 되어 산운의 고대사 인식의 중요성을 알 수가 있다.

「조선사상사」는 상고시대(단군~3한)의 사상으로 민족단취생활(民族團聚生活)과 祭天이었는데 箕子가 조선에 귀화한 이후 중국문화의 전래로 단군조선이 분열되어 열국시대(부여~3한)가 되었다는 것이다. 그러나 열국시대에는 보수파(부여·예·옥저 - 조선문화유지)와 비보수파(箕朝·三韓 - 중국문화수입)의 2대 조류가 대립되어 사상이 분열되었다는 것이다.

그러나 삼국시대는 고구려가 부여·기조·예·옥저를, 백제는 마한 54국을, 그리고 신라는 진한·변한을 통일하여 민족주의를 발휘하였음으로 말갈·선비·거란족을 정복·격퇴할 수 있었다.

여기서 유교·불교의 전래로 신라에서는 국선(화랑), 국수주의(이문진, 거칠부), 불교(혜관, 원효), 유교(강수 - 충효사상)의 영향으로 국가주의가 발달하였다. 따라서 민족주의를 포함한 국가주의는 제천·제조(祭祖)는 3국이 그대로 유지하면서 국수(이문진), 국선(설원랑), 팔관(혜량), 불교(원효), 유교(강수), 5戒(원광)가 번성하였다.

이러한 사상체계로 신라는 국선과 5계등으로 건전한 사회를 이루었으나, 제·려는 나태한 이기주의에 빠지게 되었다. 결국 고구려는 전쟁으로 피폐해지고 이기주의에 따른 종교의 불일치로 인심이 분열되었고 백제는 전쟁과 사치로 망했으며 신라는 당을 이용한 제·려를 멸망시켰으나 이는 민족주의를 냉담으로 이끈 큰 불행사라고 하였다.

남북국시대의 사상은 통일신라의 번성으로 이기주의·사치심이 심해졌으며 불교는 번성해졌으나 미신이 만연하여 국수주의·국가주의·민족주의는 쇠퇴해졌다. 발해는 고구려의 부흥국이었으나 신라와 융화하지 못하고 드디어 말갈인과 공동하였음으로 민족주의는 냉담하고 오직 국가주의가 강건하였음으로 신라와는 관계가 좋지 못하여 조선인의 사상계가 추락하기 시작하였다고 보았다.

고려의 건국으로 삼국시대의 국가주의·상무주의·민족주의를 고무시켰으며 신라·후백제의 인민을 통합하고 발해인을 흡수한 후에 불교를 장려하였으나 미신에 빠지고 말았다. 특히 몽고의 침입으로 국가가 크게 쇠약해져 인민의 사상은 평화·유약에 빠졌다. 그러나 불교가 크게 성했으며 국가주의가 대두되었으나 고려 말에는 정몽주 등의 활약으로 배불·숭유의 풍조가 많아지게 되었다고 주장하였다.

조선시대는 유교가 대흥하고 불교를 배척하여 중국을 숭모하고 문약에 빠져 국수주의와 민족주의가 매몰되었고, 이에 따라 이기주의와 계급주의가 심해져 모화주의와 이기주의가 유행되었다. 이어 최근 사상은 조선이 모화주의와 이기주의로 쇠망했음으로 조선인은 크게 각성하여 민족주의와 희생주의가 나타났으나 신문명사조와 기독교도덕이 공명하여 사상계의 혁신이 일어나게 되었다. 그런 중에 최근의 세계풍조인 사회주의가 다소 수입되어 민족주의와 희생주의와 충돌이 일어나 새로운 연구 필요성이 나타나게 되었다. 사회주의의 대적은 자본주의이며 만족주의와 희생주의는 아니기 때문에 지금 조선인의 생존발달에 필요한 것이면 무엇이든지 조선인이 민족적, 희생적으로 노력할 것을 요한다고 하였다.

이러한 산운의 사상사설명에 민족단취와 민족집단의 설명이나 보수와 비보수의 해명이 없으며 국수주의 · 국가주의 · 민족주의 설명이 없어 그 내용상 문제가 있다. 그리고 빈번하게 나타난 중국식과 조선식의 차이점 의 해명이 없으며 민족단취사상과 제천사상은 우리나라에만 존재한 원시 신앙은 아닐 것이다. 그러므로 복잡한 사상의 설명을 단적으로 해석할 수 는 없기 때문에 고대의 사상은 종교문제만 아니라 그 시대 사회의 저변의 해명도 필요한 것으로 보인다.

2. 조선 10대 사상가

산운이 쓴 위인전에는 처음으로 「원효전」(1917)이었으나 「10대 위인 전」(1923)에서는 거의 왕(주로 각 왕조의 시조)과 장군이었다. 그러나 사회가 발전할수록 위인은 정치(왕)와 군사(장군)의 활동만이 아니라 사상(불교, 유 교)과 학술(학문)의 가르침을 준 인물이 등장하게 되었고, 그 후 혁명가 · 교육가 · 예술가 등으로 확대된 것이다. 10대 사상가는 정치 · 군사적 지도 자를 벗어난 최초의 위인으로서 왕은 2명뿐 이며 승려(3명)와 학자(4명)가 중심이지만 여기에도 고대의 인물이 6명(고려시대를 近古라고 했으니 실제는 8 명)이나 되어 산운의 고대사 인식을 알 수가 있다.

10대 사상가로 처음 등장시킨 인물은 왕으로서가 아니라 실력주의자로 서 고구려 제17대 왕인 소수림왕(371~384: 백제군에게 피살된 고국원왕의 아들) 이다. 왕은 백제군의 침략으로 나라의 시련을 극복하여 고구려왕조의 중 흥에 노력한 실력주의자로 평가하고 있다. 그의 업적은 첫째로 대학을 처음 세워(372) 문화주의 입장에서 국가 실력을 키운 주인공이 되었으며 둘째 업적은 법치주의의 현실로 대법전(律令 반포: 373)을 제정하여 국가주의와 군국주의를 내세워 국가실력을 확보하였다는 사실이다. 셋째 업적은 진보주의자로 불교를 공인하여(전진의 왕 부견이 순도를 보내줌) 두 사찰(성문사·이불란사)을 세우고 만민평등의 사상을 함양시켰다. 따라서 소수림왕은 정치가라기보다는 사상가로서 왕의 실력주의는 성공하여 광개토왕(391~413)의 전성기를 이룩할 수 있었다는 것이다.

또 한사람의 왕은 진흥왕(신라 제24대: 540~576)으로 3국중 가장 약소국인 신라를 강국으로 이룩한 왕으로서 보다 국가주의 사상가로 등장시켰다. 그는 당시 신라가 다년간 제·려의 위협으로 큰 시련을 받았을 때여서 신라인심은 국가의 번성(勃興)을 꾀하는 시대여서 왕은 첫째로 거칠부에 국사편찬을 명하여 국사확장의 계기를 만들었고 둘째는 우륵에게 가야금을 짓게하여 국악으로 백성들에게 선전하였다. 셋째는 國仙徒를 개설하여 국민들에게 충·효를 가르쳤다. 넷째는 그림(國畵)을 통해 회화의 발전을 촉진시켰고 화백인 솔거에게 황룡사벽에 그림을 그리게 하였다. 다섯째 황룡사를 지어 국가주의에 도움을 주게 하였다.[6] 여섯째는 팔관회를

---

6) 고대사에 있어서(현대의 경우도 마찬가지이다.) 정치적·군사적 사건이 일어나면 그에 대한 문화적·사회적 보완(확인)을 위한 조치가 계속되고 있다. 따라서 황룡사의 창건(553)은 단순히 사찰을 조성한 것이 아니라 신라가 북진을 이룩한 최초의 사건(단양점령: 진흥왕 12년-550)의 기념물이 단양적성비 조성이다. 따라서 진흥왕이 한강유역(하류)지역을 점령(신주설치)하면서 북진을 촉진함으로서 통일의 상징으로 황룡사를 세웠으며(553) 그 후 선덕여왕 12년(643)에 자장의 건의로 9층탑을 세웠다. 이 탑의 1층은 왜(일본), 4층은 탁라(제주도), 5층의 응유(백제), 9층은 예맥(고구려)을 의미하여 통일을 기원하는 정신을 나타내고 있다. 특히 642년에 백제의 침략으로 대야성(합천)이 함락되어(대야성 도독인 품석과 그

열어 혜량의 팔관법을 통해 국가의 복을 빌게 하였다. 일곱째는 대가야의 합병과 북진으로 신주설치와 함경도까지 영토를 확장(황초령비 조성)시켰다. 이로서 신라는 전성기를 이루어 국가번영(盛世)의 바탕을 이룩하였다는 것이다.

세 번째 사상가로 나타난 인물은 최초의 백제인으로 國粹主義者인 高興이다. 고흥이 활동하던 근초고왕시기(346~375)인 4세기는 3국이 전부 국수주의·국가주의가 번성하던 때였는데 漢學(중국의 학문·사상)이 수입되어 국수주의가 크게 쇠퇴하였지만 근초고왕은 고흥에게 백제사를 편찬케 하여 유·불에 대항하여 전성기의 백제 역사(國史)를 최초로 서술하였으나 현재 전해지지 않고 있다.

네 번째 사상가로서는 고구려인으로 금욕주의자 惠亮이다. 그는 원래 고구려의 승려로 당시 고구려가 강성하여 상하가 사치에 빠져 이를 우려하여 팔관법을 발견하였다. 팔관법은 ① 不殺生(생물의 살생금지)·② 不偸盜(도둑질금지)·③ 不淫洪(남·녀 정조를 지킬 것)·④ 不妄言(거짓말 금지)·⑤ 不飮酒(술 먹지 말 것)·⑥ 不坐高大床(높은 자리 싸우지 말고 겸손할 것)·⑦ 不着香華(방탕·유흥 금지)·⑧ 不自樂觀聽(청결·근면)을 의미한다. 그러나 당시(6세기 - 고구려 평원왕, 신라 진흥왕) 고구려는 상하가 사치가 심하였으며 신라가 고구려를 공격할 때 그는 거칠부를 따라 신라에 들어와(572년 - 평원왕 14년, 진흥왕 33년) 팔관회를 열게 되었다. 「삼국사기」(권44, 열전44, 거칠부전)에도 거칠부가 고구려에 들어갔다가 혜량을 수레에 태우고 신라로 들어

부인〈김춘추의 딸〉피살) 그 직후 김춘추가 고구려에 원병을 청하였으나 실패하여 신라는 적극적인 친당정책으로 백제멸망(통일의 제1단계)을 추진하기 시작한 것이다(신형식, 신라통일의 현대사적 의의「신라사학보」52, 2014).

왔다고 되어있다. 이러한 혜량의 팔관법은 후에 신라시대에 일종의 도덕
으로 존재하게 되었다.

다음으로 신라인에는 圓光과 元曉가 있다. 다섯째의 원광은 윤리주의
자로 그가 25세(진평왕 11년: 589)에 陳나라에 들어가 불법을 익히고 600년
(진평왕 22년)에 귀국하여 貴山과 箒項에게 5戒를 가르쳤다. 5계는 ① 국가
에 충성(忠) ② 부모에 효도(孝) ③ 인간의 교류에는 믿음(信) ④ 전쟁에서
는 후퇴가 없고(勇) ⑤ 살생금지(愛)를 말하는데 당시 신라인의 도덕(유교
의 사상과 같음)이 되었다. 혜량은 소극적으로 사회를 선도하였으나 원광은
적극적으로 국민을 이끈 국민을 이끈 핵심사상이 되었다는 것이다.

또 한사람의 신라인은 여섯 번째의 유심주의자 원효(617~686)였다.
그러나 여기서는 622년에 탄생하였다고 하였고 조선 제일의 학자·문
호 사상가로서 한국정신계의 왕이라고 되어있으며 心生事生 心滅事滅
의 유심주의자라고 설명하고 있다. 그가 의상과 함께 중국(요동)을 가다
가 빈 무덤에 투숙할 때에 밤중에 물을 마셨는데 그 물이 죽은 사람 두
골에 고인 물이라 구토하였지만 만사는 마음(정신)에 있다는 사실을 깨
닫게 되어 유심주의자가 되었다고 하였다. 원효는 첫째로 요석공주(무
열왕의 딸)를 취하여 설총을 낳았고 둘째 일반인의 옷(俗衣)을 입고 육식
(肉食)을 하였으며 셋째는 종군하여 군사에 참여(김유신 부대)하면서 오직
마음에 중점(唯心主義)을 둔 자유주의자였다. 그는 세속과 습관을 벗어
나 자기 마음대로 행동하여 궁예·견훤·왕건에 영향을 주었으며 천여
권의 저서를 남기기도 하였다. 이러한 원효의 일심사상은 곧 인간의 평
등사상으로

　　비를 피할 때는 작은 우산이면 족하고

　　온 하늘을 덮는 것이 있다 해도 소용이 없다

　　그러므로 작다고 가벼이 볼 것이 아니라

　　그 근성은 크고 작은 것도 다 같은 보배가 된다. (미륵상생경종요)

라는 그의 견해는 본서에서는 빠지고 원효사상의 본질을 보완하기 위해 첨가하였다.[7]

　산운은 「10대 사상가전」에서 고려인으로 최충과 정몽주를 들고 있다. 일곱 번째로 최충은 지선주의자로 성격이 드세고 바르며(堅貞) 학문이 깊고 덕행(德行)이 높아 당시인들은 우리나라의 공자라고 존칭하였다는 것이다. 그는 지선(至善: 도덕적으로 이상주의)을 강조하여 당시 불교가 번성하여 미신이 유행되었으므로 이를 우려하여 현실 위주의 생각으로 유교를 연구하여 불교를 대치하기로 하였다는 것이다. 이에 九齊라는 교육기관을 세우고 유교의 경전(충효사상 강조)을 강조하게 되어 고려시대의 문명기가 이룩되었음을 보여주고 있다. 그러나 이러한 최충의 지선주의는 결국 중국숭배의 흐름이 확대되어 불교가 지닌 자유·독립 기상을 반대하고 도리어 스스로 낮추는(自卑) 나쁜 관심에 빠지게 되어 중국숭배와 자기 비굴의 태도에 빠진 결과가 되었으므로 우리사회의 불행을 초래했다는 것이다. 이러한 사상은 그 후 안유·백이정·이색·정몽주로 이어졌지만 결국 불행을 초래한 결과가 되어 후세 노화주의의 발원까지 이르게 되었다는

---

7) 김상현, 「역사로 읽는 원효」(고려원, 1994) p.306

　신형식, 원효와 의상은 우리에게 무엇을 가르쳤는가(「새로 밝힌 삼국시대의 역사적 진실」 우리역사재단, 2013, p.302)

것이다.

고려시대의 또 다른 사상가로는 여덟 번째로 정몽주(正義主義)를 들고
있다. 그는 고려 말의 불교 폐단과 외침의 침해로 국가의 혼란으로 고려
가 위태하고 민중이 곤궁에 빠진 현실을 구제하는데 노력한 인물로 설명
하고 있다. 그는 우선 유교의 진리를 통해 불교의 폐단을 막고 인심을 구
제코자 왕에게 불교의 폐단을 피하기위해 유교의 경서설명을 보고 각 학
교에 유학의 책을 읽게 하고 상제(喪祭)의 예절도 유교를 따르게 하였다.
그는 학구(學究)에 그친 것이 아 나라 활용에 힘을 써서 일본과 중국(明)에
가서 평화의 국교를 맺어 고려황실을 보호하기 위해 이성계와 악전고투
를 마다하지 않았다.

정몽주는 정의를 믿고 실행하여 극단의 희생주의를 잊지 않아 결국
이성계와 충돌하다가 조영규 손에 비참히 암살당한 불쌍한 위인이다.
그는 조선인의 세도부패를 혁신코자 정의에 희생된 결과 암살되었지만,
유교적인 충의를 잊지 않았음은 일대의 모범이 되어 후학인 길재(吉再)
에게 그 정신이 이어진 후 김숙자·김종직·김굉필·조광조 등에 전하여
정의의 도를 일으킨 주인공이다. 그러나 그의 일대결점은 정의를 구하
야 유교를 연구하다가 모화사상(慕華思想)에 빠져 중국숭배를 함으로써
이씨를 반대하고 왕씨에 충성하게 되어 결국 유교의 尊君政治와 친명
정치에 빠져 모화사상이 넘쳐 자비·자멸한 사람이지만 쇠퇴한 조선사
회의 원기를 다소 부흥시켰지만 동시에 조선 쇠망의 원인에 도움을 준
인물이라는 것이다.

끝으로 조선시대의 10대 사상가에는 李珥와 崔濟愚를 들고 있다. 우선
아홉 번째 이이(栗谷: 1536~1584)는 현실주의자로 유교·불교에 박통한 인

물인 바, 그가 태어난 16세기는 인심이 부패하고 이기주의가 개인싸움으로 이어져 유교도 모화주의가 빠진 시기였다. 특히 그는 현실주의자로서 그가 쓴 「격몽요결」에 立志(공자와 같은 성인되기를 기원)·革旧習(세속의 기호를 멀리함)·持身(발은 신중하고 손은 공손)·독서(유교 문서를 읽다)·事親喪制(부모의 상에 예의 강조)·祭禮(제사 중시)·居家(검소한 생활)·接人(연장자를 존경)·處世(독서 후에 출세) 등 을 10조로 내세우고 있다.

산운은 이러한 율곡의 주장(사상)은 현실주의적 입장에서 개인주의적 접근이지만 조선 중엽 이후 인심이 이기주의에 빠지고 모화주의로 변하여 조선은 쇠퇴의 길을 걷게 되었다고 하였다. 그러나 율곡은 모친(신사임당 신씨)이 돌아가시자 묘막을 세우고 3년간 시묘(侍墓) 생활을 한 효자였고 철저한 유교 사상가이면서도 1년간 승려 생활(1554)을 통해 유·불의 의미를 확인하였으며 「격몽요결」의 서문에 '사람이 이 세상에 태어나서 학문이 아니면 사람이 될 수 없다'고 하여 학문은 이상스러운 것이 아니라 인간의 기본자세라고 하였으며 상(喪)과 제(祭)는 사람의 자식으로서 가장 정성을 다해야 할 일이다라는 그의 견해를 본서에 없는 내용을 첨가시켰다.

마지막으로 조선의 10대 사상가로 동학당 개조인 최제우(혁명주의자)를 들고 있는데 그는 조선 말엽에 사회가 패멸에 처한지라 동학을 주창한 주인공으로 들고 있다. 동학(동방의 학)은 서학인 기독교를 대치해야 한다는 天道를 내세웠으며 인간과 하늘의 합일을 강조한 혁명주의로 그는 평민의 단체를 만들어 귀족정부를 파괴하고 혁명을 실행하고자 한 것이다. 이에 정기론(鄭琪論)을 응용하여 교도 모집의 자료로 삼고 혁명을 계획하였다. 그러나 최제우는 체포되어 사형을 당하였으나 그 계승자인 최시형·

전봉준·손병희 등이 동학을 확장시켜 동학당이 10만여 명에 이르게 되었다. 마침내 갑오년(1894)에 동학란을 일으켜 정부와 싸우다가 청일전쟁의 도화선이 되었다. 처음에 그는 묵상 끝에 동학의 도를 발견하였고(1850) 그 언행은 「동경대전」에 기록되어 있으며 지금의 천도교는 곧 동학의 후신이다.

이상에서 산운은 10대 사상가로 두왕(실력주의자인 소수림왕과 국가주의자로서 진흥왕), 그리고 역사(백제사) 편찬과 팔관법을 제시한 고흥(국수주의자)과 혜량(금욕주의자)을 들고 있다.

이어 대표적인 승려인 원광(윤리주의자)과 원효(유심주의자)를 제시하고 두 명의 고려학자인 최충(지선주의자)과 정몽주(정의주의자)외에 두 명의 조선시대 위인으로 이이(현실주의자)와 최제우(혁명주의자)를 10대 사상가로 설명하고 있다.

이들 사상가는 국가의 정치나 정책을 결정하고 외침으로부터 나라를 지켜 준 인물이 아니라 국민을 지도하는 사상·학문·정치적 개혁을 통해 백성들에게 가르침을 준 정신적 지도자였다. 고대의 초기에는 왕권 강화와 국토개척을 주도한 왕이나 나라를 지켜 준 장군이 곧 위대한 지도자였으나 국가가 발전함에 따라 백성들의 정신과 국가·민족을 위한 사상·학문을 이끌어준 사상가의 존재가 필요했던 것이다. 따라서 1957년에 쓴 「한국의 혼」에서는 정치·군사적 의미를 보여준 왕과 장군만이 아니라 정치개혁이나 사상과 학문으로 겨레의 스승이 된 인물(사상가)을 민족의 혼을 보여 준 위인으로 포함하고 있다. 여기에 사상가가 지닌 의미가 있다.

4

·

조선역사담

「조선역사담(朝鮮歷史談)」은 산운이 1932년에 출간한 위인전으로 기존에 쓴 「10대 위인전」과 「10대 사상가」에 등장한 내용을 그대로 소개한 것으로 마지막에 전문분야의 특수한 인물이 간략하게 포함되어 있다. 여기에는 단군을 비롯한 6개 왕조(3국·발해·고려·조선)의 시조와 대표적인 3왕(광개토왕·문무왕·세종) 등 10명의 왕을 비롯하여 각 시대의 7명의 장군과 원효까지 18명의 위인을 길게 설명하고 있다. 그리고 전 위인전에 소개가 없던 특별한 활동분야(식산가·교육가·예술가·사상가·혁명가 등)의 인물 설명이 있다.

「조선역사담」의 서두는 단군으로 시작하여 각 왕조의 시조와 대표적인 왕과 장군의 활동은 앞의 위인전 내용을 인용한 것으로 본서의 대부분을 차지하고 있다. 최초로 등장한 단군은 신단수(神檀樹) 아래에서 태어나서 붙인 이름이 아니라 하늘에서 내려온 仙人(天人)의 자손인 王儉을 한자로 쓴 것이라고 하였다. 그리고 단군이 태어난 곳을 기록(『삼국유사』)에 태백산으로 되어있으나 그 산은 묘향산이며 그 태자인 부루(夫婁)는 동부여왕으로 북방의 지배자가 되었으며, 부여의 서남지역(압록강·임진강 북부)는 후조선, 그 이남은 마한, 동부는 진한, 그리고 그 남부는 변한이 되어 열국시대가 되었다고 하였다.

단군 다음에는 동명왕으로 사상이 신성하고 사업이 광대하여 우리역사에서 사상계의 제일인자로 황야를 개척한 조선의 기초를 확립한 위인이라는 것이다. 이어 그의 탄생과정, 소년시대를 거쳐 왕이 된 이후의 내치·외정을 아주 길게 설명하고 있다.

다음에는 백제시조(온조왕)와 신라태조(혁거세)의 간단한 소개 후에 광개토왕의 정복활동(北征·南征·西征·東征)과 그 외 활동을 자세하게 설명하고 있다. 이어 장수왕의 평양천도 사실이 부록에 나와 있다.

이어서 을지문덕의 활동으로 살수대첩시의 수나라 군대의 규모(육군 46군 113만 3천. 수군 150만 - 병차 5만대·병선 300척)뒤에 살수대첩 과정과 그 일화가 설명되고 있다. 그를 이어 개소문의 경력과 안시성 승리상황, 그리고 그의 공덕 역시 길게 기록하고 있다.

그리고 원효의 활동이 아주 길게 소개되어 있는데 산운은 처음으로 쓴 「국사」(1916) 다음에 「원효전」(1917)을 썼음으로 「원효전」의 분석에 이미 자세한 내용을 썼음으로 본서에서는 간략히 서술하고자 한다. 여기서도 머리말(敍言)에

선철은 우리의 전형이니라 그의 훌륭한 말씀(嘉言)은 우리에게 교훈이 되고 그의 선행은 우리에게 모범이 되고 그의 사상은 우리의 뇌

에 인상이 되며 그의 주의는 우리의 몸에 사명(司命)이 됨으로 그의

한 방울의 침(一唾)이 땅에 떨어져도 우리에게는 금옥이 되어 그는

우리의 영원한 스승이 된다.

라고 하여 원효전의 내용을 그대로 옮겨 쓰고 있다. 결론에서 산운은 고
대 조선인은 로마인 같이 매우 실용적이어서 군사적(武的) 실행적 인물은
많으나 이상적·문화적·학술적 인물은 비교적 소수였음으로 원효는 실
로 대표적인 문화인물로 강조하고 있다.

이어서 신라의 문무대왕을 등장시켰는데 그는 기존의 위인전(「대한 위인
전」·「10대 위인전」·「한국의 혼」)에 등장하지 않았으나 본서에서는 백제의 멸
망·고구려의 멸망·당군의 격퇴로 민족통일의 주인공으로 신라전성기를
이룩한 대표적 왕으로 높이 평가하고 있다. 이어서 문무왕이 성공한 원인
과 신라전성기의 모습을 길게 설명하고 있다.[8]

다음에는 발해태조(대조영)로 건국과정·업적(중앙·지방제도 정비)을 설명
하고 이어진 왕(무왕·문왕)들의 활동을 부각시키고 있다.

이어진 인물은 고려 태조(왕건)의 활동상(통일완성·중앙제도 정비)을 비롯
하여 4명신(유금필·배현경·신숭겸·최응)과 자신의 공덕(통일국가 완성, 불교발전,
토지제도, 훈요십조)을 설명하고 있는 바 이는 「한국의 혼」의 내용으로 계승
되었다. 이어 강감찬의 설명도 기존의 모든 위인전의 내용을 복사한 것이

---

8) 문무왕의 성공요인 ① 진흥왕이 창설한 국선 화랑도(국민단결과 의용심) ② 무열
　왕과 김유신의 위업과 외교 ③ 김유신의 업적 ④ 문무왕의 내치·외교 등이며, 신
　라 전성기의 모습(생활)은 ① 진골귀족의 의관 ② 진골여성의 의관 ③ 진골계층의
　차기(車騎) ④ 진골의 안마(鞍馬) ⑤ 진골여성의 안마 ⑥ 육두품 남녀의 의관 ⑦ 평
　민의 안마와 가옥 등을 소개하고 있다.

다. 그리고 윤관과 최이의 설명이지만 그 내용은「한국의 혼」에서 자세히 계승되고 있다.

조선시대에 들어서서는 의례히 태조(이성계)가 첫 위인인데 이 내용도「한국의 혼」에 등장한 인물에서 비슷한 설명으로 되어있다. 여기서 태조의 武功으로 그 부친의 무공과 고려말에 정치적 혼란, 그리고 최영의 업적을 소개하고 그의 활동(조선건국과정)도「한국의 혼」내용에서 복사되고 있다. 다만 본서에는 태조의 창업내용을 상세히 설명하고 있다.

이어 세종의 내용은 기존의 위인전과는 달리 아주 길게 설명하고 있다. 특히 세종의 업적에는 정치업적(조세정리·형법개정·법전(경제 6권)·교육장려·집현전 개설) 설명에 큰 비중을 두고 있다.

세종을 이은 이순신도 위인전에서와 같이 아주 장황하게 소개하고 있다. 특히 이순신의 전승과정(거제의 목포 승전·한산도해전·명량대첩·복잡한 비사)을 길게 설명하고 사후의 포상과정과 가문에 대한 보완이 이어지고 있다. 이어서 정봉수(병자호란의 공신)의 설명으로 개인 위인전은 끝나고 있다. 이러한「조선역사담」에서도 고대사의 위상을 높이고 있으며 원효를 제하고는 거의가 왕(개국시조와 광개토왕)과 장군(을지문덕·연개소문·강감찬·윤관·이순신)의 활동을 길게 설명(정치·군사면 위주)하고 있어 산운의 역사 인식을 볼 수가 있다.

이러한 위인전을 이어진 내용은 산운 자신이 활동인의 업적에 따라 명칭을 인물론(家)으로 제시하였다. 첫째는 殖産家(8인)로 薛支(고구려 목축자)·다루왕(백제 2대왕 - 農王)·유리왕(신라 3대왕 - 방적왕)·지증왕(신라 22대왕 - 상공대왕)·평원왕(고구려 25대왕 - 곡식저장왕)·숙종(고려 15대왕 - 화폐부흥왕)·문익점(목면공)·윤현(조선 중종 때 인물 - 폐물 이용가)로 설명하고 있다.

다음에는 15교육가로 이문진(고구려 - 대학박사) · 설원랑(신라 - 國仙 - 풍월주) · 사다함(신라 - 의용과 충신) · 김유신(지식과 근면) · 관창(용감) · 흠춘(충효) · 죽지(擇師) · 김흠운(신라 - 정의) · 검군(신라 - 仁恕) · 미시(신라 - 예의와 悔改) · 설원랑(신라 - 음악) · 구운(수렵) · 부예(신라 - 충실) · 석렴(신라 - 節儉) · 효종랑(신라 - 자선) · 준영(신라 - 수양) · 월명(신라 - 창가) · 혜숙(신라 - 박애) · 사랑(신라 - 수양) · 거열(신라 - 여행) · 원랑등 4인(신라 - 창가) · 영랑등 4인(신라 - 여행) · 아도(고구려 - 고승) · 관륵(백제 - 천문학자) · 혜관(고구려 - 삼론종조) · 거칠부(신라 - 사학자) · 의상(신라 - 왕사) · 설총(신라 - 국어학자) · 의천(국사) · 안유(고려 - 儒宗) · 김종직(조선 - 선생) · 조광조(眞儒) · 휴정(조선 - 대사) 등 많은 고승 · 학자 · 충신 등을 거론하고 있다.

다음은 8대 발명가로 왕산악(고구려 - 현금 발명) · 신득(신라 - 砲弩 발명) · 구진천(신라 - 千步弩 발명) · 서찬(고려 - 활자 발명) · 가실왕(가야 - 가야금 발명) · 정천익(고려 - 물네 발명) · 세조(인지의 발명) · 이장손(조선 - 대포 발명)을 들고 있다. 이어 15예술가로 우륵(樂聖) · 솔거(畵聖) · 태양말(백제 - 건축사) · 담징(고구려 - 화백) · 양지(신라 - 조각사) · 옥보고(신라 - 琴師) · 아비지(백제 - 名匠) · 강고내미(신라 - 佛工) · 김생(명필) · 리상택(신라 - 鍾師) · 최치원(詩聖) · 이녕(고려 - 畵師) · 이규보(고려 - 文豪) · 박연(조선 - 樂師) · 박지원(文士)을 말하고 있다.

다음으로 10대 사상가를 소개하고 있는데 이 내용은 산운의 「조선 10대 사상가」(「조선사상사」의 부록, 1925)의 내용을 그대로 옮긴 것으로 두 왕이 있지만 소수림왕은 실력주의자로, 진흥대왕은 국가주의자로 소개되어 있다. 그리고 고흥(국수주의자) · 혜량(금욕주의자) · 원광(윤리주의자) · 최충(진선주의자) · 정몽주(정의주의자) · 이황(보수주의자) · 이이(현실주의자) · 최제우(혁명주의자)로 되어있다. 특히 여기서는 「조선사상사」에 있는 원효를 빼고 대신 이황을 넣고 있다.

그리고 10대 혁명가로는 두로(고구려 - 모본왕 살해)·명임답부(고구려 - 漢軍격퇴)·창조리(고구려 - 미천왕 추대)·복신(백제 부흥운동)·검모잠(고구려 부흥운동)·궁예(태봉의 건국)·견훤(후백제의 건국)·대연림(후발해왕)·홍경래(홍경래난: 1811)·전봉준(동학란)을 들고 있다.

이어서 위인전에 처음 소개하는 名婦 10대가로 여걸 召西奴(동명왕비)·女聖인 알영(혁거세 왕후), 현모로서 萬明(김유신 모친), 여자정치사로서 선덕여왕(진평왕녀), 애국부인으로 智照(김유신 부인), 淑女로서 설씨(신라 - 여성으로 전투참여), 도미부인(백제 - 정조를 지킨 여인), 良妻로써 高공주(온달 부인), 여자시인으로 허난설헌(조선시대 유명한 시인), 여자화백으로 신사임당(율곡 어머니)을 들고 있다.

끝으로 10대 拓殖家로 珠芬奴(고구려초 - 비류국에서 鼓角의 습취), 대무신왕(고구려 3대왕 - 영토확장), 태조대왕(고구려 6대왕 - 영토확장), 미천왕(고구려 15대왕 - 낙랑·대방합병), 고국천왕(고구려 - 영토확장), 달고(서천왕 - 말갈정복), 이회옥(고구려말 - 영토회복), 고선지(당서역 평정), 최영(몽고군 격퇴), 김종서(4군 6진)를 들고 있다.

이상에서 본 바와 같이 「조선역사담」은 산운의 위인전과 같이 각 왕조의 시조와 대표적인 왕과 장군의 활동을 서두에 다루고 있으며 최초의 「위인전」(1917)으로 쓴 원효를 부각시킨 것이 주목될 내용이다. 그리고 이어진 내용으로 殖産家·敎育家·發明家·藝術家·혁명가·척식가 등을 소개하여 다양한 인물전을 보여주고 있다. 그리고 마지막으로 名婦傳을 쓰고 있어 많은 문헌을 참고한 사실을 알 수 있다. 여기서도 고대사 인물이 중심이며 역사는 곧 이러한 다양한 인물들의 활동을 기록한 것으로 그들이 남긴 교훈을 알아야 한다는 사실을 보여주고 있다. 따라서 본서의 내용은 산운이 마지막으로 쓴 「한국의 혼」(1957)의 바탕이 된 것으로 생각된다.

5
·
한국의 혼(魂)

이 책은 산운이 70세가 된 1957년에 마지막으로 저술한 위인전으로 자신의 역사관을 정리한 의미로 보인다. 그는 서문에서 '우리국가·민족의 위대한 역사의 진면목을 엿볼 수 있게 하기 위해서' 우리역사상 민족의 융성을 이룩한 대표적인 왕과 나라를 지켜준 훌륭한 장군의 활동을 중심으로 한국의 혼(정신)을 설명한 것이라고 하였다. 이러한 시각에서 그는 1916년(29세)에 처음으로 「國史」를 쓴 이후 수많은 위인전을 통해 우리나라가 유지된 바탕은 국가의식·애국심을 잃지 않았기 때문이며 그 정신을 보여준 수많은 위인들의 활동이 가르쳐 준 정신적 교훈이 한국의 혼으로 나타났다는 사실을 부각시킨 것이다.

더욱이 산운보다 8세 연하인 이병도(두계)가 이 책의 송수사(頌壽辭)를 썼다는 것은 큰 의 미가 있다. 두계는 실증사학의 대표적 사가로서 현대 한국고대사연구를 대표하는 사학자로 고대사 체계화과정(단군 - 고구려 - 통일신라)에서 산운(「국사」 1916)의 영향을 받았을 것이어서 송수사에서 '민족의 시련기에 있어서 시종일관 민족정신·민족문화의 보존·육성을 위한 헌신적 노력을 한 선구자'로 내세우고 있다.[9] 무엇보다도 산운은 일제의 어려운 시기에도 국사(특히 고구려사)와 언론을 통해 민족정신을 강조하였고 해방 이후에도 국사와 많은 가르침을 준 위인전을 통해 애국정신·민족문화의 의미를 바탕으로 우리역사의 중요성을 지켜준 주인공이었음으로 후학의 연구에 도움이 되었을 것이다.

본서에 등장한 한국의 혼을 지닌 인물은 32명으로 10명의 왕, 장군 14명, 기타(승려·학자 등) 8명으로 되어있다. 이들은 대체로 「10대 위인전」에 포함된 인물이며 「한국사상사」(10대 사상가)에도 보여진다(진흥대왕·원효). 결국 산운은 우리 역사를 지켜온 고대사의 주인공은 어디까지나 왕이며, 그 외 외적을 퇴치한 장군과 국민에게 큰 가르침을 준 고승의 역할을 강조하고 있다. 그러므로 산운은 이러한 한국의 혼을 지닌 인물들이 우리나라를 지켜온 주인공으로서 왕과 장군들이 중심이며 여기에 등장된 32명 중에 고대 인물이 14명, 고려시대 인물이 10명, 조선시대 인물이 8명이어서 역시 고대사가 지닌 역사적 위상을 보여주고 있다. 동시에 승려(원효·의천·서산대사)·학자(왕인·이제현·정약용) 등도 포함되어 있으며 화랑정신의 바탕인 철저한 국가 의식을 나타낸 지조(智照) 부인(김유신의 부인)을 등

---

9) 산운이 처음으로 「국사」를 쓴 1916년에 28세였고, 당시 두산은 20세 였음으로 두산의 역사서술에 참고(도움)가 되었을 것이다. 두산이 처음으로 「조선사개강」을 「동아일보」에 연재한 시기는 1923년 9월이었음으로 여기에는 산운의 상고사─중고사─근세사의 내용을 참고했을 가능성이 높다(조인성, 조선사 개강과 고대사 인식 「이병도의 한국사연구와 역사인식」 백산학회, 2013).

장시키고 있다.

「삼국사기」에 의하면 지조부인은 김유신 동생인 文明(文姫)이 김춘추 (무열왕)에 시집가서 낳은 딸임으로 김유신의 조카인 것이다. 그런데 지조 부인은 무열왕 2년(655)에 김유신의 회갑선물로 김유신의 부인이 되어 三 光·元述이하 7명의 아들을 낳았다고 되어있다. 문제는 김유신이 회갑때 까지 총각으로 있었을 리 없었음으로 「화랑세기」에는 그 첫 부인으로 令 毛라는 부인이 있었기 때문에[10] 삼광·원술은 지조부인의 소생이 될 수 없다.[11] 더구나 「삼국사기」(권6. 문무왕 6년: 666)에는 삼광이 외교관(宿衛) 으로 당나라에 들어갔다고 되어있어, 그가 지조부인의 아들이라면 10세 전후의 어린아이일 것이며 원술이 672년(문무왕 12)에 대당항쟁의 투사로 활약한 후 어머니(지조부인)를 만나러 갔을 때 나이도 둘째 아들이었음으 로 10대 초반 전후로 생각되어 친 아들이 될 수는 없다. 그러나 지조부인 이 만나주지 않은 것은 친자식 문제가 아니라 철저한 화랑정신(국가의식) 의 뜻으로 본 것이며 김유신이 죽은 후 스님이 된 것도 같은 의미로 할 수 있다. 여기에 「삼국사기」 기록(김유신의 첫 부인이름 삭제)의 문제가 있다.

「한국의 혼」에 등장한 32명은 우리나라역사(삼국~조선) 정치·군사·문 화계를 대표하는 인물이다. 그 중에 왕이 10명으로 고구려·발해·고려· 조선의 건국자와 광개토왕·진흥왕·세종 등 큰 활동(업적)을 남긴 왕과 전공을 세운 장군이 14명, 그리고 명승(원효·대각국사·서산대사)과 학자(왕인· 이제현·정약용) 등이 포함되고 있다. 그 중에서 고구려인이 7명(왕 4·장군 3)

---

10) 이종욱, 「화랑세기」 (소나무, 1993) p.155

11) 신형식, 김춘추와 김유신의 관계속에서 밝혀져야 할 내용은(「새로 밝힌 삼국시 대의 역사적 진실」 우리역사연구재단, 2013) p.241

이며 백제인 2인, 신라인 4인을 포함하여 고대(3국 시대)인이 14명이나 되고 있어 여기서도 산운의 고대사 강조(고구려 위주)의지를 알 수가 있다.

「한국의 혼」에서 처음 등장한 인물은 고구려시조 동명성왕(북부여 해모수와 유화태후의 아들: 37~19 B.C.)이다. 당시 우리나라는 중국의 침략으로 큰 위협의 시절이며 열국시대로 어려운 때였는데 B.C. 59년에 금와왕(북부여) 집에서 태어났으나 태자인 帶素가 시기함으로 남쪽으로 도망가서 졸본으로 왔다. 이때 졸본왕은 아들이 없어 자기 딸 少西奴를 시켜 혼인시켜 함께 살더니 B.C.37년에 졸본왕이 죽어 동명성왕이 고구려국을 세웠다. 왕은 어려서부터 활쏘기에 능하여 국민에게 尙武主義를 강조하며 중국세력을 배척하고 조선 땅을 회복하기 시작하여 주변국가(비류국·행인국·북옥저)를 정복하면서 고구려국의 기초를 이루었다. 그를 계승한 유리왕·대무신왕이 武勇과 정의로 애국심과 단결력을 길러주어 고구려가 강성한 나라가 되었다고 하였다.

두 번째의 태조대왕(유리왕의 6째 아들인 재사의 아들: 53~146)은 모본왕이 포악하여 쫓겨난 후 사방을 정복하여 고구려를 크게 발전시킨 주인공임으로 國祖王이라고 하였다. 그의 대외활동은 요서와·낙랑지역 확보·요동공격·현토성 진출·말갈 격퇴·숙신지배·남옥저와 부여복속 등으로 만주·연해주(남부)·반도북부를 지배하여 고구려를 강국으로 이룩하였다는 것이다.

3번째의 미천대왕(300~331)은 외적을 격퇴하여 고구려 영토를 확대시켜 현토(봉천)와 낙랑·대방(황해도지방)을 정벌하고 평양을 건설하여 새로운 수도로서의 정책(준비)을 시작하였다.

이어 4번째의 광개토대왕은 안으로 백제·부여를 정벌하고 밖으로 거란·선비·비리(몽고)·숙신(만주족)·왜인(일본) 등 여러 외적을 정벌하여 국토를 개척하고 국세를 확장시켰다. 이에 만주전부와 연해주까지 진출하였음으로 廣開土大王(391~413)이라는 칭호를 갖게 되었다. 왕은 백제가 왜인과 연합하여 신라를 공격함으로 백제를 쳐서 58성을 점령하여 한강유역을 차지하였고, 내물왕이 구원을 요청하자 영락 10년(A.D.400)에는 보기병 5만 명을 보내 경주에 가서 왜적을 섬멸하였다. 그리고 영락 5년(395)에는 요동반도와 요서지역을 회복하였고 거란·비리국·숙신국(만주족)을 정벌하여 극동의 대제국이 세워졌다. 동시에 문화도 장려하여 불교(평양에 9사찰 설립)와 교육을 장려하여 백성들의 생활이 안정되었다. 끝으로 광개토왕의 연표(업적)를 연대순으로 정리하여 그 위상을 크게 부각시켰다.

5째의 온달장군은 가난한 집에서 태어난 후 평원왕의 딸과 혼인한 특이한 삶을 살던 장군이었다. 온달은 가난한 집 출신으로 못생긴 사람이지만 공주가 그가 용감하고 정직한 인물인 것을 알고 공주는 부왕의 뜻과 달리 찾아와 혼인하여 말 타고 활쏘기를 연습하면서 심신을 단련케 하였다. 이 때 왕이 사냥을 나왔을 때 가장 사냥을 잘해서 불러 보았으나 왕은 신분상 어려움으로 외면하고 말았다. 그 후 2909년(평원왕 18년: 576)에 북주가 고구려를 침략하였을 때 온달이 큰 공을 세워 공신으로 大兄의 벼슬을 주었으나, 이어진 신라군과 싸우다가 아단성 전투에서 전사하였다.

6째의 을지문덕 장군은 수나라 대군을 물리친 살수대첩의 명장이다. 수나라가 중국의 분열을 통일하고 등장하면서(581) 고구려에 부속되었던 말갈·거란(요서지방)을 복속시키면서 수양제(605~616) 등장 이후 그 세력을 확장시켰다. 수양제는 영양왕 23년(612)의 살수대첩에서 을지문덕에게 참패당하였다. 이때 고구려의 육군은 을지문덕이, 해군은 건무(영양왕 동생)가 지휘하였으나 을지문덕의 육군은 신세웅 이하 다수 적군을 전멸시켜 450여 명만 살아 도망갔던 것이다. 수나라는 4번이나 고구려를 침범하였으나 대패하고 결국 패망하게 되었다. 이때 을지문덕이 우중문에게 퇴군을 청구할 때 다음과 같은 시를 보냈다는 것이다.

神策究天文　戰勝功旣高
(신기한 정책은 천문을 알고 전쟁에 이겨서 공이 이미 높으니)
妙算窮地理　知足願云止
(기묘한 산술은 지리를 알고 넉넉한 줄 알면 그치기를 바란다)

(「수서」권66 于仲文전:「삼국사기」권44 을지문덕)

이와같이 을지문덕은 문무를 겸비한 영웅으로 고구려 극성시대에 세계 유사 이래 최대전쟁에 대승전하여 나라와 민족을 구제하였으니 세계역사상 위대한 영웅이라는 것이다.

7번째의 연개소문(?~666)은 외모가 웅위하고 위풍이 늠름한 정치인(영웅)이었다. 당시 고구려 영류왕은 당과 화평하기를 계획하였으나 연개소문은 이러한 왕의 정책을 반대하고 중국에 대항할 병력확보에 진력하였다. 그러나 왕은 여러 대신과 비밀히 상의하여 그를 죽이려 하였으나 음모가 발각되자 그는 영류왕을 죽이고 보장왕을 세워 막리지가 되어 전쟁준비를 엄중히하였다. 당태종이 30만 대군으로 안시성을 공격하였으나 성주 楊萬春(야사기록에 의함)이 대승하니 당태종은 연개소문에게 좋은 활과 의복을 선사하였다고 되어있다. 이 전쟁은 고구려가 백전백승하였으니 그때 고구려가 세계에서 가장 강한 나라인 것을 알 수 있다고 하였다.

8번째의 발해 태조 대조영(698~719)은 고구려 장군으로 독립운동을 일으킨 大仲象의 아들이었다. 대중상은 고구려가 망한 후 營州(조양)에서 부흥운동을 하다가 실패하고 사망하였으나, 대조영은 그 후 고구려유민과 말갈인을 이끌고 동모산(돈화)을 근거로 진국(震國: 발해의 첫 이름)을 세웠다. 그 후 대조영의 아들인 무왕(仁安이라는 연호)은 당나라(산동성)를 공격하였고 무왕과 선왕 때 발해는 강국(해동성국)이 되었으며 전국을 5경·15부·60주로 나누었다.

발해는 서울을 여러 번 옮겼으니 그 중심수도는 上京(훈춘)이다.

9째의 王仁은 백제시대의 대학자이다. 백제는 고이왕(234~286)이 아지길사(阿知吉師)를 일본에 말·칼·거울을 전해 한자사용의 필요성을 전해 주었다.[12] 왕인이 일본에 건너갈 때 천자문·논어·재봉공·야장(冶匠)·양조공(釀造工 - 술 만드는 기술자)을 데리고 일본에 가서 그곳에 가르쳐 주었다는 것이다.

10번째인 東城大王은 백제의 24대왕(479~501)으로 백제가 웅진(공주)으로 옮긴(475) 후에 국력이 점차 쇠약해졌으나 동성대왕 때 나라가 강성해져서 후위의 침입을 저지하고 건설사업(임류각·웅진교)을 통해 정치적 안정을 꾀했으나 사냥을 자주하다가 반대세력(首加)에게 피살되었다는 것이다.

11번째 진흥대왕(510~576)은 지증왕·법흥왕을 거치면서 신라융성의

---

12) 아지길사(阿直技)의 일본파견기록은 「삼국사기」에는 없으며 「일본서기」(권10, 응신천황 15년조)에 실려 있어 산운(장도빈)은 이러한 외국 문헌도 참고하고 있었음을 알게 한다.

기초를 이룩한 왕이다.

특히 이사부·사다함을 보내 대가야를 합방하고 한강유역(신주)을 넘어 함경도 일대(利原)에 이르기까지 국토를 확장시켰다. 진흥왕은 군사적 활동뿐 아니라 문화도 크게 발전시켜(거칠부의 역사·우륵의 가야고·불교의 진흥·솔거의 그림) 신라의 전성기를 이룩하였다. 특히 화랑도를 창립하여 원광의 세속5계를 통해 국민정신을 함양시켰으며 관창·사다함과 같은 열사를 볼 수 있게 하였다고 되어있다.

12번째의 智照부인은 김춘추(무열왕)의 딸로 김유신의 부인이다. 무열왕은 김유신과 함께 이민족(당)을 끌어들여 제·려를 망친 것은 큰 과오이다. 그러나 두 사람은 당나라의 야욕을 꺾고 6년간 당나라군과 싸우면서 백제 땅 전부와 고구려 땅의 남부(청천강이남)를 확보하게 되었다. 이때 김유신의 아들 元述이 당나라군과 싸우다가 패전하여 도망하여 김유신이 노하여 왕께 고하여 죽이고자 하니 왕은 용서하고 원술을 놓아주었다. 원술은 아버지가 죽은 후 어머니(지조부인)를 보고자 하니 지조부인은 내 자식이 될 수 없다고 만나주지 않았던 것이다. 사실은 그가 친자식이 아니라고 생각할 수는 있지만[13] 지조부인의 자세는 아들이기 전에 신라인의 화랑정신이 여인에게도 몸에 뱄다는 것을 보여준 것이라 생각된다.

---

13) 김유신이 61세가 된 655년에 자기 동생인 문희(무열왕비)가 난 지조부인을 부인으로 맞았다. 그때까지 김유신이 총각으로 있을 리가 없어 「화랑세기」에는 令毛가 첫 부인이라고 되어있다. 더구나 원술은 둘째아들임으로 670년에는 10세 초였음으로 군사적 활동을 할 수 없었다. 이에 저자는 지조부인의 행위를 앞선 저서에서는 친자식이 아니기 때문에 만나주지 않은 것으로 보았으나 사실은 김유신 가문이 지닌 화랑정신에 바탕을 두었다고 생각된다(김춘추와 김유신의 관계 속에서 밝혀야 할 내용은, 「새로 밝힌 삼국시대의 역사적 진실」 우리역사연구재단, 2013, p.241).

13번째의 元曉(617~686)는 신라 통일 전후의 대문호이며 대승이었다. 그가 청년시절에 의 상과 함께 중국에 유학을 가던 도중(밤)에 '사발의 물'을 마신 후에 깨어나서 그것은 두골에 있던 빗물임을 알고 '모든 일이 마음에 있다'는 唯心論을 내세웠다. 그의 사상은 세상 사람들을 도와주고 나라를 사랑하고 백성들을 사랑하는 愛國奉公의 자세를 강조하였다. 그러나 본서에는 빠지고 없지만 그는 인간의 평등성과 융합의 대승을 「미륵상생 경종요」에서 인간의 근성에는 '크고 작은 것도 결국은 다 보배가 된다'고 하였으며 「화엄경소」에 신분(계급)·내외(남녀)·대소·선악도 결국은 一心으로 평등과 믿음으로 극락왕생한다고 하였다.[14] 원효전에 대한 구체적 사실은 대한 위인전(상)에서 보완하고 있다.

14번째의 張保皐는 용감하고 위대한 인격을 지닌 장군이었다. 장보고는 젊은 시절에 鄭年과 함께 무예를 단련한 후 당나라에서도 이름을 남기었다. 그는 흥덕왕(828)때 완도에 청해진을 세우고 해적을 소탕하여 서해의 해상권을 장악하고 해외무역을 관장하였다. 그러나 장보고는 정치(왕위 쟁탈전)에 참여하여 민애왕을 죽이고 김우징을 신무왕으로 등장시켰다. 그 후 신무왕을 계승한 문성왕이 즉위하여 장군의 딸을 왕후로 삼으려 했다가 왕의 명으로 염장에게 피살되었다.

15번째의 고려태조(왕건: 918~943)이다. 신라 말에 정치가 부패하고 사치와 연락(宴樂)으로 백성들이 어려움을 겪고 있어 견훤(후백제)과 궁예(태봉)가 나타나 정치적 혼란이 계속되었다. 왕건은 궁예의 장수가 되었으나

---

14) 신형식, 원효와 의상은 우리에게 무엇을 가르쳤는가(「새로 밝힌 삼국시대의 역사적 진실」 우리역사연구재단, 2013) p.302-305

궁예가 교만·포악하여 여러 장수들(홍유·배현경·신숭겸·복지겸)의 추대로 고려왕조를 세웠다. 왕건은 정치를 잘하여 민심을 얻어 후백제를 멸망시키고 경순왕의 귀순(935)을 받아 민족을 재통일하였으며 그 이전인 926년 (경애왕 3·태조 9년)에는 발해유민(발해태자 대광현)이 고려에 귀순하여 고려왕조의 위상을 높여주었다. 태조는 「훈요10조」를 지어 고려의 국가적 방향과 인민들의 자세를 일러주었다는 것이다.[15]

16번째는 徐熙장군이다. 당시 북방의 거란은 발해를 멸망시키고 고려를 위협하였음으로 고려는 송과 친선을 통해 거란과 맞섰기 때문에 적군을 막기 위한 대책을 세웠다. 성종 12년(993)에 소손녕에 이끌린 거란군이 고려를 침략하였으나, 이때 고려의 서희가 소손녕과 담판하여 송과의 관계를 끊고 거란과 적대하지 않겠다는 약속(조건)하여 거란군을 격퇴시켰으며 그 후 서희는 대군을 이끌고 청천강 북쪽까지(압록강 하류) 영토를 회복할 수 있었다는 것이다.

17번째는 강감찬 장군이다. 거란은 서희에게 패한 후에 계속 고려를 위협하면서 고려가 목종이 내란에 죽고 현종이 등극(1010)하니 거란 성종은 40만 대군으로 康兆의 군을 격퇴하고 압록강을 건너 침입하였다. 이에 현종은 남쪽(나주)으로 피난하였으나 수도(개성)가 함락되는 위기를 맞았으나 현종의 요구로 일단 퇴군하였다. 이어 1018년(현종 9)에 거란은 강동 6주의 반환요구를 거절하자 소배압의 10만 대군으로 고려를 침입하자 강

---

15) 본서에는 훈요10조〈10훈〉의 내용설명이 없다. 「고려사」(권1)에 그 내용이 실려 있다. 불교장려·풍수 지리설(도선)·장자계승원칙·서경중시·연등회·팔관회 강조·공정한 상벌·금강외의 인물 채용 금지 등이 주요항목이다(박용운 「고려시대사」 일지사, 1988).

감찬(강민섭은 부원수)은 흥화진에서 크게 무찌른 후에 귀주대첩에서 섬멸시켰다. 강감찬은 위대한 구국영웅으로 존경받는 3대 위인(을지문덕·강감찬·이순신)의 한사람이다. 이로서 고려는 현종 이후 문종(1046~1083)에 이르러 정치·사회·문화의 전성기를 이룩하였으니, 고려자기가 이 시대에 나타날 수 있었다는 것이다.

18번째는 大覺國師(1055~1101: 義天)이다. 그는 고려 문종의 아들로 스스로 승려가 된 대표적인 고승으로 31세 때 중국(송)에 건너가 불교를 연구하고 천태종을 개창하였다. 그는 불교(교종과 선종)의 통합과 국민의 정의와 애국심을 강조하였으며 불교의 교리를 설명하고 석원사림(釋苑詞林) 등 많은 저술을 통해 국민들에게 큰 가르침을 주어 원효·휴정과 함께 불교계의 대표자(聖者)가 되었다고 하였다.

열아홉째는 고려 예종 때의 장수인 尹瓘이다. 그는 학덕이 높은 정치가이며 대재상으로 만주족(여진)의 침입을 막고 국토를 회복한 장군이다. 고려전기 이후 여러 왕이 여진과의 갈등이 계속되었으므로 예종(1106~1122)은 단기 3440(1107: 예종 2)에 윤관을 대원수로 삼고 동여진을 격퇴시켜 척준경과 함께 함흥평야에서 대승을 거두었다. 그 후 여진족의 침입을 막아내었으나 그들은 금나라를 세웠으나(1115) 고려는 윤관의 노력으로 남송(1127~1279)과 친선관계를 이루고 양국 간의 교류가 빈번하게 되었다.

20번째는 몽고침입을 저지한 崔怡(최이) 장군이다. 최이의 아버지 최충헌은 1217년(고종 4년)에 거란유민이 요동반도에서 금나라와 싸우다가 패전하여 그 유민이 고려에 침입하니 김취려가 아들을 격퇴한 후 남은 무리들이 다시 고려를 공격하니 김취려가 이들을 격퇴한 후 남은 무리들이 다시 고려를 공격하니 조충(趙冲)이 몽고병과 동진병과 함께 거란병을 물리 쳤다. 그 후 세력을 강화시킨 몽고군이 침입하자 최이와 그 아들 최항과 함께 이들을 물리쳤으며 특히 최이는 서울을 강화도로 옮기게 하고 몽고 군 퇴각을 기원하는 대장경판(세계에서 가장 완전한 대장경판)의 조성(쇠로 만 든 활자로 서적인쇄)하여 쇠로 상정예문을 세계 최초로 인쇄하였던 것은 유 명한 사건이다.

21번째의 인물은 몽고군을 격퇴한 박서(朴犀)장군이다. 3515년(명종 12 년: 1182)에 몽고군 수 10만이 압록강을 건너 龜州(구주)를 침입하니 박서 장군은 김경손과 함께 그 주변의 장병을 모아 대처할 때 김경손은 용사 12명을 거닐고 적군의 선봉을 물리치고 돌아왔다. 이때 적장이 박서에게 항복을 권하는 영변부사 박문창을 잡아서 편지를 보내 박서는 김경손과 함께 적군을 물리쳤다. 그 후 몽고병의 침입을 격퇴시켰으며 박서는 승장 인 金允侯와 함께 처인성(용인)에서는 몽고대장 살례탑을 저격하여 살해 하였다는 것이다.

22번째 인물은 李齊賢으로 그는 이승휴와 이규보와 함께 항몽운동을 한 유명한 학자였다.

서기 1326년(단기 3659 - 충숙왕 13년)에 몽고정부가 매국노들을 이용하여 고려합병운동을 할 때 이제현은 몽고서울(北京)에 가서 몽고의 야심적 행 동중지를 요구하였으며 이어 몽고의 전동행성을 추방하고 친원세력을 제 거하였다. 이어 1356년에는 최영과 유인후의 노력으로 몽고군을 격퇴하 고 국토를 일부 회복하였다.

23번째의 인물은 고려 말의 애국자로 유명한 최영 장군이었다. 그는 1356년(공민왕 5년)에 몽고군을 격퇴(압록강 서쪽)하였고 1373년(공민왕 22년)

에는 몽고군을 축출하여 제주도를 회복하였다. 이어 1376년(우왕 2년)에는 왜적을 홍산에서 섬멸시켰으며, 명나라가 등장(1368)한 후에 함경도 지배 야욕을 본 최영은 1388년(우왕 14년)에 명나라 관리를 살해하였다. 그러나 이성계는 혁명(조선 건국)완수를 위해 최영을 죽였는데 그는 아버지의 유언(너는 황금을 돌같이 보아라)을 끝까지 지킨 위인으로 평가하였다.

24번째의 文益漸은 원(몽고) 나라에서 처음으로 목화씨를 가져온 주인공이다. 문익점은 몽고에 사신으로 파견되었으나 그가 몽고왕에게 무례한 행위를 한 죄로 검남(사천성)으로 쫓겨 나게 되었다. 그곳에서 중국인들이 목화(木綿花) 농사(솜과 면포 제작)를 보고 몰래 귀국 시에 목화종자를 붓통 속에 넣어서 가지고 왔으며 이를 농가에 나누어 심어 목화농사가 우리나라에 시작되었다. 이로서 목화농사를 통해 솜·실·면포가 제작되었으며 동시에 면화방직업이 인도를 넘어 중국(사천성)을 거쳐 우리나라에 전해지게 되었다. 또한 최무선을 원나라 사람(李元)에게 화약 굽는 기술을 배워와 이를 개발하게 되었다는 것이다.

25번째는 조선왕조를 세운 이성계(태조)이다. 그는 고려 말의 대표적인 무장으로 1361년(공민 10년)에 홍건적이 침입(황해도 봉산)하였을 때 정세운·최영 등과 함께 이들을 물리쳤다. 그리고 다음 해에도 몽고군(납흡 출장군 지휘)을 쫓아냈다. 이 시기에 중국은 원(몽고: 1206~1367)이 망하고 명나라가 등장(1368)하였고 왜구·홍건적의 침입 등 복잡한 상황에서 이성계는 조준·정도전 등의 도움으로(최영·정몽주 제거) 조선왕조를 세웠다. 이어 한양천도와 경복궁을 세우는 등 조선왕조의 번창을 시작하였다.

26번째는 근세의 성인으로 추앙받는 세종대왕이다. 세종은 황희의 도움으로 훌륭한 정치와 애민사상(가난한 농민에게 토지 지급·노예 생명 보존·감옥

제도 개편·14세 이상 혼인 허용)으로 조선왕조를 안정기에 접어들게 하였다. 측우기 발명·아악 완성·양잠권고·철광채굴·대마도 정벌·4군 6진 개척 (최윤덕·김종서 도움)으로 북방의 야인이 조공하게 되었다. 무엇보다도 세종의 업적은 한글 창제(국문 28자 창작: 1447 - 세종 29년)이며 우리 한글은 세계에서 가장 좋은 글로서 민족의 자랑이 되고 있다. 세종은 정치·사회·문화의 안정과 활발한 武功(동정·북벌)을 남긴 성인으로 존경을 받고 있는 것이다.

27번째는 임진왜란을 극복시킨 李舜臣장군이다. 그는 훌륭한 인품과 탁월한 무예를 가지고도 아첨하지 않은 인격으로 하급 장교에 불과하였으나 일본의 침입 때 유성용의 추천으로 전라좌수사가 되어 스스로 만든 거북선으로 왜군격퇴의 무공을 세울 수 있었다. 이순신은 목포·노량·당포·당황포·율포해전에서 승리하였으며, 무엇보다도 한산도(거제도 부근)해전에서 왜적을 전멸시켰다. 이어서 일본·풍신수길이 죽어 왜군이 철수하기에 이순신은 명나라 장군(진린)과 함께 적군을 전멸시켰으나 이 장군은 적병의 총알에 맞아 죽게 되었다. 이순신은 위대한 인격과 지혜, 무예, 그리고 애국심을 지닌 영웅이며 성자(聖者)로 존경을 받는다는 것이다.

28번째는 조선시대의 대표적 명승인 西山大師이다. 대사는 단순한 스님이 아니라 학자로서 금강산과 묘향산에 거처하면서 유정(사명당)·영규(靈圭)와 같은 명승의 스승으로 임진왜란이 일어나자 검을 차고 정주에 가서 왕을 뵈온 후에 의병을 일으켜 왜병을 격퇴시킨 후에 묘향산으로 돌아왔다. 서산대사는 종교가·교육가로서 당시 사대주의와 모화주의가 유행되었으나 스님은 이를 반대하며 애국심과 민본주의를 내세워 그가 남긴 글에도 '종교보다 나라가 중하고 나라보다 국민이 중하다'라고 한 것은 우리에게 큰 교훈이 된다.

29번째는 임진왜란 때 육군으로 활약한 정문부장군이다. 그는 용감한 무장이 아니라 학문과 애국심이 강한 사람으로 의병을 모집하여 함경도 일대의 왜군을 격퇴시켰다. 이에 따라서 함경도는 왜병의 세력이 소멸되어 완전히 회복되어 다른 지역보다 의병세력이 커져서 정문부의 지모와 용기가 유명하게 되었다. 그 후 광해군 시대에 만주족(청)이 침입하니 광해군이 정문부를 다시 지방관으로 임명하였더니 그를 시기하는 자가 있어 반역자로 무고하여 고문하니 끝까지 변명하다가 형장(刑杖)에 맞아 죽었다. 이러한 사실은 조선의 정치가 극히 문란했음을 알게 한다.

30번째는 임진왜란과 정묘호란 때 큰 공을 세운 정봉수(鄭鳳壽) 장군이다. 그가 어렸을 때 들판에 놀러 갔다가 뱀을 보고 끝까지 따라가서 뱀을 잡아 죽이며 한 말이 저 뱀을 그냥 두면 다른 사람을 해할 수 있다고 하였다. 그는 자라면서 학문과 무예를 익혀 훌륭한 장군이 되었다. 광해군이 쫓겨난 후 인조대왕 5년(1627)에 청태종의 침입으로 어려움을 겪었으나 정봉수가 이끈 장병이 적을 물리쳤다. 그 후 1636년(인조 14년)에 청의 침입으로 왕은 남한산성에 피란하였을 때 정봉수 장군은 노쇠하여 적군을 물리칠 수 없었으며 임경업도 청군 격퇴에 실패하였다. 또한 윤집 · 온달제 · 홍익한 등 주전론자도 청나라에 잡혀가서 죽었다는 사실도 기록하고 있다.

31번째의 丁若鏞(茶山)은 사대주의와 모화사상을 반대한 대표적인 학자였다. 조선 초 이래 김종직 · 성삼문 · 김시습 이후 조광조 · 서경덕 · 이황 · 이이 그리고 조선후기의 이수광 · 유형원 · 한치윤 등 수많은 학자들이 많았으나 이들의 사상은 사대주의 · 모화사상을 완전히 벗어나지 못하였다.

그러나 정조 시대(1777~1800)의 정약용은 역사·지리·정치·경제 등 백과학자인 동시에 천주교도로서 서양의 도덕과 학문·사상을 연구하여 신사상을 갖게 되었다. 정부가 그를 천주교도라고 붙잡아 강진으로 귀양생활(18년간)을 하였으나 그 시대에 많은 저술을 남기고 있었다. 이 시대의 홍경래는 혁명군을 일으켰으나 실패하였고, 최제우는 동학운동을 주창하다가 잡혀죽었으니 애석한 일이라고 하였다.

32번째의 마지막은 이경직이었다. 이때는 청일전쟁 후 청·일·러의 각축이 격심했던 시기로 민비시해로 홍계훈(수문장)은 희생되었고 이경직(궁내 대신)은 일본 자객에게 피살되었다. 이어 노일전쟁으로 러시아가 패하여 한국은 일본의 지배를 받게 되었다. 이 때 영국(런던)에 있던 한국공사 이한응은 공사관에서 자살하였다. 결국 이경직은 민비를 시해하는 과정에서 왕후를 지키려다 죽음을 당한 것이다.

이어서 산운은 조선왕조가 붕괴되는 과정에서 희생된 독립운동지사의 명단을 제시하였다.

첫째는 을사조약(1905)때 희생자는 민영환·조병세·이상철·송병준·김봉학 등이며 둘째로 군대해산 시의 의병장은 최익현·허위·이강녕·민금호·유인석·이인영·유인석·김좌진·지청천 등이라고 하였다. 셋째로 배일·무장용사로는 안중근·이재명·강우규·나석주·이봉창·윤봉길 등이며, 넷째로 3·1 운동의 주도자로 손병희·이승훈·오세창·한용운 등 29명이다. 다섯째로 일제 하 36년간의 구국의사에는 안창호·양기탁·이갑·이동휘·이준·이상설·이시영·이회영·박은식·나철·이동녕·신채호·주시경·이윤재·김구·김규식·서재필·이승만 등 27명을 등장시키고 있다.

6
·
대한 위인전(상·중)

끝으로「대한 위인전」(증보: 상·중. 1981)은 조광교수의 해제와 증보편집 간행이 있으며 산운이 서거한지 18년 만에 그 아들(張致順)이 선친의 저술을 일부 보충하여 편찬된 것이다. 상권은 각 시대의 사상과 그 시대의 대표적인 사상가를 간단히 소개한 뒤에 광개토왕·을지문덕·대조영(발해태조)·원효대사를 길게 소개하였고, 중권은 진흥대왕·왕건(고려태조)·강감찬·세종대왕·이순신장군의 활동을 길게 설명한 것이다.

상권의 앞부분은 한국사상사와 사상가로 우선 우리나라 각 시대의 사상을 간단하게 소개되어있다. 상고시대(고조선)는 민족단결생활과 제천(祭天)으로 당시 동아시아제국의 경쟁과 갈등으로 민족단결이 필요하였으며 단군과 같은 위인은 하느님의 자손이라 하여 천제(天祭)가 거행되었고 열국시대는 보수(고유문화 - 북방)와 비보수(중국문화 - 중부)의 사상이 강했으나 점차 중국문화의 영향을 받게 되었다고 하였다.

삼국시대의 사상은 민족주의와 국가주의가 발흥되었으며 국수주의가
나타나서 김유신 등의 선미주의(善美主義)는 국선도(화랑)로 나타나 국가주
의로 발전되었다. 이와 같은 국가주의는 國粹主義·國仙道(화랑도)·八關
法16)·불교·유교·五戒·祭天·祭祖 등 복잡한 사상체계를 포함하고 있
었다. 남북국시대의 사상은 모화사상·이기주의·사치임으로 국수주의와
민족주의가 손상되고 있다. 신라와 발해는 융합되지 못하여 신라는 문약
에 빠지고 민족의 사상계가 타락하기 시작하였다는 것이다.

고려시대는 상무주의와 민족주의가 강해지면서 상무주의와 불교주의
가 번창하였으나 도리어 미신·불순의 폐가 커져 고려 말에는 정몽주 등
의 배불·숭유사상이 확대되었다. 조선시대는 유교사상이 번창했으나 모
화주의·이기주의가 확대되었으나 중기 이후에는 실학(국학)이 등장하고
천주교가 수입되었다. 그러나 최근에는 독립·자유사상이 등장하였으나
이기주의 속에서 자장·자립의 민족주의와 세계적 신지식을 배우는 동시
에 민주주의의 필요성을 알기 시작하였다고 되어있다.

고대의 사상가에는 고구려의 무용도와 상무주의 전통으로 동명성왕의
상무주의와 도의(道義)의 무용도를 우선 지적하였으며 이어 유리명왕의
제천과 무용도에 따르는 민주주의와 혁명사상, 대무신왕의 제천과 무용
도는 태조대왕으로 이어졌다. 그리고 소수림왕의 불교 수입을 서술한 후
고구려인의 독립·정의사상은 대제국건설의 바탕이 되었으며 대학설치와
국사편찬(이문진)은 조국의 전통을 보여주었다는 것이다.

---

16) 팔관법의 내용은 不殺生(愛)·不偸盜(潔)·不淫洪(正)·不妄言(信)·不飮酒(明)·不
着香華(儉)·不坐高大床(恭)·不自樂聽(節)으로 당시 고구려가 너무 사치·방종하
였으므로 惠亮이 불교를 참조하여 금욕주의의 팔관법을 만들게 되었다는 것이다.

백제의 사상은 마한의 용감성을 계승하여 무용도·제천사상·제조(祭祖)사상으로 도의사상의 발달이 이룩되었으나 말기에는 쇠퇴하여 나라가 망하게 되었다. 그러나 왕인은 천자와 논어를 일본에 전해주었으며 동시에 직공(西素)과 철야공(卓素), 양조공(釀造工)인 인번(仁番)이 건너가 일본에 야철과 양조기술을 가르쳐주었다. 무엇보다도 백제가 일본과 밀접한 관계를 맺은 이유는 고구려의 군사적 위협을 대체하려는 것이었다.

신라의 사상은 신라흥융의 바탕인 국선도 즉 화랑도였다. 국선도는 진흥왕이 처음으로 南毛와 俊貞을 國仙으로 源花를 만든 후 이들의 갈등이 후 남자로 국선을 받들어 이 제도가 확립되었다. 국선은 화랑, 풍월주, 국선으로 완성되어 왕이 공경하며 민중의 신앙으로 국민의 융합정신이 발달하여 사다함(斯多舍)의 희생주의와 정의, 그리고 평등·자애사상으로 발전되었다.

이를 바탕으로 신라가 홍융하게 되었다. 당시의 대표적인 사상가는 혜량(고구려 승려였으나 거칠부가 신라로 데려옴)의 팔관법을 개발하였고, 원광(圓光)은 5계(五戒 - 충·효·신·용〈임전무퇴〉·애〈살생유택〉)를 만들어 국민의 모범이 되었다.

그 외 신라의 사상계에는 원효·의상·강수·설총·혜초 등의 거목이 있었다. 원효의 유심론, 김흠순의 애국·봉공(奉公)의 기풍, 의상의 애국사상, 강수의 실행주의(현실주의), 설총의 국문창조(이두문), 혜초의 세계문화사상, 그리고 도선(道詵)의 혁명사상 등이 있었다. 그러나 통일신라의 경우(영토 확장을 위하여) 사대주의·모화사상이 나타나 점차 국민의 사상이 타락·문약으로 신라가 망하였다고 비판하고 있다. 또한 발해는 한문학과 모화사상으로 문약에 빠져 부패로 인하여 독립사상을 상실케 되었다고 하였다.

고려의 사상은 태조의 10訓이 고려 470여 년의 바탕이 되었고 단군사상의 부흥, 독립자유사상으로 고구려부흥을 국민의 이상으로 강조하였다는 것이다. 이러한 바탕에서 의천(義天)의 불교애국사상, 최충의 유교사상, 이승휴의 단군사상, 원감(圓鑑)의 애국사상, 만적의 자유혁명사상, 일연의 조국사상, 이색의 유도적(儒道的)인 정의감등이 있었으나 몽고지배 이후 정몽주의 정주학(程朱學)이 쇠퇴하고 사대주의적 모화사상으로 고려왕조는 붕괴되었다고 보았다.

조선시대에 이르러 배불숭유(排佛崇儒)사상과 사대사상으로 점차 문약에 빠져들고 숭문억무(崇文抑武)사상이 강화되어 상무(尙武)교육이 없어지고 문약에 빠져들게 되었다는 것이다.

이러한 조선왕조의 사대·모화·숭유배불사상은 결국 조선왕조의 쇠약화의 중대 원인이 되었음으로 이에 대한 견해를 가진 인물을 소개하고 있다. 황희·정도전·정인지·김종직·조광조·서경덕·이황·이이 등을 들고 있으며 휴정과 유정의 애국사상과 조선후기의 혁신사상(정약용) 이후 홍경래(혁명사상)와 김대건(혁신사상)을 부각시키고 있다.

끝으로 최근의 사상과 사상가에는 최제우의 동학혁명사상, 김정호의 국학사상, 김옥균의 혁신정변, 전봉준의 혁명난 이후 김옥균(혁신정변)·전봉준(혁명란) 이후 기독교 애국사상(전덕기·이상재·이동휘·이승훈)과 애국사상(양기탁·박은식·유근·신채호) 이후에 사회주의가 최팔용이 수입하였다고 되어있다. 마지막에는 대한독립 광복운동을 전개한 인물을 36인(이한응·민영환·이준·안중근 이하 최익현·손병희·나석주·윤봉길·이승만·이시영 등)을 소개한 후 사월혁명에 순국한 학생 46명의 명단이 소개되어있다.

이어서 대한 위인전이 계속되는데 상권에는 4인(광개토대왕·을지문덕·발해 태조·원효)을 길게 설명하고 있다. 「광개토대왕전」은 정벌사업과 정치·문화사업을 소개하였는데 이미 그의 「10대 위인전」·「한국의 혼」에서 주요 내용은 설명한 바 있다. 다만 본서에서는 그 내용과 활동 상황을 자세히 보완한 것으로 그의 군사적 활동을 동·서·남·북의 정벌로 소개하고 있으며 왕의 공덕을 영토확장·민족의 대발전·문화사업(불교확장·대학설치) 그리고 비문설명으로 되어있다.

다음의 을지문덕 장군전도 기존의 위인전 내용을 보완한 것으로 그의 살수대첩 내용에 대한 구체적 해설이며 그의 유적으로 七佛寺·백상루(百祥樓)·석상(백상사 아래에 설치)과 그 유적으로 石多山(을지문덕의 탄생지)·을지공묘·을지문덕 굴(장군의 수양석굴)과 여수 전쟁에 대한 중국 측 기록(「수서」·「자치통감」·북사)과 국내기록(「삼국사기」·「동국병감」)을 길게 소개하고 있다.

셋째는 발해태조전(대조영) 역시 「10대 위인전」과 「한국의 혼」 내용의 보완이다. 다만 남북국 초엽의 천하형세 속에서 신라와 발해는 상호간 교섭이 없어 고구려 고지는 주인이 없었고 그 유민들이 의지할 곳이 없어 당시는 암흑시대였지만 대조영의 건국으로 만주일대(奉天지방)와 청천강 이북지역은 발해영토가 될 수 있었다. 특히 대조영은 정부조직(3성·6부)과 지방제도(5경·15부·60주)의 완성으로 국가체제를 정비한 내용을 소개하고 있다.

「위인전」(상)의 마지막은 원효대사전이다. 산운의 첫 위인전에서 원효를 다루었으며 「10대 사상가」에서는 유심주의자로, 「한국의 혼」에서도 원효의 설명이 있었다. 따라서 산운은 원효가 우리의 대표적인 先哲로서 원효는 종교가·학자·문사로 민족의 지도자(동방의 서성〈曙星―새벽별〉)라 하였다. 특히 원효의 사상으로서 정각(正覺)과 일심(유심)을 강조하였으며 마지막으로 그의 저서(천여 권)의 제목을 소개하고 있다. 다만 그의 화쟁사상에 대한 언급은 없다.

다음 「대한 위인전」(중)은 진흥대왕·왕건·강감찬·세종·이순신의 내용이다. 이러한 내용도 기존의 위인전을 보강한 것이다. 진흥대왕전은 그의 「10대 사상가」에서 실력주의자로, 「한국의 혼」에서는 신라를 대표하는 왕으로 소개되고 있었다. 진흥왕은 군사적 업적도 많지만 문화면에서 도덕·문학·종교·미술 방면의 업적으로 화랑도 창립, 팔관회 시설, 군사적 업적(영토 확장 - 척경비 조성)의 업적은 결국 백제·고구려 정벌의 바탕을 마련하였다는 것이며 동시에 신라가 고구려 정벌이후 당군을 축출시킨 것도 진흥왕의 정신이 있었기 때문이라고 하였다.

다음에는 고려태조 왕건이다. 왕건은 9세기 말 이후 신라사회의 혼란과 후삼국의 등장(892년의 후백제 건국, 901년의 태봉건국)의 분열을 통일(고려건국: 918)한 후 정부조직을 개편하는 동시에 훈요10조를 만들어 민족의 통일책과 자강책을 마련하였다. 이어 兩京(서경·개경)과 궁성·궁궐을 조성한 후에 3성6부제와 국토확장, 그리고 전시과(田柴科) 등 제도를 정비하여 국내통일·외환방지로 고려 500년의 모범이 되었다고 하였다.

이어서 강감찬 장군이다. 이 역시 「10대 위인전」과 「한국의 혼」에서 설명한 바 있어 거란의 침입을 저지한 명장으로 널리 알려진 인물이다. 그는 을지문덕·이순신과 함께 3대 위인의 하나로 거란침입 시(2차) 고려군(30만)의 대책인 명단에 강조(康兆) 이후 여러 군사 지휘관 명단이 나와 있으며 3차 침입 격퇴과정(귀주대첩)까지 자세한 대응내용이 소개되어있다.

그리고 그의 만년사항(致仕과정)은 72세 때(귀주대첩) 이후의 과정에 대한 설명(저술활동)까지 포함되어있다.

강감찬 다음에는 세종의 활동으로 「한국의 혼」에서 설명이 있었으나 본서에서는 태종의 셋째 아들로 22세 왕이 된 후 정치(조세정리·형벌법 개정·경제 6권 제정·교육개조·집현전 설치·유교장려·현신등용·활자주도)를 고쳐 민본주의(인민의 행복 추구)를 실시한 사항을 설명하고 있다. 그 외 세종은 발명가로서 한글제정으로 민족문화를 개발한 뒤에 군사적 활동(武功)으로 일본군 침입 저지, 4군 6진 개척 내용을 소개한 뒤에 천문대(簡儀臺)제작과 자격루(물시계)·측우기·음악개발(현금·가야금·아악) 등 다양한 업적을 소개하고 있다. 끝으로 세종대왕의 연표를 51면에 걸쳐 정치요록과 발명제품 내용까지 수록하고 있다.

이어서 이순신장군전이 있다. 이순신 역시 「10대 위인전」 이후 「한국의 혼」에서 부각시킨 명장으로 그의 출세로부터 임진왜란 때의 업적과 그의 일사(逸事)와 거북선 사진과 함께 소개하고 있다. 먼저 이순신 장군의 성장과정으로 출생지(서울)와 청년시절(지혜·정직)을 보낸 후 32세에 무과에 합격한 후 장교시대(함경도의 하급 장교 - 충청도 병마사의 군관(장교)을 거쳐 45세 때 정읍현관)를 거쳐 유성용의 추천으로 전라도 좌수사가 되었다. 이어 이순신의 활동(활쏘기 훈련·거북선 제작)을 길게 설명하였고 왜군의 침투과정과 옥포·노량·당포·한산도 해전상황을 서술한 후 부산·웅천 승리 이후 원균과의 복잡한 사건, 그리고 재기하여 명량대첩의 내용이후 이순신의 일사(逸事)로서 정치가·애국자·성자(聖者)의 내용과 거북선의 모습(모형)이 두 가지로 되어있다고 하였다.

이상에서 「대한 위인전」의 내용을 정리하였는데 여기서도 고대사 인물이 5명, 고려시대 2명, 조선시대 2명으로 역시 고대사에 역점을 두었고 9명의 인물 중에 왕이 5명이나 되고 장군이 3명이며 유일하게 사상가로 원효가 등장되고 있다. 이러한 시각은 그의 「10대 위인전」이나 「조선역사담」을 거쳐 「한국의 혼」에서 보여 진 사실(각 왕조의 시조와 훌륭한 왕 〈광대토왕·문무왕·세종〉)과 장군(을지문덕·강감찬) 그리고 원효대사와 같이 결국 국사의 큰 위인은 정치지도자(왕과 장군)가 중심이며 사상가로서 민족의 스승으로 원효대사를 포함하는 것이라고 설명하고 있다.

7.

위인 린컨

1. 머리말(린컨전을 쓴 이유와 내용)

「위인 린컨」은 산운이 국사를 쓴 다음해(1917)에 원효전과 같이 썼는데 이는 「국사」 내용을 보완한다는 뜻으로 위인전을 통해 그들의 삶 속에서 우리가 배워야 할 교훈을 주기 위한 것이다. 우리는 위인전으로서 린컨의 생애를 통해 인간의 도리로서 도덕과 부단한 노력의 의미를 알아야한다 는 것이다. 동시에 우리민족의 문제점(게으름과 남에게 의존하는 타율성)을 지 적하고 동시에 민족과 사회(국가)의 발전과 행복은 국민의 노력에 있다는 사실을 통해 우리 함께 반성의 자세(뜻)를 가져야 한다고 하였다.

본서는 서언·유년 린컨·청년 린컨·변호사·린컨대통령·남북전쟁과 린컨·결론으로 되어 있으며 특히 결론을 길게 서술하고 있다. 특히 끝말 에 도덕은 인생의 목적이요 물질은 수단이니 수단을 위하여 목적을 해치

지 말 것을 강조하고 도덕은 개인과 사회의 행복이라고 하여 우리 함께
반성의 뜻을 가져야 한다고 하였다.

> 여러분(諸君)이 행복을 얻을 수 있는 길은 노력뿐이로다. 노력이 아
> 니면 제군의 사상이 헛된 사상(空思想)이요 동시에 행위도 보람 없
> 는 행위(徒行爲)가 되기 때문에 제군이 노력하지 않으면 아무리 행
> 복을 구하려 해도 행복은 오지 않는다.

이 글은 린컨전의 머리말이다. 청년들이 행복을 구하는 길은 오직 노력
뿐이며 노력이 없으면 제군의 사상과 행위는 헛된 것이기 때문에 서양의
격언에 행복은 눈먼 것(盲目)이 아니라 오직 노력자를 따른다는 말과 같이
노력과 행복은 항상 정비례가 된다고 하였다.

다음으로 조선인의 특성은 남에게 의지(依賴)하고 게으름(懶怠)으로 자
신은 노력하지 않고 노력을 꺼려서 피하는(厭避) 게으른 사람들의 성품이
다. 따라서 운수를 의뢰하고 귀신과 하늘에 의지하는 성품을 지니고 있다
고 하였다.[17] 또한 조선인은 게으름의 인간(懶怠者)으로 놀기를 좋아하니
하루의 먹을 것이 있으면 하루를 피하고 이틀의 먹을 것을 얻으면 그 다
음 날은 놀기 마련이다. 따라서 조선인은 놀기를 좋아하니 부자와 늙은이
는 피하고 비오는 날과 추운날(三冬)에는 노는 것을 제일의 쾌락으로 생각
하고 있다는 것이다.

---

17) 의지하는 상대로 자식은 부모에 의존하고, 형은 동생을 믿고 동생은 형을 믿으
며 선진(선배)과 후진(후배), 노인과 청년, 여자와 남자, 그리고 친척과 친구도
같은 생각을 한다는 것이다.

이러한 조선인의 문제점(게으름과 남에게 의지)으로 진취의 기력이 없어 산사람과 죽은 사람이 차이가 없고 손발은 있으나 움직이지 않아 쇠퇴·부패·무력하여 의뢰와 게으름이 낳은 불행한 결과가 된 것이다. 그러나 천년 전의 조선인은 自助者·근면자였고 고구려인은 당당한 기력과 근면성을 띄고 있었으나, 천년 이후 세월이 변하면서 정치·도덕·교육·제도·습관이 크게 바뀌었지만 우리의 본연 노력성을 회복하는 계기가 되리라 믿는다고 하였다.

끝으로 산운은 개인이나 사회의 행복은 모두 자기의 노력에서 오기 때문에 행복을 찾는 청년들은 남에게 의뢰하지 말고 고통이 없으면 이득이 없는 것이며 땀이 없으면 맛있는 음식(밥늘)도 없으니까 고생 끝에 이득을 찾아라. 남의 땀을 먹고자 하지 말고 내 땀을 먹으면 행복이 나에게 오는 법이니 노력의 의미를 잊지 말라고 하였다.

2. 유년기의 린컨

동서고금을 막론하고 곤궁한 처지(빈부·천민·고아)에서 태어나 천하의 영광을 누린 자가 많이 있다.[18] 린컨은 광막한 신대륙의 들판·노른강의 기

---

18) 프랭클린은 인쇄소의 심부름꾼으로 출발했으나 미국의 걸사가 되었고 셰익스피어는 연극장의 배우로 시작하여 대문호가 되었으며, 소진(蘇秦)은 낙랑의 거지(乞客)로 출발하여 6국의 재상이 되었다. 풍신수길은 품팔이 꾼(庸拙)에서 일본의 주인공이 되었고 을지문덕은 석다산의 대장쟁이(冶匠)로 성장하여 세계적인 군인이 되었다.

슭인 켄터키주 할텐촌에서 태어났다.

그의 부인 Thomas는 모친인 Nansi를 데리고 할텐촌에 입주했을 때 재산이 없어서 부부가 산속의 나무를 잘라 돼지우리(豚柵)를 만들어 노동으로 생활하였으며 Nansi는 세탁고용으로 생애를 도와 벽촌의 빈가에서 1809년 2월 12일에 린컨이 태어났다.

린컨이 성장하여 7세가 되었으나 집안이 어려워 유치원에 가지 못하고 7세부터 작은 도끼(小斧)를 들고 아버지를 따라 삼림중에 땔감(薪)을 마련하면서 17세 중반까지 10년간 노동생활을 계속하였다. 린컨의 어머니는 산속의 빈천한 여인이지만 매우 현명하여 농사의 여가에 공부를 권하면서 다음과 같이 말하였다.

> 인간의 가치는 영혼에 있으니 아무리 부귀영화가 1세를 풍미할지라도 정신이 부패한 자는 멸망으로 이어진다. 아무리 부귀영화가 1세를 지배(炫耀)할지라도 정신이 부패한 자는 멸망에 빠질 것이다. 아무리 가난해도 바른 것을 지키고 선(善)을 행하면 부귀영화를 누릴 수 있다. 하물며 인간은 동포, 형제의 영혼에 차별이 없나니라 만일 뜻을 세우고 행동을 권하여 불굴불요의 정신이 있으면 반드시 입신의 도가 있으리라 내 아들 린컨아 나는 네가 대토지(百日耕)의 양전을 소유함보다 차라리 네가 성서 한권을 가지기를 희망한다. 린컨아 수학(修學)이 절대필요(切要)하지만 불행이 집안이 가난하니 너를 학교에 보낼 수 없구나 린컨아 내가 아는 대로 너를 가르치리니 너는 농사의 여가에 공부를 열심히(勤實)하여라.

라고 하면서 공부와 성서를 가르치면서 어머니는 89세 때 아버지를 따라 인디안 지방으로 이주하였다.

린컨은 10세 때(1818년) 어머님을 잃었으나 어머니에게 배운 배움의 뜻을 이어받아 아버지의 허락으로 소학교에 입학하였으나 30리에 떨어져 있던 학교에 통학하였으나 9개월 만에 학교를 중단하여 일생동안 학교교육은 270여 일뿐이었다. 그 후 소학교를 그만둔 뒤에는 호미를 들고 풀을 베고 있었지만 그의 신변에는 항상 3권의 책(뇨곳·아리스메틱·끄라마의 저서)이 있었고 그 후 와싱톤의 전기와 「천로역정」이 큰 영향을 주었다.

린컨이 13, 14세 때 남의 집에 고용되어 아이보기를 할 때도 한 손으로는 책을 보고 문자를 외우게 하는 것을 본 옆 사람들이 놀라기까지 하였다. 그가 17, 18세 때 농가에 기숙할 때 변소(厠)에 살고 있었는데 한밤중에도 책을 놓지 않았으며 문자를 아는 인사를 만나면 매양 질문을 하고 학문과 성품에 필요한 말씀을 듣고 식사까지 잃기도 하였음으로 어릴 때 위인이 될 기상이 있어 어릴 때 고생은 성공의 제일 요건이며 가난을 걱정하여 향상에 힘쓰지 못한 자는 바보 중 바보이다.

3. 청년기의 린컨

린컨이 19세 때 인디안 지방 무역선의 뱃사공(艇工)이 되어 미시시피강을 항해할 때 하루는 항구에 정박하니 그 밤에 흑인 7명이 총검을 들고 화물을 강탈하거늘 이를 격퇴시켜 린컨의 담(용기)을 확인할 수 있었다. 그가 21세 때에는 일리노이주로 이주하여 황야를 개간하였고 그 해 겨울에 큰 눈과 추위가 극심하였으나 이모제(異母弟) 등을 거느리고 사마곤강의 얼음을 깨서 뱃길을 열어 시장에 가서 식료를 사서 촌민에게 공급하니 그 지역민이 감동하여 이때부터 이름이 빛나기 시작하였다.

린컨이 23세 때 그 지방민의 반란이 일어나자 그는 지원병으로 출전하여 평정하였으며 곧이어 우편국을 개설하여 주민들에게 신문, 잡지를 관람할 수 있게 하였으나 우편국이 너무 소규모여서 폐하고 측량기수(測量技手)가 되었다. 그가 25세가 되어 산가몬 군의원으로 선출되어 법률을 연구한 결과 변호사가 되었으며 다음해에 스프링플드 지방으로 이주하여 변호사 영업을 시작하여 변호사로서 충천의 기세가 있게 되었다.

린컨이 청년기에는 유명한 웅변가로 그의 도덕적 바탕과 쾌활한 성품, 그리고 강한 의지와 지성으로 대담한 연설은 주변 사람을 움직이게 하였다. 그는 누구와도(부인·아동·노인·청년·호걸·학자) 통할 수 있는 능력과 의지, 그리고 지성으로 강경과 부드러움 그리고 담백과 친근 속에서 남을 얕볼 수(輕侮)없는 지혜를 갖고 있어 그 인품과 능력이 점차 알려지게 되었다.

4. 변호사·대통령 시절의 린컨

린컨이 청년기의 처음에는 우편국장을 거쳐 법률공부에 힘을 써 변호사가 되었다. 그때 린컨은 어려운 사람을 위한 변호를 맡아 그 명성이 날로 높아지게 되었으며 27세 때 흑인노예 문제로 씨도와 대립으로 결투까지 시도하였으나 존하던 장군의 화해로 화해한 일까지 있었다. 린컨은 빈

곤한 사람을 보면 동정의 눈물을 흘렸으며 비참한 사건을 보면 구제의 용기가 커서 '약자의 천사'라 하겠다.

린컨은 헨리 크레이가 공화당 대통령후보가 되니 그를 도와 반대당의 존카혼과 노전을 벌였으나 공화당 후보는 패배하였으나 린컨은 그 명성이 크게 높아졌다. 이에 37세 때 공화당 후보로 반대당의 명사인 도크라스와 노예폐지론을 극복하고 국회의원이 되었다. 당시 유명한 여성인 비잘 스토우가 린컨은 자비와 성실, 그리고 사랑과 진리를 지키는데 충실한 인간이라고 칭찬하였다.

1860년 5월 10일에 공화당 대통령후보로 씨와드를 제치고 대통령 후보가 된 후에 합중당 후보를 제치고 제 16대 대통령(53세)이 되었다. 당시 노예폐지를 반대하는 남부지역의 도전으로 남북전쟁(1861~1863)이 시작되었으나 린컨은 1864년에 재선되었다. 이러한 린컨은 철저한 기독교신자로 정의와 인도의 깃발아래 기독교적 바탕에서 대통력직에 충실하였는데 그가 아동에게 어느 일요일에 다음과 같은 말을 가르친 적이 있었다.

애들아 마시지 말고(酒) 빨지 말아라(煙草) 꾸짖지말고 속이기도 하지 말아라 도박하지 말고 마음이 한쪽으로 치우치지 말라 동무를 사랑하고 진리와 덕을 사랑하라 그렇게 해야 일생을 행복으로 지낼 수 있다.

여기서 린컨의 속마음을 알 수가 있다.

5. 남북전쟁과 린컨

혹인은 아프리카의 흑인으로 미국은 이들을 노예로 이용하고 판매하여 천대하였는데 점차 그 수가 늘어나 400만에 접근하니 미국인은 인도를 주장하면서 노예폐지론이 나오게 되었다.

그러나 남방의 여러 주는 농경·방적 등으로 노예폐지를 반대하였지만 북방의 대표인 공화당은 노예폐지를 주장하였다. 린컨이 합중당 출신으로 노예제 폐지를 주장하자 남카로라이나주가 먼저 난을 일으키고 남방의 6개주(미시시피·플로리다·알라바마·죠지·루이지애나·텍사스)가 반기를 드니 린컨은 북방의 장졸을 보내 1861년 4월 12일부터 1863년에 이르기까지 명장 크란트 등을 보내 남군을 격퇴하고 1월 6일에 노예해방령을 발표하였다. 이에 흑인들은 노예의 신분을 면하게 되었고 1865년 4월 3일에 남군의 수도인 리치몬드를 점령하고 남군의 수령인 데뷔스 등을 토벌하였다.[19]

남북전쟁은 비록 4년간의 전쟁이지만 북군의 전사자가 30만, 부상자가 20만이나 되었고, 남군의 전사자까지 합치면 100만 명에 이르게 되었으나 그 승리의 원인은 노예폐지에 있었다.

따라서 린컨의 빛은 5천년 역사의 암흑을 파괴한 것이며 그의 목소리는 16억 인민의 어두운 꿈(頑蒙)을 벗어던진 것임으로 그는 신의 아들이요 산

[19] 남방이 거의 평정되었을 때 린컨은 가벼운 차림(輕裝)으로 남군의 수도(리치몬드)에 들어갈 때 한명의 군사도 대동하지 않고 오직 12(13)세 된 막내아들(다트)을 데리고 들어가니 시민들은 그를 환영(노예들은 그를 둘러싸고 엎드려 절하다)하였다는 것이다.

부처로서 세계고금의 영웅·호걸이며 정의와 인도의 대표적 위인이다. 그가 노예해방이 목적을 관철하고 와싱톤에 돌아와 연극을 관람하더니 남방의 흉한 뿌스의 손에 세상을 떠났으니(1895.4.14.) 천지가 무정하도다 비록 그는 죽었으나 그의 정신은 없어지지 않을 것이다.[20]

6. 맺음말

산운이 쓴 유일한 외국인의 위인전인 「위인 린컨」의 결론에는 이 책을 쓴 목적과 도덕정치의 의미, 그리고 그 한계점을 지적하여 도덕의 힘은 위대하기 때문에 개인과 사회의 존립에 바탕이 된다는 것이다. 우리나라 삼국시대의 우리조상의 생활은 화려한 삶으로 상징되었는데 이러한 삶은 근검·정직·용강(勇强)의 도덕생활을 한 덕분이었으며 서양의 경우도 마찬가지였다.

그런데 조선시대는 빵이 없던 시대여서 물질이 전 사회를 움직이게 되었다. 그러나 물질요구가 시급할수록 도덕문제는 등한하게 되어 금전만능 속에서 도덕은 쓸데없는 군것(贅物)이 되고 말았다.

이에 대해 최근에는 민족주의와 희생주의가 재생되었고 신문명사조와

---

20) 산운이 「위인 린컨」을 출간한 때는 그가 처음으로 쓴 「國史」를 발간한 다음 해 (1917: 당시 29세)였다. 당시 일제의 탄압이 심하였고 외국상황이 잘 알려지지 않을 때인데 린컨의 생애와 활동을 소상히 기록한 것을 보면 참고도서가 있을 터인데 그에 대한 언급이 없다. 다행이 린컨전이 발간되기 전에 C.샌드버그의 「린컨」 (최일수 번역, 정음 문화사: 1910)과 월터 C.어드만의 「믿음으로 산 위인들」(곽안전 번역, 대한기독교서회: 1905)이 있어 이 두 책을 참고했으리라 여긴다.

기독교사상의 등장으로 사상계의 혁신이 나타난 것은 큰 변화로 보았다. 더구나 세계풍조에 따라 나타난 사회주의 ·민족주의가 충동하게 되어 정치·사회혼란이 시작되었다. 그러므로 우리는 생존과 발달을 위한 민족적 희생적 노력이 필요하다고 하였다.

산운은 많은 저술 속에서 왕의 위상(나라를 세운 시조와 국가번영을 이룩한 왕)과 외국퇴치의 장군을 가장 위대한 인물로 부각시킨 것은 사실이다.[21] 이러한 사실은 지리적 위치(해륙의 접촉)와 북방의 중국과의 관계(위협)속에서 군사적 필요성을 외면할 수 없었기 때문에 나라의 건국과 발전에서 군사적 필요성에 따라 왕과 장군의 역할은 절대적이어서 그들이 국가적 위인이 될 수밖에 없었다는 것이다.

그러나 국가가 발전되고 사회·문화가 발달되면서 정신적·학문적 지도자인 승려와 학자가 필요했다고 보았다. 그러므로「10대 위인전」(1923)에서는 왕과 장군만 있었으나, 조선 10대 사상가(「조선사상사」1925) 이후「한국의 혼」에서는 다양한 인물(왕·장군·승려·학자)이 등장하게 되었음을 보게되었다. 무엇보다도 화랑정신을 지킨 知照부인의 존재를 강조하여[22] 결국 고대사회(현대사회도 마찬가지겠지만)는 애국정신과 자아의식 등 정신(사상)이 국가유지의 기본바탕으로 처음에는 나라를 지켜준 왕과 장군의 활동이 역사서술의 내용의 기본이었으나 사회가 발전할수록 국민의 스승이 된 승려와 학자의 활동이 역사에서 큰 의미가 있었다고 보았다.

도덕은 시대에 따라 변하기 때문에 천 년 전의 조선은 고유한 도덕에

---

21) 신형식, 민족의 촛불 장도빈(「한민족공동체」20, 2013) p.228
22) 신형식, 김춘추와 김유신 관계 속에서 밝혀야할 내용은(「새로 밝힌 삼국시대의 역사적 진실」우리역사연구재단, 2013) p.241

유교와 불교의 장점이 첨가되어 크게 발달하였으나, 불교(고려시대)·유교 (조선시대)의 바탕으로 한 公德이 점차 부패되었으며 私德도 쇠퇴하고 사 회도 부정과 불의가 커지면서 정의와 도덕이 무너지게 되었다. 그러므로 오늘의 도덕은 유교도덕도 아니고 불교도덕도 아니며 신시대의 도덕으로 사회에 대한 올바른 의무를 실행하는 것이다. 어느 사회나 그 사회의 모 습은 개인의 성격에 큰 영향을 받게 되기 때문에 그 사회를 구성한 인간 (남자·여자·소아)의 성격(근면·의지·정직)에 의존하기 때문에 그들의 성격(선 악·게으름·노력)에 따라 변하는 것이다.

불행하게도 조선인은 수백 년 이래 부도덕한 인민이었음으로 모방이 능하였고 무의식한 모방이 많아 극단의 문약에 빠져 외래문화를 모방· 흉내(欽羨)하여 나쁜 일을 많이 모방하였던 것이다.23) 다시 말하면 남의 정직은 모방하지 않고 나쁜점(奸詐)만 모방하여 사치와 음란한 습관(淫風) 을 모방하다가 그들의 방탕을 배운다는 것이다. 이것은 구시대의 도덕은 파괴되고 신시대대의 도덕은 건설되지 못한 것으로 타인의 정직·단순· 성실을 조소하며 도리어 자기의 간사·사치·방탕을 과장하게 되었다는 것이다.

도덕은 인생의 목적이며 물질은 그 수단이니 수단을 위하여 목적을 해 치지 말아야 한다. 도덕이 있으면 자기도 행복이요 사회에도 행복하거늘 도덕을 따르지 않고 돈(金錢)만 좋아하면 사회가 더욱 부패하여 남을 사랑 하는 마음(仁愛)과 의리·정직·충실도 없어지기 때문에 인생이 짐승처럼

---

23) 조선인의 외래문화를 부러워한 사실은 북경에 가면 漢服을 입고 중국어를 말하 고 러시아에 가면 러시아 옷을 입고 러시아어를 말하며 아메리카에 가도 같은 모습을 보게 되었다고 하였다.

변할 것이니 도덕과 힘과 의미를 알기 위해 린컨을 배워야한다고 하였다.

　린컨의 위대함은 도덕의 힘으로 인간의 도리를 부각시킨데 있으며 사회존속의 바탕이라는 것이다. 우리나라는 유교와 불교의 장점을 바탕으로 유지되었으나 신문명이 수입된 이래 지식과 물질만이 존재하여 도덕이 무시되었던 것이다. 그러므로 우리는 먼저 도덕을 중시해야하며 모방에 능하여 남의 나쁜점(奸詐)만 모방하여 자신의 간사·사치·방탕만을 과장하게 되었다. 도덕은 인생의 목적이며 물질은 그 수단이니 수단을 위하여 목적을 해치지 말아야 한다. 도덕이 있으면 자기도 행복하고 사회도 행복해지는 것이며 仁愛와 의리, 정직과 충실이 존재하여 인간과 사회가 부패 없는 사회가 발전될 것이다.[24]

---

24) 이러한 린컨의 자서전을 썼을 때 산운은 참고한 문헌에 대한 언급이 없었다. 당시에 미국을 비롯한 외국 사정이 전혀 알려지지 않았음으로 그래도 당시에 소개된 린컨 전기가 있었을 것이다. 다행이 C.샌드버그의 「린컨」(번역 최일수 1960: 정음문화사)과 월터 C.어드만의 「믿음으로 산 위인들」(관반전, 1905: 대한기독교사회)이 있어 현재는 전해지지 않지만 이 두 책이 참고 되었다고 할 수가 있다.

제4장

산운의 역사관

1. 국사개설서에 나타난 산운의 역사관

2. 위인전에서 보여준 산운의 역사인식

3. 산운의 한국고대사인식

4. 산운의 신라사관

산운은 40여 년간에 많은 저서(국사개설, 위인전)를 통해 자신이 언론·출판·교육·항일운동을 하면서도 잊지않고 역사저술을 계속하면서 우리역사에서 보여준 위인들의 국가의식을 부각시켰으며 역사이해는 곧 국가의식을 되찾는 국민의 의미라는 사실을 강조하였다. 그는 위인들의 활동을 통해 국가를 위한 봉사와 자세를 보여주었으며 특히 한국사전개과정에서 고구려사와 통일신라사(남북국시대)가 나타낸 교훈을 통해 어느 시대나 고대사의 가치를 잊지말라는 사실과 역사는 일정한 과정(성장-발전-전성-쇠퇴-멸망)을 거친다는 내용을 국가의식과 함께 우리에게 가르쳐 보여주었다.

1
국사개설서에 나타난
산운의 역사관

　산운은 1916년(28세)에 「國史」를 쓴 이후 1959년에 「대한역사」까지 40여 년간에 걸쳐서 6권의 국사개설서를 출간하였고, 1917년에는 「원효전」과 「린컨전」을 썼으며 그 후 다수의 위인전을 비롯하여 사상사·정치사·법제사 등 수 많은 저서를 출간하였다. 이러한 과정을 거치면서 산운은 언론·교육·독립(항일) 운동을 하면서 애국심을 강조하기 위해 국사를 저술하였으며 해방을 전후하면서 식민지사학·사회경제사학·민족주의사학 등을 체험하는 과정 속에서 실증사학의 필요성을 확인하였으며 역사를 국민교화와 계몽의 수단으로 祖國之精을 부각시키기 위해 국사를 저술한 것이다.

　산운이 처음으로 저술한 「국사」에서 우리 국사의 시대구분을 上古(단군~삼한)·中古(삼국시대~남북국시대)·近古(고려시대)·近世(조선시대)·最近(일제이후)으로 하였으며 고려시대를 고대의 말기(근고)로 규정하고, 유득공

을 이어 통일신라시대를 남북국시대로 서술하여[1] 한국고대사 체계를 정
리한 것은 큰 의미가 있다. 다만 고려시대를 고대사회(近古)로 규정한 것
은 현채의 「東國史略」(1906)에서 처음 볼 수 있는 사실이지만 이 책은 일
본사학자인 하야시(林泰輔)가 쓴 「조선사」(1892)의 역술서로서 고려시대
를 고대사로 규정한 것이기 때문에 고려건국 시기가 10세기였음으로 당
시 세계사와 비교할 때 고대사로 규정한 것은 문제가 있다고 하겠다. 무
엇보다도 산운은 역사의 전개과정을 왕의 업적과 외적퇴치의 주역인 장
군의 활동을 중심으로 하여 애국과 정의를 바탕으로 한 국민의 정신을 부
각시킨 사실은 그와 특별한 관계를 가진 박은식(백암: 혼)과 신채호(단재:
낭)의 영향이 컸다고 생각된다.[2]

나라의 흥망은 국가의 대소에 있지 않고 오직 국민이 정의를 세워
나라를 위해 일하면 흥하고 국민이 이기주의로 정의를 무시하고 부
패한 일을 하면 나라가 망하는 것이다. (「국사개론」 p.534)

---

1) 송기호, 유득공(「한국사 시민강좌」 12, 1993)
   조이옥, 발해고(신형식〈편〉「한국사학사」 삼영사, 1999)
2) 산운에게 가장 큰 영향을 준 박은식은 자신을 「대한매일신보」에 소개한 사실만
   이 아니라 1915년에 「안중근전」과 「한국통사」를 썼으며 이어 1920년에는 「한국
   독립운동지혈사」를 써서 민족혼을 통한 구국영웅의 존재를 강조하였다. 또한 그
   와 밀접한 관계를 유지한 신채호는 1908년에 위인전(이순신·을지문덕)과 1909년
   에 「최도통전」을 썼으며 「독사신론」은 「대한매일신보」(1908.08.27.~12.13)에
   연재하였고 「조선사연구초」(1929 발간-「동아일보」에는 1924년 10~1925)를
   발간하여 민족정신의 의미를 역사를 통해서 알아야한다고 하였다. 그리고 해방
   이후에 쓴 3개의 개설서(「국사강의」 1952, 「국사개론」과 「대한역사」 1959)는 정
   인보의 「오천년간 조선의 얼」(1946), 최남선의 「조선역사」(1947), 안재홍의 「조
   선상고사감」(1948)과는 달리 손진태 「조선민족사개론」과 「국사대요」(1948) 등

여기서 볼 때 산운은 국가의 흥망은 당시 국민의 정신적 자세에 있다는 사실을 강조하였으며 이러한 시각은 국사개설서 서술의 기본 입장으로 그가 마지막으로 쓴 「대한역사」(1959)의 대고구려사에서도 우리역사에는 고구려를 제하면 우리국사는 가치가 없다고 하였다. 그러므로 고구려는 원래 지닌 전통으로 무용과 정의(尙武義勇)로 엄격한 법률·훌륭한 교육(騎馬·射弓·독서), 위대한 풍속(수렵·음악·학문·숭상)과 도덕(정의·근면·애국심)이 있었음으로 강국이 되었으나 말년에 그 원인을 「국사개론」에서는 정치문란·관리의 부패·연개소문의 폭정과 그 아들(남생·남건의 문제)의 반란을 들고 있다. 이것은 지배층의 부패와 갈등, 그리고 정의와 애국심의 상실은 나라가 망한다는 사실을 교훈(국가의 강약은 영웅의 유무에 있다)으로 설명(「국사」서술의 이유)한 것이 역사라는 것이다.

산운은 「국사」를 쓴 다음해인 1917년에 「원효전」과 「린컨전」을 썼다. 이러한 사실은 우리가 원효와 링컨을 통해서 인간의 도리를 잊지 말라는 의미를 보여주고 있는 것이다. 원효는 의상과 함께 중국에 가는 길에 토굴 속에서 잠자다가 마신 물이 해골 속에 있던 물이란 것을 알고 나서 모든 일은 마음먹기에 달려있다는 유심론을 제시하였고 이를 바탕으로 일체의 인간(중생)도 무차별이라는 평등사상을 나타내어 국민을 하나로 묶어준 바탕이 되게 하였다. 린컨은 인간의 행복은 멀리 있는 것이 아니라 오직 자신의 노력에 있다고 우리 민족의 문제점(게으름과 남에게 의존하는 타율성)을 제시하여 국민의 반성의 뜻을 강조하였다. 여기에 「국사」(1916) 다음해에 두 위인전을 쓴 이유가 있다.

의 내용과 같이 국사의 의미를 참고했으리라 여긴다.

① 옷을 기울 때는 짧은 바늘이 필요하고 (縫衣之時 短針为要)

긴 창이 있어도 그것은 소용이 없다 (雖有長戟 而無所用)

비를 피할 때는 작은 덮개가 필요하고 (避雨之日 小蓋是用)

온 하늘을 덮는 것이 있어도 소용이 없다 (普天雖覆 而無所救)

그러므로 작다고 볼 것이 아니라 (是故不可 而小爲輕)

그 근성에 따라서는 크고 작은 것이 다 보배다 (隨其根性 大小皆珍者也)

[미륵상생경종요]

② 여러분이 행복을 얻을 수 있는 길은 오직 노력뿐이로다 노력이 아니

면 여러분의 사상은 헛된사상(空思想)이요 동시에 여러분의 행위도

보람없는 행위(徒行爲)가 되기 때문에 여러분(諸君)이 노력하지 않

으면 아무리 행복을 구하려 해도 행복은 오지 않는다.

「위인 린컨」 머리말)

위의 문장 ①은 산운의 서술에서는 보이지 않지만 원효의 사상을 나타
내 준 글로서 모든 사건은 화해, 긍정과 부정에 구애받지 않는 평등성, 그
리고 융합의 일심사상의 의미를 나타낸 글이다.[3) ②는 산운이 쓴 린컨전
의 머리말로서 조선인의 특징이 게으름(懶怠)과 자신이 노력하지 않고 남
에게 의지한 악습이 있기 때문에 스스로 노력을 해야 성공(행복)할 수 있
다고 하여 린컨의 삶에서 배워야 한다는 사실을 보여준다는 것이다. 산운
은 행복은 눈먼 것(盲目)이 아니라 오직 노력자를 따른다고 하였다.

---

3) 김상현 「역사로 읽는 원효」(고려원, 1994) p.248
  신형식, 원효와 의상은 우리에게 무엇을 가르쳤는가「새로 밝힌 삼국시대의 역사적
  진실」우리역사연구재단, 2013) pp.302−303

산운의 역사 인식을 이해하기 위해서 5개의 국사개설서 내용을 정리한 것이 [표 1]이다. 여기서 볼 때 5개의 개설서는 첫 번에 쓴「국사」의 내용과 같이 거의가 고대사가 전체 내용의 70%가 넘고 특히 중고사(삼국~남북조시대)가 절반이 되고 있으며 그 중에서 고구려사가 압도적으로 많은 내용으로 되어있어 고구려를 제외하면 우리역사는 의미가 없다는 것이다. 이러한 사실은 그가 마지막으로 쓴 고대사개설인「대한역사」(1959)에서도 [표 2]에서 보듯이 고구려사 내용이 신라·백제·발해사를 통합한 내용과 기이하게도 같다는 사실은 고구려사의 위상을 보여 준 것으로 고구려의 강력한 정신(애국심·상무적 용기·정의감)을 내세운 마지막 저서인「국사개론」이 서술에서도 국가의식을 배워야한다고 하였다.

이와 같은 고대사의 전개과정을 건국-발전-전성-쇠퇴-멸망으로 되어있어 산운은「조선역사요령」(1923) 이후 이러한 시각에서 국사개설서를 출판하였으며 각 왕조의 끝에는 소개된 문화(문명이라고 되어있음)속에 학술·종교·예술상을 비교적 자세히 설명하고 있어 산운의 사관이 일부는 바뀌고 있으나 근본 틀은 그대로 유지되고 있다.[4]

이상에서 본바와 같이 산운은 음모와 포악한 인간이라는 백암과 단재의 견해를 이어받아 고대사(특히) 고구려를 강조한 것은 사실이지만 특히 단재가 음모와 포악한 인간이라는 김춘추(무열왕)와 김유신과는 달리 산

---

4) 예를 들면「조선역사대전」에는 신라의 예술 설명에 '石佛寺의 석불(석굴암을 뜻함)은 희세의 조각품'이라는 서술(p.288)뿐이다. 그러나「국사강의」에는 신라예술의 대표작인 불국사 및 석굴암은 신라예술의 대표작으로 '석굴암의 입구 좌우벽에 사천왕의 半肉彫가 웅장하고 전실에 들어가면 좌측에 8부신상의 5상이, 우측에 8부신상의 3상이 있고 굴문에는 석굴중앙에 장6 석가모니 불상이 연화대위에 있다'고 자세한 설명이 이어진다(p.495).

[표 1] 각 왕조의 분량 비교

저서	총면수 (기타·부록)	상고	중고	근고	근세	최근
국사	85(4)	3면(4%)	44면(52%)	17면(20%)	13면(15%)	3면(4%)
조선역사요령	102(13)	7면(7%)	53면(52%)	9면(9%)	18면(18%)	2면(2%)
조선역사대전	137(14)	16면(12%)	48면(35%)	22면(14%)	26면(19%)	11면(8%)
국사강의	302면(5)	15면(5%)	132면(44%)	85면(28%)	44면(15%)	27면(7%)
국사개론	122면(5)	20면(16%)	77면(63%)	6면(5%)	14면(11%)	

[표 2] 대한역사내용

왕조	면수	비율	내용
상고사	86	19%	조선사·열국사
고구려사	191	42%	과정·제도·지리·문화
백제사	59	13%	요해·제도·지리·문화
신라사	84	18%	과정·제도·문화·가야
발해사	48	11%	과정·제도·지리·문화
목차(2)			

[표 3] 국사개설서(고대사)에 나타난 시대변화 과정

저서	전환과정(고구려·신라·발해)
조선역사요령	창립-강성-전성-외구(隋·唐寇)-멸망
조선역사대전	창업-강성-전성-외구-멸망
국사강의	건국-강성-극성(융성)-외구-멸망
대한역사	건국-진보-극성-말세-멸망(신라)
국사개론	건국-강성-융창-쇠망(발해)

운은 위대한 영웅(英傑)으로 부각시키고 화랑정신(정의·애국·무용의 교육)을 통한 신라인의 위국충절과 단결을 강조하였으며 남북국시대(우리민족문화가 극성하여 당시 동양문화의 정수)를 한국고대사의 마지막 차례로 인정한 것은 큰 의미가 있다.

그리고 고대사 내용은 거의가 「삼국사기」 내용을 그대로 인용하여 「삼국사기」의 사료적 가치 는 인정하면서도 마지막 저서인 「국사개론」의 말미에 기록한 「삼국사기 비평」에 김부식은 완고한 사대주의·모화사상가 우리국사를 유린시켰다고 비판하였다.[5] 그러면서도 포석정을 망국의 연회장(宴會場)으로 인정한 것은 문제점의 하나이다.[6]

그러나 그는 김부식을 철저한 사대주의·모화주의자로 평가하면서도 「삼국사기」 내용을 그대로 이해한 사실은 혼선을 보여준다.[7] 무엇보다

---

5) 국사를 유린한 내용은 ① 박혁거세 등장년을 전한의 宣帝五鳳元年으로 기록한 사실 ② 「삼국사기」 내용에 중국문헌(「사기」·「한서」·「후한서」·「삼국지」·「수서」·「당서」을 참고한 점 ③ 우리나라를 침략한 수양제를 우리 왕 같이 기록한 점 ④ 삼국의 시조를 중국인 자손으로 쓴 점 ⑤ 우리나라 國祖를 중국(箕子)으로 쓴 사실 등을 들고 있다.

6) 강동구, 포석정은 제천사지였다(「신라멸망과 마의태자의 광복운동」 신라사연구소) p.6. 신형식, 포석정의 진실은(「새로 밝힌 삼국시대의 역사적 진실」 우리역사연구재단, 2013, p.203)

7) 김부식의 국사서술과정에서 특이한 것은 마지막 개설서인 「국사개론」(1959)의 마지막에 「삼국사기비평」이라는 내용이 들어있다. 지금까지 그의 저서가 완전히 「삼국사기」 내용을 바탕으로 이룩되었는데도 여기서 김부식은 분명히 사대주의와 모화주의에 빠진 인물이라고 혹평하고 있다. 그러한 근거는 ① 혁거세 즉위년을 전한 孝宣帝 五鳳 元年으로 쓴 것 ② 중국문헌(사기·한서 이후 당서)에 나타난 우리나라 사항을 그대로 인용한 것 ③ 중국과의 교섭(외교사절)을 조공으로 기록한 것 ④ 중국은 天子의 나라로 존칭한 것 ⑤ 고구려가 망한 것은 신라의 도움을 받은 당의 침략때문이다라고 하여 ⑥ 새 문헌을 바탕으로 삼국사기를 다시 편찬할 것을 주장하였다. 따라서 김부식은 사대주의와 모화주의에 빠진 被한 人物

도 삼국통일신라시대를 남북국시대로 정리하였으며 고구려사를 대고
구려사라고 하면서 武勇과 正義의 나라로 부각시켰고, 민족문화의 만
숙시대를 이룩한 신라를 문화융성으로 국가의식을 높이 평가하고 있었
다는 사실은 김부식이 사대주의학자였으나 그의 저술 자세는 우리고대
사가 지닌 국가적 성격이나 문화적 독자성은 인정하고 있었다는 사실이
산운의 역사 인식이라 하겠다.

여기서 무엇보다도 간과할 수 없는 사항은 역사전개과정을 '건국-발
전-전성-쇠퇴-멸망'으로 보고 있다는 사실이다. 현재 학계에서는 이
러한 발상은 Spengler(「서구의 몰락」)와 Toynbee(「역사의 연구」)의 견해라고
보고 있으나, 산운은 그들의 견해보다 앞서서 제시한 이론(이들의 저서가 국
내에 소개된 시기보다)으로 큰 의미를 지니고 있다. 즉 산운은 신라사(「국사」
1916)의 전개과정을 건국-발전-극성-쇠퇴-멸망으로 서술하고 있으
며[8] 이러한 서술방법은 이병도를 거쳐 이기백·변태섭으로 이어지고 있
어 그 의미는 크다.[9]

이라고 하였다. 그러므로 그를 일반적으로 사대주의자로만 평가하는 것은 문제가
있다고 보인다.

8) Spengler는 문화전환과정을 '소년(봄)-청년(여름)-장년(가을)-노년(겨울)'로
설명하였으며, Toynbee는 'Genesis-Growth-Breakdown-Disintegration'으로
역사의 전환과정을 설명하고 있다.
박성수, 쉬펭글러와 토인비의 순환사관(「새로운 역사학」 심영사, 2005) pp.416-437
신형식, 「한국고대사를 다시본다」 (주류성, 2018) p.18

9) 이병도의 「한국사 대관」 (1964)에는 '건국-흥융-동란-쇠퇴'로 고려시대사를
설명하였고, 이기백의 「한국사신론」 (1967)에서 고구려의 역사를 '등장-성장
-융성-한족과의 투쟁-멸망'으로 서술하였다. 그 후 변태섭의 「한국사통론」
(1986)에서도 고대국가의 발전에 '성립-발전-전성(중흥·비약)-수당과의 싸움
-멸망'으로 설명하고 있다.

이상에서 알 수 있듯이 산운은 고구려를 중심으로 한 고대사의 의미와 남북국시대가 지닌 고대사의 체계화를 통해 민족의 자주성(국민의 정신)과 발달된 민족문화의 위대성을 잊지 말라는 교훈을 보여준 것이다. 동시에 정신을 되살려 국가와 민족발전의 필요성과 당위성을 알려주는 국사의 존재 가치를 보여준 것이다. 그가 강조한 국사개설서의 가치는 '국가의 흥망은 오직 국민의 정신적 자세에 있다'는 「국사개론」 표현으로 정리할 수 있다.

2
.
위인전에서 보여준
산운의 역사인식

산운은 처음으로「국사」를 쓴 다음 해에(1917)「위인 원효」와「위인 린
컨」을 저술한 이후 국사개설서와 위인전을 계속 발간하였다. 그 후「조선
10대 위인전」(1923)과「조선 10대 사상가」(「조선 사상사」부록. 1925)를 출간
하고 같은 해에 계속「동명왕전」·「을지문덕전」·「연개소문전」을 저술하
였으며 다음해(1926)에「이순신전」·「발해태조」·「강감찬전」과「남이장
군실기」·「갑오동학란과 전봉준」을, 1928년에는「서산대사와 사명당」·
「문무대왕전」등 많은 위인전을 발행하였다. 이어서「조선역사담」(1923)
을 통해 우리역사의 대표적인 위인과 각종 전문적인 인물론(식산가·교육가·
예술가·발명가 등)을 정리하였다.

그러나 해방을 전후하여 정치(항일)·교육(단국대) 활동으로 저술이 한
때 주춤했으나「국사강의」(1952)을 출간한 이후 그의 위인전을 대표하는
「한국의 혼」(1957)을 발간하였다. 이어「대한 위인전」(1961)을 출간했으

나 그 내용은 산운이 사망한 18년 후에 그 아들인 장치순(張致順)이 「대한
위인전」(상·중, 1981)으로 선친의 사상사(한국사상사개론)와 가장 높이 내세
운 9명의 대한 위인전(광개토왕 이후 을지문덕·발해태조·원효·진흥대왕·고려태조·
강감찬·세종대왕·이순신)을 길게 정리한 것이다.

결국 산운의 위인전은 나라를 세운 시조(각 왕조)와 정치적 업적을 남긴
대왕인 광대토왕·진흥왕·세종 등 5명의 왕과 대표적인 3대 장군(을지문
덕·강감찬·이순신), 그리고 유일한 민족의 스승인 원효 등 9명의 위인을 길
게 설명하고 있다. 여기서 산운의 위인상은 8명의 정치·군사적 인물과
최초의 위인전으로서 만법의 바탕인 일심사상(화쟁론)으로 만인평등의 가
르침을 준 원효로 대표되고 있다.

산운의 첫 위인전인 「위인 원효」는 '만사는 마음먹기에 달린 것(心生事
生 心滅事滅)'이라는 일심·유심(唯心)주의를 내세워 인간이 갖고 있는 갈등
과 분열(투쟁과 부정)의 정신을 극복하고 포용하는 화쟁(和諍)의 사상을 제
시한 민족의 스승으로 부각시킨 것이다. 그 후 모든 위인전에는 물론 국
사서술에도 원효는 빠지지 않고 있다. 그리고 「위인 린컨」은 우리민족의
문제점(게으름과 남에게 의존성)을 지적하여 노력의 필요성을 제시하기 위한
것이다.

이어 「조선 10대 위인전」(1923)은 각 왕조의 시조와 장군을 부각시켰으
며, 10대 사상가(「조선사상사」부록, 1925)에서는 제목에 맞게 사상사(승려)와
학자를 제시한 것이며 두 책에서도 고대사 인물이 중심을 이루고 있다.
이어서 제작된 「조선역사담」(1932)에서도 결국 왕(각 왕조의 시조와 문무왕·
세종)과 장군(을지문덕·강감찬·이순신)의 설명이며 원효가 포함되어 있다.

본서에서도 고대인물이 중심으로 산운의 고대사 인식을 엿볼 수 있다.

산운의 대표적인 위인전인 「한국의 혼」(1957)에서는 32명의 위인에 대한 설명으로 왕(10명)·장군(4명)·승려(3명)·학자(4명)·기타(2명)으로 되어 있지만, 여기서도 고대인물이 14명이며, 고려시대 인물은 10명이어서 그 자신의 고대사(고려시대를 下古라고 함) 위상을 강조하고 있다.

결국 한국의 혼을 보여준 인물은 왕과 장군이 중심이며(승려와 학자는 7명) 역시 정치·군사적 활동이 국가의 지도자임을 강조하고 있다. 동시에 32명 중에서 14명이 고대사 인물이 절반에 가까워 고려시대를 고대에 포함한다면 24명이 고대사 인물이 되어 위인전에서도 산운은 고대사에 대한 중요성을 보여주고 있다.

마지막의 「대한 위인전」(상·중. 1981)에서는 앞부분은 한국사상사의 개설(삼국시대는 국가주의·국수주의·국선도 - 고려시대는 상무주의·불교주의 - 조선시대는 배불·숭유사상·사대주의 - 최근 시대는 복잡함)이 소개되어 있으며 계속된 위인전에는 상권에 4인(광개토왕·을지문덕·발해태조·원효), 중권에는 진흥왕·강감찬·세종·이순신전으로 되어있다. 이러한 9명의 위인이 고대사 인물이 7명(삼국시대 5명. 고려시대 2명)이나 되고 그 중에 왕이 5명, 장군이 3명이며 역시 원효가 등장되고 있다. 본서에서도 그의 사관으로서 고대사 인물이 중심이며 왕과 장군이 거의가 위인이 되고 있다.

이상에서 산운의 위인전 내용을 소개하였다. 위에서 본 여러 권의 위인전은 국사개설서와 같이 원효와 린컨전(1917) 이후 「한국의 혼」(1957)까지 40여 년간 여러 권의 위인전을 출간하였다. 그러한 위인전에도 국사개설서의 내용과 같이 「조선 10대 위인전」도 위인의 내용이 왕과 장군이 중심이 되었고 점차 사상가(승려)와 학자(한학자)가 포함되었으나, 어디까지나 각 왕조의 시조와 대표적인 업적을 남긴 일부의 왕 그리고 외적을 물리친 장군이 주역이 되었으며 그 시대가 고대사인 것은 산운의 고대사위주의 역사 인식을 반영하고 있었다. 동시에 원효를 대표하는 승려와 학자들은 민족의 스승으로서 국민들은 이들을 잊어서는 안된다는 교훈을 보여주기 위한 것으로 보인다.

산운의 위인전에 등장된 인물(개별적인 위인전은 제외)을 정리하면 [표]와 같다.

[표] 위인전에 나타난 인물

저서(연대)	등장된 인물
10대 위인전(1923)	단군·동명왕·온조왕·박혁거세·광개토왕·을지문덕·천개소문·대조영·강감찬·이순신
10대 사상가(1925)	소수림왕·진흥왕·혜량·원광·원효·고흥·최충·정몽주·이이·최제우
조선역사담(1932) (18명)	단군·동명왕·온조왕·박혁거세·광개토왕·대조영·문무왕·왕건·이성계·세종 을지문덕·연개소문·강감찬·윤관·최이·이순신·정봉수·원효
한국의 혼(1957) (32명)	동명왕·태조왕·미천왕·광개토왕·대조영·동성왕·진흥왕·왕건·이성계·세종 원효·의천·휴정·왕인·이제현·문익점·정약용·을지문덕·연개소문·장보고·온달·서희·강감찬·윤관·박서·최영·이순신·정봉수·최이·정문부·이경직·지조부인
대한 위인전 (9명)	광개토왕·을지문덕·대조영·원효·진흥대왕·왕건·강감찬·세종·이순신

이와 같이 위인전에 나타난 인물은 최초의 「10대 위인전」에 등장된 위인을 기본으로 그 후에 저술된 저서에서도 이들을 중심으로 하면서 보완(추가)되고 있다. 이러한 사실은 국사서술에서도 최초의 개설서인 「국사」내용을 바탕으로 보완되고 있다는 것과 같은 맥락이다. 결국 위인의 기본

은 나라(왕조)를 세운 시조와 큰 활동(영토 확장)을 한 왕으로서 고구려의 광개토왕, 신라의 진흥왕(북방진출)과 문무왕(통일완성)이 등장되고 있다.

다음으로 위인의 모습은 외적퇴치의 장군을 의미한다. 그러므로 을지문덕(수)과 연개소문(천개소문〈당〉), 서희와 강감찬(거란), 윤관(여진 정벌), 박서(몽고), 최영(요동정벌), 이순신(왜) 등이 대표적인 장군으로 등장시키고 있다. 다만 승려로서 원효·의천·휴정(서산대사)과 학자로서 왕인·정약용이 등장되고 있으며 충신(최이·정문부)과 효부(지조부인)가 포함되고 있다. 그리고 마지막 저서인「대한 위인전」(1981)에는 시조로서의 왕보다는 큰 활동(업적)을 남긴 광개토왕·진흥대왕·세종이 나와 있으며 3대 장군과 원효는 빠짐없이 보이고 있다.

이상의 위인전에서도 왕과 장군이 주역이며 고대인이 14명, 고려시대 인물이 10명으로 되어있어 당시 저술이 나타난 고대사 인물이 중심이 되고 있어 최초의 위인전인「10대 위인전」에서 보여진 사실을 바탕으로 산운의 고대사 인식을 알 수가 있다. 결국 우리나라(고대사)는 왕과 장군들이 나라를 세우고 지켰으며 일부 사상가(승려·학자)들이 국민들의 스승으로 문화(사상·학문)를 발전시킨 주인공이라는 사실을 위인전에서 보여주고 있다.

3
.
산운의 한국고대사인식

1. 머리말

산운 장도빈(1888~1963)은 구한말 민족의 격동기를 거쳐 해방 이후 대한민국의 초창기까지 생존한 현대 한국사학계의 대표적인 선구자이다. 그는 그 시기의 민족사학자들과 같이 독립운동가로서 또는 언론인으로서, 폭넓은 활동을 전개한 바 있었다.[10] 따라서 그의 사상체계나 역사 인식은 그의 다양한 활동에 따른 독립운동가·언론인·교육자 및 사학자 등 다방면의 연구를 통해서 가능하리라 여겨진다.

---

10) 김창수, 장도빈의 민족주의 사학1(「산운사학」 창간호, 1985)
　　김중희, 「산운 장도빈」(산운학술문화재단, 1985)
　　신형식, 장도빈의 역사인식(「산운사학」 2, 1988)
　　＿＿＿, 장도빈(「한국고대사 서술의 정착과정연구」 경인문화사, 2016)
　　김희태, 「산운 장도빈 연구」(동국대 사학과 박사논문, 2012)

그러나 본고에서는 풍부한 그의 역사 저술을 통해서 '역사가로서의 산운'을 부각시킴으로써 그의 사상이나 역사 인식체계를 정리하려는 것이다. 다만, 산운의 역사관은 동년배로서 거의 같은 입장이었던 해원 황의돈(1890~1964)를 비롯하여, 위당 정인보(1892~?)·민세 안재홍(1891~1965) 및 호암 문일평(1888~1939) 등과의[11) 비교연구를 통해서 어느 정도 윤곽이 나타날 것으로 생각된다. 그러나 우선 필자는 民族主義史學의 발전과정을 이해하기 위한 전단계로서 1916년에 젊은 나이(28세)에 처음으로 우리나라 역사개설서(「국사」)를 서술한 산운에 대한 역사 인식의 재조명을 꾀하고자 한다.

산운은 백암·단재 등의 깊은 영향으로 한국사 특히 古代史에 큰 관심을 갖고 있었다.[12) 더구나 이들 독립운동자들과의 교분에서 강화된 民族意識은 그의 역사관에 깊이 투영됨으로써, 독특한 '古代史觀과 愛國精神'으로 결실되었다고 생각된다. 그는 무엇보다도 高句麗史에서 독자적인 민족정신을 찾으려 하였고, 이어 신라사(남북시대)에 큰 관심을 통해 固有精神에서 역사의 의미를 발견하려고 하였다.

필자는 여기서 산운의 고대사관을 정리해봄으로써 동시대의 다른 역사가들과의 비교에 길잡이 역할을 시도하였다. 나아가서 특히 단재와의 역

---

11) 이들에 대한 연구는 활발치 못한 실정이다. 해원의 역사 인식에 대해서는 박영석의 해원 황의돈의 민족주의 사학(「산운사학」 창간호, 1985)뿐이며 민세에 대한 연구는 한영우의 신민주의와 사학(「한국독립운동사연구」 1987)과 유병용의 민세 안재홍의 인물과 사상(「인문과학연구」 18, 1982)이 보인다. 호암에 대해서는 김광남의 문일평의 인물론에 대하여(「사학연구」 36 1983)와 외교인식(「사학연구」 38, 1984) 등이 대표적인 성과이다.

12) 김중희, 전게서, pp.46-47

사 인식체계의 차이를 통해 그의 역사 인식의 특징과 민족사학의 변질과
정을 정리하려는 의도를 나타내고자 한다. 나아가서 산운의 고대사 인식
체계가 오늘의 한국고대사연구에 남겨준 足跡을 정리함으로써 그의 史學
史的 위치를 정립하려는 것이 필자의 의도이다.

2. 산운의 역사인식

산운은 그의 전집에 의하면 「국사」(1916) 이후 「조선역사요령」(1923)·
「조선역사대전」(1928), 「국사강의」(1952), 그리고 「국사개론」(1959) 등 5
권의 통사서를 남기고 있다. 그러나 그의 저서들은 그 내용이 거의가 최
초의 저술인 「국사」내용을 바탕으로 하고 있으며 대체로 비슷한 모습으
로 되어있다. 다만 「대한역사」(1959)이 고대사 서술서임으로 산운의 고대
사 인식을 반영한 사실임으로 저자는 이 책을 중심으로 그의 고대사를 중
심으로 한 산운의 역사 인식을 정리한다.

산운의 역사서술체제에서 일괄된 특징은 古代史爲主(고구려사 중심)의
서술이다. 단재를 비롯한 민족주의사가들이 갖는 古代史認識을 계승한
것은 사실이나,[13] 그러나 그는 단재의 학설과 다른 독자적인 上古史像을
수립하였다는 사실이다.[14] 오히려 그는 해원이나 육당(최남선)과 비슷한
입장을 취한 혼적이 엿보인다.[15] 그러나 산운은 이들과는 다른 독자적인

---

13) 이만열, 단재 신채호의 고대사 인식시고(「한국사연구」 15, 1977)
_____, 단재 신채호의 역사연구 방법론(「산운사학」창간호, 1985)
14) 천관우, 통사해제(「산운장도빈전집」 1981)

古代史觀을 이룩하였다.[16] 다시 말하면 산운은 현대사가들이 항일·독립
운동사를 강조하는 통념을 깨고 '「삼국사기」에 입각한 文獻考證의' 고대
사 중심의 자세를 견지하였다.

산운의 고대사관은 우선 고대의 시대구분에 나타나 있다. 동시에 그는
고대사에 있어서 기본문헌인 「삼국사기」의 사료적 가치를 적극적으로 인
정함으로써 단재와 같은 민족사학자들과 견해를 달리 하고 있는 것이다.
그의 고대사 서술은 곧 「삼국사기」의 내용보완이라고 할 정도로 그에 대
한 풍부한 해설인 것이다. 그는 고대를 上古(단군~열국시대: 1~2275)·中古
(삼국~남북국시대)·근고(고려시대: 3269~3724)로 3분함으로써 고려를 고대
에 포함시키고 있다. 그가 고대사회를 중요시한 견해를 이해하기 위해서
그의 저술을 시대별로 정리하면 [표 1]과 같다.

[표 1]에서 본다면 산운은 그의 통사서에서 고대사가 78%나 차지하고
있으며, 고려시대를 고대(近古)로 지칭하여 민족정신과 자립성이 어느 정
도 유지된 시기로 생각하였다. 그는 단순히 고대사의 내용을 풍부하게 서
술한 야적인 확대만이 아니라, 민족의 固有精神 또는 自强意識의 보존이
라는 입장에서 고대를 강조한 것이다.

산운의 고대사관은 고대를 획일적으로 중시한 것이 아니라 中古(삼국~

---

15) 산운의 시대구분은 고대사에 중점을 두어 고려를 近古로 하고 있다. 육당은 고
   려를 中古로 하고있어 양자가 고려를 고대에 포함시키고 있다. 해원(황의돈)의
   「해동청사」가 1909년에 간행되었음으로 산운의 「국사」가 1916년에 출판되었음
   으로 해원의 영향은 어느 정도 받았을 것으로 보인다.
16) 산운이 해원과 다른 견해는 고대사에 중점을 둔 것이다. 다만 남북국시대의 표
   현과 발해유민의 동향 특히 홍요국(興遼國)과 대원국(大元國)의 문제를 강조한
   사실은 양자가 비슷한 입장을 보이고 있다.

[표 1] 산운의 고대사서술

책명	총면수	고대				근세	최근	부록	고대사의 비중 (삼국–통일신라)
		상고	중고	근고	합계				
국사	85	3	44	17	64	13	3	5	44(52%)
조선역사요령	102	7	53	9	69	18	2	5	53(52%)
조선역사대전	137	16	48	22	86	26	11	14	48(35%)
국사강의	302	15	132	85	232	44	21	5	132(44%)
국사개론	122	20	77	6	103	14		6	77(64%)

[표 2] 산운의 고대사(중고) 비중(%)

책명	古代史 면수	上古	中古	近古	中古의 비중
국사	64	3	44	17	68.6
조선역사요령	69	7	53	9	76.9
조선역사대전	86	16	48	22	55.9
국사강의	232	15	132	85	56.9
국사개론	103	20	17	6	74.8

남북국시대)에 집중된 것이다. 그것은 시기적으로는 上古(2275년간)·中古 (992년간)·近古(455년간)의 순서로 존속 기간은 각기 차이가 있으나, 내용 상으로는 중고에 가장 역점을 두고 있었다. 그가 중시한 중고의 분량을 도해하면 [표 2]와 같다.

[표 2]에서 보듯이 그는 中古(삼국시대)를 고대사의 핵심부분으로 파악하 여 고대사 서술에서 66%를 넘고 있다. 그러나 그의 고대사관은 中古代 그

자체에 있는 것이 아니라 구체적으로는 高句麗史에 집약되어 있다. 「국
사」와 「국사개론」의 경우 中古(44면)에서 반 이상이 고구려사였고, 특히
「대한국사」에서는 백제·신라사를 합친 서술보다도 훨씬 많은 양이 고구
려사였다.

　따라서 산운은 고구려의 대외항쟁(특히 수·당과의 싸움)에 큰 비중을 두고
있으며, 고구려의 연장으로서 발해사를 백제사의 분량 정도로 늘리고 있
음을 보게 된다.

　산운은 역사 인식에서 다음으로 주목할 것은 韓國史의 體系化이다. 한
국 상고사의 체계화 문제는 자강 독립주의에 입각한 민족사가 특히 단재
의 역사관에서 연유된 것은 사실이다.[17]

　그러나 그는 단재 신채호와 달리 上古·中古·近古 그리고 近世·最近
으로 서술하고 있다.[18] 우선 上古(1~2275)를 단군(1~1048)과 列國時代
(1049~2275)로 나누어, 신수두시대·3朝鮮分立時代(신·불·말조선)·列國爭
雄時代로 나눈 단재와 그 성격을 달리하고 있다.[19] 다만, 양자가 민족사
의 위대성이나 유구성을 강조한 것은 軌를 같이 하지만, 산운은 중고이
후는 독자적인 시대구분과 체계화를 꾀하고 있다. 특히 그는 「삼국사기」
의 사료적 가치를 상고대의 연대까지도 신빙하여 중고(삼국~통일신라)는
전기(2276~2723: B.C. 57~390)·후기(2724~3001: 391~668)·남북국(3002~

---

17) 이만열, 단재신채호의 고대사 인식사고 p.60
18) 단재는 상고·상세(「독사신론」)라는 표현을 썼다. 또한 그의 저술이 주로 고대사
　　에 치중했기 때문에 그 자신이 근세 이후에 대한 시대구분 방법은 불확실하다.
　　산운은 고대사에 있어서도 시대구분은 단재와 달랐다.
19) 이만열, 앞의 논문 p.58

3268: 669~935)으로 나누고, 近古(고려시대)는 흥융기(3269~3455: 936~1122)
와 쇠망기(3456~3724: 1123~1391)로 구분하였다.[20] 그 후 近世도 전성기
(3725~3900: 1392~1567)와 쇠약기(3901~4196: 1568~1863)로 나누었으며,
大院君執政 이후를 最近世로 하였다.

이러한 산운의 한국사의 체계화 시도는 단순한 연대기적 배열의 기록
은 아니다. 우선 그는 한민족의 기원을 1만~5천 년 전에 滿洲의 서북방
면으로부터 들어와 太白山을 중심으로 정착하여 국가를 건설한 때부터
시작한다. 여기서 우리민족은 두 갈래로 나뉘어 압록강 유역과 두만강
유역의 2대 루트를 통하여 남하하게 되었다는 것이다. 전자의 경우는 朝
鮮과 三韓을, 후자는 沃沮·濊를 이룩하여 열국시대가 되었다는 주장이
다.[21] 이러한 민족이동설은 金庠基의 東夷族移動說과는 대조적인 것으
로[22] 음미할 필요성을 느낀다. 그러나 어디까지나 나라의 기초는 檀君으
로부터 건국되면서 시작되었다는 사실은 강조되고 있다.

古朝鮮은 태고시대 滿蒙地方에 흥기한 여러 민족 중에서[23] 가장 선두
(우수)족인 조선민족에 의해서 성립된 국가이다. 산운은 원래 우리나라가
다수의 소국으로 분립됨으로써 정치·경제·문화면의 발달에 장애가 되
므로, 우리 민족은 상호 연락하여 각 소국들이 상호단결·부조함으로써

---

20) 단재는「삼국사기」의 사료적 가치를 철저히 배척하였으나(졸저,「삼국사기 연구」
    pp.13–14) 산운은「삼국사기」의 내용은 물론 그 기년까지도 철저하게 신봉하였
    다. 이 점이 단재와의 근본적으로 다른 점이다.
21)「대한역사」상고조선사 p.14
22) 김상기, 한·예·맥 이동고(「사해」1, 1948)
    _____, 동이와 회이·서융에 대하여(「동방학지」1·2, 1954·55)
23)「대한역사」조선의 건국 p.15

대내적으로는 민족통일을, 대외적으로는 이민족과의 경쟁을 하기 위해서
건국된 것이라고 풀이하였다. 여기서 주목할 것은 고조선의 중심지를 대
동강유역으로 비정하고 있는 점이다. 이것은 단재를 비롯한 民族史家들
의 주장과 상당히 차이를 나타내고 있다.[24]

단군조선이 천여 년 계속된 후, 우리나라는 7개의 열국시대로 연결된
다. 단군의 후손이 부여를 세우고, 단군조선이 있던 평양지방에는 기조
(箕朝)가 이어졌다. 함경·강원 일대에는 옥저·예가 세워졌으며, 임진강
이남에는 三韓이 성립되어 1200여 년의 열국시대가 전개되었다. 이와같
이 단군·열국시대를 上古라 불렀다.[25]

산운은「삼국사기」의 기록에 따라 2276년(B.C.57)에 赫居世가 왕으로
추대되면서 中古가 시작된다고 하였다. 이 중고(2276~3268)는 다시 전·
후기 및 남북국시대로 세분하였다. 우선 전기(2276~2723)는 故國壤王때
까지로서 고구려가 漢·魏·鮮卑族의 침입을 저지하면서 성장하는 과정
에 국세가 위축되어 백제가 강성해진 때까지를 뜻한다. 후기(2724~3001)
는 廣開土王으로부터 고구려 멸망까지를 뜻하는 바, 고구려의 극성과 수
구(隋寇)·당구(唐寇)의 극복과정을 크게 강조하려는 시기이다. 산운의 고
대사 인식체계화는 단재와 같이, 고구려 중심의 고대사 인식이어서[26] 중
고의 후기를 광개토왕으로부터 시작하였으며 발해사의 내용을 충실히 함
으로써 고구려 정신을 크게 부각시키고 있었다. 때문에 남북국시대(3002

24) 신채호,「조선상고사」pp.80-97
25) 산운의 열국시대는 단재의 열국쟁웅시대와 그 뜻이 비슷하다. 다만 단재는 단군조
    선(신수두시대)과 열국쟁웅 사이에 3조선 분립시대(신·불·말조선)을 넣고 있다.
26) 이만열, 전게논문 p.61

~3268)의 시작을 문무왕 9년(통일신라의 개시)으로 보았으며, 668년의 평양 함락은 고구려 전국이 망한 것이 아니라 오직 고씨조선이 망한 것에 불과하며, 그 외 부여성·신성·안시성·요동성 등 11성은 군사를 정비하여 당병과 항전하였고, 내물홀성·면악성 등 7성은 백성을 옮겨 당병을 피하였다는 사실을 강조한다. 그러나 무엇보다도 산운이 남북국시대의 시작을 3002년(669)으로 한 것은 안승의 고구려 부흥을 부각시키려는 뜻이었다. 그러므로 고려왕조도 고구려의 계승자이기 때문에 고대(近古)의 말미로 생각한 듯하다.

近古(3269~3724)는 고구려의 계승왕조인 고구려시대를 뜻하지만, 큰 비중을 두지는 않았다. 오히려 발해의 유민의 동향으로서 정안국·흥요국 및 대원국의 흥망을 강조하고 있었을 뿐이며, 고려왕조를 흥융과 쇠망기로 양분하고 있다. 이러한 양 시대의 구분은 묘청난을 기준으로 한 것으로써, 전자는 다시 창업시대(태조~성종)와 전성시대(현종~문종)로 나누었으며, 후자는 묘청란·무신란 및 몽고간섭의 내란·외구시대와 공민왕 이후 멸망기로 대별하였다.[27] 특히 近古 이후는 아주 간략히 서술하였으며, 근세와 최근세는 더욱 간단히 처리하였다.

산운의 역사 인식에서 세 번째의 특징은 강렬한 자주의식이다. 무엇보다도 그는 국사를 애국사상의 표본으로 파악하여 민족고유의 상무정신과 투철한 자주독립 정신의 과정으로 파악하였다. 이것 역시 구한말 애국계몽가들이나 단재·백암 등으로부터 보여진 주체적인 자강독립 사학의 계승이라는 점은 사실이거니와[28] 산운은 그 구체적 사례로서 고구려의 건

---

27)「조선역사요령」pp. 182~184

국이념과 부단한 대외항쟁을 들고 있다. 따라서 이것이 고구려가 국사를 대표하기 마련이며, 그 고유정신의 존속여부가 국가흥망의 열쇠가 된다는 것이다. 이러한 그의 애국적 자주독립 사관은 조선민족의 독자적인 우월성에 기초를 둔 것으로서,[29] 부여·예·진한에는 고유문자를 소유한 문화민족임을 강조하는 게 나타나 있다. 특히 기자·위만의 귀화문제를 비롯하여[30]

> 조선의 국가제도는 재래의 중국이나 일본과 상이하여 고대부터 부족
> 자치제를 실시하였으므로, 단군시대에도 각 부족은 다 자치를 유지
> 하였고, 단군 이후에는 대군주가 없고 오직 각 부족의 소국이 자치
> 하였으므로, 조선인의 부족자치는 더욱 발달하였느니라[31]

---

28) 신일철, 신채호의 사강론적 국사상(「서울사상」 10, 1972)
   신용하, 박은식의 역사관, 〈상〉(「역사학보」 p.91)
29) 「조선역사대전」에서 산운은 조선인은 본래 '민족성은 강하고 仁하며 또 지혜가 있었다'고 하였으며, 이러한 아름다운 민족성이 있었기에 위대한 문명과 역사를 이룩한 것(p.232)으로 파악하였다.
30) 산운은 기자동래설은 부인한다. 다만 箕朝의 기씨가 기서여의 자손인지는 인정하지 않았으나, 그 나라는 '조선인이 세운 나라'라고 풀이하였다(「조선역사대전」 p.237). 더구나 기지여에 대한 중국문화의 영향이 조선 문화에 준 것이 아니라 왕검성 부근에 한한다고 강조하였다. 그리고 기자나 위만은 어디까지나 우리나라에 귀화한 것으로 풀이한다.
31) 이러한 민족고유의 사상체계는 단재의 영향이 큰 것으로 보인다. 산운이 제기한 민족고유정신(충효사상)은 단재의 仙敎와 맥을 같이 하기 때문이다. 단재는 중국에서 도교가 돌아오기 전에 우리나라에서 고유한 종교인 仙敎가 성립되었다는 주장을 하고 있다(한영우, 1910년대의 신채호의 역사의식 「한우근 박사 정년 기념논총」 1981 p.631).

라는 주장에서 산운의 자주사관을 단적으로 살필 수 있다.

그의 한국민족성 우월론은 의용과 인의로 대표되거니와,[32] 이러한 고유정신은 곧 충효사상으로 발휘됨으로써 유교의 충표와 부합된 애국사상으로 승화된다는 사실이다. 한국인의 전통적인 윤리관으로서의 忠孝觀(유교에서 연유된 것이 아닌)은 외국인의 연구성과에도 나타나 있다. 즉, 한국인의 전통적인 사고방식은 父子間이 독립된 개체가 아니라, 상호의존적인 연장으로 보기 때문에 자식이 부모에 대한 죄의식과 부모가 자식에 대한 한없는 사랑의 관계로 출현한 것으로 생각할 수도 있다.[33]

> 남의 신하가 되어서는 忠만한 것이 없고, 남의 자식으로서는 孝만한
> 것이 없다. 위급한 일을 보고 목숨을 내놓는 것은 忠孝를 함께하는
> 것이다(「삼국사기」권47 김영윤).

라는 김영윤의 死生觀에 잘 반영되어 있다.[34] 이러한 살신성인의 정신을 산운은 애국심(사상)으로 명명하였거니와, 국가흥망이 곧 애국정신의 존부여하에 달려 있다는 결론을 내리고 있다. 따라서 그는 고구려의 불교는 번창하였으나, 결국은 高僧 道釋들의 애국정신 부족으로 고구려가 멸망하였다는 것이다. 즉 명승들이 본국을 등지고 신라·왜·일본으로 건너

---

32) 「대한역사」 p.26

33) Roger L. Janelli, The Value of Ancestorworship Traditions in Modern Korean Society(「국제학술화의 논문집」 한국정신문화연구원, 1979) pp.1044−1051

34) 산운의 충효관과 단재의 선교관은 김영윤의 경우에서는 일치점에 달하게 된다. 단재는 김영윤의 경우를 관창이나 을지문덕의 예에서 선교에 관계된 인물로 평가한다(한국고대선교고 「신채호전집」〈별집〉참조).

갔기 때문에 고구려가 망한 것이며[35] 신라의 경우도 민족고유의 조국정
신·애국정신 즉 자강정신의 쇠퇴로 멸망하였다는 주장이다.

다시 말하면 원래 신라는 자주독립 사상이 강하였는데, 통일 후 당의
연호와 의관제를 채택함으로써 사대주의 및 유학에 중독되어 모화사상
이 조장되었다는 것이다. 더구나 굴욕적인 朝貢과 封爵과정에서 자강사
상은 쇠퇴하고[36] 文弱에 빠져 외국에 대한 노예사상이 번창하여 민족문
화를 쇠퇴시킨 결과가 되었다는 것이다. 그러므로 신라는 고유한 과거제
도(弓箭)를 버리고 한문으로 試選함으로써 武勇을 버리고 문약에 빠지는
지경이 되었으며, 발해를 적대시하여 사대주의의 범람에 빠져들게 되었
다는 주장이다.

더욱이 산운은 나말에 최치원 등이 모화사상에 몰입되어 신라를 당의
속국시하는 문구를 애용함으로써 자국을 폄하하는 풍조를 통해 국사를
오도하게 되었다는 논지이다. 따라서 신라 말 이후 위정자들은 사대주의
에 전염되어[37] 중국(강대국)의 환심만 얻으려는 문약과 허례에 빠지는 모
순을 낳고 말았다는 것이다. 여기서 우리는 산운과 단재의 역사 인식의

---

35) 「대한역사」에는 혜량·혜자·담징·혜관·보덕 등 5명의 승려를 들고 있다.

36) 조공과 봉작이 중화사상에서 배태된 것은 사실이다. 그러나 그러한 중국 중심의
세계관 속에서도 필자는 우리나라의 독자성 및 자율성은 지켜졌고 그리고 또 지키
려고 노력했음을 강조한 바 있다(통일신라의 대당관계, 「한국고대사의 신연구」,
일조각, 1984, p.351.

37) 사대주의의 병균을 전파하였다는 논리는 단재가 김춘추의 외교를 비판한데 잘 나
타나있다(「조선상고사」 p.317). 그 예를 김인문의 숙위, 중국 의관제 채택, 당의
연호채용 등을 들고 있다. 그러나 이러한 김춘추의 굴욕적 자세가 있었다 해도 실
은 숙위를 통해서 민족의 자립과 독자성은 지키고 있었다(졸저, 신라의 숙위외교
「한국고대사의 신연구」 pp.352−389.

차이를 보게 된다. 즉, 산운은 한국의 고유한 상무정신의 퇴조를 국가멸
망의 주인으로 간주하지만, 단재는 그러한 무를 숭상하되 어디까지나
'문무상전'의 입장이었다.[38]

이러한 산운의 자주독립 사상 즉 상무적 애국정신은 한국고대사를 지
탱한 정신적 지주인 동시에, 우리 한국사가 추구한 자강정신이었다. 따
라서 역사는 곧 애국정신의 결정체였으므로, 그 속에서 민족의 흥망을
가늠한다는 것이다. 때문에 산운은 민족적 교훈으로서 발해문화의 흥
망을 대표적 사례로 제시하고 있다. 즉 그는 발해가 고구려의 계승자였
으나, 불행히도 당의 문화를 수입하는데 지나쳐 민족고유문화가 쇠퇴되
었다는 것이며, 나아가서

발해의 정치제도를 보건데 당의 제도를 옮겨온 것이요, 조금도 고구
려식 곧 민족 고유의 제도가 없으니 발해인이 심각히 제 것을 버티
고 남의 것을 숭상한 것을 알 수 있다. 이 점은 발해가 신라이상으로
모화사상을 가진 것이라고 생각한다(「대한역사」 渤海史 p.462).

라고 하여 중국식(유학)을 숭상한 결과 자강정신은 추락되고 한학에 중
독되어 문약에 빠져 국방의 해이와 정치의 문란으로 나라는 망했다는 것
이다.

---

38) 신용하, 신채호의 애국계몽사상〈7〉(「한국학보」 20, 1980) pp.87-90

3. 산운의 고대사관

산운은 전술한 바와 같이 국사를 '애국심의 상징'으로 이해하였고, 동시에 '민족자주의식의 표현'으로 설명하였다. 그렇기 때문에 그는 한국사가 유구한 전통과 우월성을 지니고 있다고 믿었다. 그에 대한 논거는 우리나라는 최초부터 우리민족이 만주 및 한반도에 정착·거주함으로써 우리민족보다 먼저 있었던 토착민족은 없었다는 주장이다. 즉, 중국이나 인도에는 현대의 중국인·인도인보다 먼저 있었던 선주민이 있어 현재의 그들 나라와는 별개의 국가가 존재하였으나, 우리나라는 최초부터 우리민족이 거주하였고 또 우리민족의 국가를 건설하였다는 사실을 중시하였다.[39] 동시에 우리민족은 Siberia 지방에서 일어난 민족일 뿐 그들 계통과는 혈통상 관계가 없으며, 그 지방에서 나타난 민족중에서 가장 선도적인 優等民族이라는 점이다. 따라서 '조선인은 强하고 仁하고 또 智慧가 있었으니 이것이 조선인의 본래의 민족성이라'[40]는 입장이므로 우수한 문명을 건설하여 3국시대의 盛運을 맞게 되었다는 것이다.

이와 같은 한국사의 독자성은 단군조선에서 더욱 강조된다. 즉, 단군을 실존인물로 간주하는 동시에 그가 專制君主로서가 아니라 神聖人으로 민족의 최고 지도자라는 점이다. 우리 민족이 만주~한반도 일대에 거주하면서 자치적인 소국으로 분립되었으므로, 민족통일을 위해 단군을 최고 지도자로 추대하였다는 것이다. 따라서 단군은 단순한 설화 속의 인간이

---

39) 「대한역사」 p.17
40) 「조선역사대전」(古朝鮮) p.232

아니라 문헌에 입각한 神聖人으로서[41] 1048(三國遺事)라는 기록은 '長壽'의 의미를 나타낸 것으로 풀이한다. 따라서 그의 敎化로[42] 고조선은 넓은 영역 특히 灤河一帶에 미쳐 상고시대 만몽지역을 지배한 최대 강국이 되었다는 주장이다. 다만 고조선의 중심지는 철두철미 王儉城(平壤)으로 비정하는 것은 특기할 일이다. 따라서 산운은 단재의 자강·독립사학이나 고구려 위주의 고대사 인식을 계승하였다 해도, 그와는 상당히 견해차를 나타내고 있다. 즉, 산운은 영역문제에 있어서 단재가 한국사의 활동무대를 양자강·회하·산동일대까지 확대시키고 있음에 비하여,[43] 그는 灤河 以東으로 축소시킴으로써 비교적 객관성을 견지하고 있다. 그리고 기자 동래설[44]과 기준(箕準)의 남천을 철저히 배격한 점이다. 끝으로는 왕검성과 낙랑치소의 위치가 평양으로 확언하였으며 한사군의 중요성을 부인하여 거의 거론하지 않는 입장이어서 眞番·臨屯은 무시하였고, 다만 玄菟는 원래 평양이북에 있다가 요하동북으로 옮겼다는 입장이다.[45]

산운의 고대사관에서 다음으로 특기할 것은 봉건제도론이다. 원래 조선민족은 여러 소국(부족)으로 분립되어 각기 부장정치(자치)를 이루어 오

---

41) 단군을 실존인물로 파악한 산운의 입장은 Griffis의 「Corea, The Hermit Nation」 (1832)에 나타난 Dan Kun, The divine being(p.12)과 대조할 수 있다.

42) 「대한역사」 p.232

43) 이만열, 전게논문 p.68

44) 기자의 동래설을 부인하는 근거는 「史記」이전의 중국문헌에 빠진 사실과 국내 문헌이 없다는 점과 두정(杜預)의 '기자묘가 양국몽현(梁國蒙縣, 중국)에 있다'는 설 등에서 찾고 있다. 따라서 산운은 기자의 고적이 곧 고구려의 유적이라는 주장이다(「國史講義」 p.375).

45) 산운의 한4군위치는 단재와 근본적으로 차이가 있다. 그는 낙랑을 철저하게 대동강유역으로 비정하고 있다(「國史講義」 p.376).

다가 단군에 의하여 통일되었지만, 그 후에도 각 부족은 여전히 자치가
계속되었으니 이것이 봉건제도라는 것이다. 즉, 조선의 봉건제도란 중앙
집권적인 군현제와는 다른—또는 그에 앞서는—제도로서,

> 대군주가 제후국을 봉하여 줌이 아니요, 각 부족이 각자 소국을 세
> 운 봉건제도였느니라. 무릇 국가가 상고에는 대개 봉건제도이다가
> (중략) 우리나라는 고조선 및 열국시대를 통하여 약 2천 년간에 봉
> 건제도가 행하여지다가, 약 2천 년 전 삼국시대부터 봉건제도가 없
> 어지고 군현제로 되니라.[46]

와 같이 그것은 부족자치를 의미한다. 이러한 봉건제도는 서양 중세의
Feudalism이 아니라 일종의 Feudal System으로서, Griffs가 지적한 바와
같은[47] 군사적 복무나 군공 또는 새 왕조건설에 기여한 측근에게 주는
토지급여를 통해 본 추측으로 생각할 수 있다. 따라서 산운이 지적한 봉
건제도란 전제왕권의 전단계로서 초기국가의 형태를 지적한 것에 불과
하다.[48] 따라서 그러한 봉건제도를 '인민들의 자유로운 자치정부수립을

---

46) 「조선역사대전」(상고) p.228

47) Griffs, 「Corea, The Hermit Nation」(p.22) 이에 대한 문제는 필자의 '일제 초기
미국선교사의 한국관'(「일본식민지 지배초기의 사회문석」〈1〉, 1987)에서 언급
하였다.

48) 산운이 지적한 봉건제도는 왕권이 미약하여 부족장(加)세력에 의해서 유지된 부
여의 정치형태 즉, 有敵諸加自戰 諸加共立麻余(「삼국지」 30, 동이전)나 신라초기
의 召群公儀征靺鞨(逸聖王 9년, 「삼국사기」 1). 沾解無子 國人立味鄒(味鄒王 1년,
「삼국사기」 2)라는 기록 등을 해석한 것으로 풀이된다.

위한 과도기적 현상'이라는 Hulbert의 지적을 주목할 수 있다.[49] 다만, 우리나라에 있어서는 이와 같은 봉건제도가 발달함에 따라 자치(봉건)소국이 대립이 없이 평화적으로 유지되어 도덕이나 정치생활을 더욱 개발할 수 있었다는 것이다.

산운의 고대사관은 한국상고사의 구체적 체계화나 봉건제도론에서 보다도 웅대한 大高句麗史觀에 집중되어 있다. 따라서 그에 대한 입장은

> 「高句麗史」는 우리 국사의 최대 중요한 부분이다. 우리 국사에서 고
> 구려사를 제외하면 우리 국사는 거의 가치가 없다.[50]

는 것과 같다. 그는 고구려가 부여에 속한 10개의 소국의 하나인 졸본이 역시 같은 소국인 구려의 남부를 점령하면서 성장한 나라로서,[51] 이 나라가 발전된 이유는 상무·의용의 부여전통의 계승에 두고 있다. 이를 보다 구체적으로 살펴보면,

> 엄격한 법률·무예·騎馬射弓·용검투창의 교육제·국민의 단결
> 심·騎射수렵의 풍습·정의·근면한 국민성과 강건한 애국심·남녀
> 의 상무정신[52]

---

49) 윤경로, Homer B. Hulbert의 한국관연구(「韓國思想」, 1981) p.132
50) 「대한역사」(대고구려사) p.102
51) 산운은 졸본·비류·개마·구다(句荼)·만나(滿那)·행인(荇人)·구려·해두·황룡국 등 10개의 소국이 부여에는 있었다고 보았다(「국사강의」, p.374)
52) 「대한역사」(대고구려사) p.103

에서 구하고 있다. 그러므로 고구려의 건국이념은 '안으로는 민족통일과 대국건설을, 밖으로는 적국을 격퇴하여 고조선 고지를 회복함으로써 국가민족을 웅비하는 것'으로 파악하고 있다.

따라서 산운은 고구려는 투철한 애국심과 상무적 용기로 대외정복사를 주도하였는바, 그를 연대순으로 다음과 같이 정리하고 있다.

[표 3] 고구려의 대외 정복사 [( )는 회수]

말갈(만주족) 정복	동명왕(1)·태조왕(2)·서천왕(1)·광개토왕(2)·장수왕(1)
중국인 격퇴 (실지회복)	유리왕(2)·대무신왕(1)·모본왕(1)·태조왕(2)·신대왕(1)·고국천왕(1)·동천왕(2)·중천왕(1)·서천왕(1)·미천왕(1)
선비 정복	유리왕(1)·봉상왕(1)·미천왕(1)·고국원왕(1)·광개토왕(1)
거란 정복	광개토왕(1)·장수왕(1)
왜적 격멸	광개토왕(2)
비려(몽고) 정복	광개토왕(1)
예맥 정복	유리왕(1)·태조왕(1)

이러한 고구려의 외적정복과 격퇴 및 고토회복은 곧 민족통일의 과정을 뜻하는 것으로 풀이된다. 산운은 고구려가 민족을 통일하는데 우선 扶餘에 속해 있던 沸流·荇人·蓋馬·句茶·朱那·藻那國 등을 병합하고, 北沃沮·南沃沮·濊를 통합한 후, 扶餘를 합방함으로써 일단락되었다고 보았다. 다만, 加羅·安羅는 격파하였으며, 백제와 신라를 조공국으로 하였다는 사실을 강조한다. 산운은 봉작(封爵)을 정치적 예속으로 파악하였으니만치, 통일신라의 대당 조공과 봉작을 사대주의 표징으로 멸시한 데 잘 나타나 있다. 이와 같이 민족을 통일하고 극성기를 맞은 고구려(평원·

영양왕대)의 영토는 서쪽으로 산해관까지를 포함하였으며, 인구는 2,800만
으로 계산하였다.[53] 그러므로 잘 훈련된 30만의 상비군(전시병력은 100만)
은 수·당과의 싸움을 승리로 이끌 수 있었으므로, 당시 고구려는 세계
유사 이래, 최대 전쟁에서 대승리하여 '세계 제1의 강국'이 되었다는 것
이다.[54]

고구려의 위대성은 이와 같은 군사적 우월성에만 있는 것은 아니었다.
즉, 산운은 고구려 문화의 특성에 대하여

고구려의 문화는 위대한 것으로 아직 만숙에 달하지 못하고 말았으
나, 그 위대한 점은 신라문화보다 매우 크다. 첫째는 고구려인이 발
명한 石造陵墓建築, 둘째는 平壤市街의 건설 계획완성, 셋째는 세계
적으로 유명한 벽화, 넷째는 고구려인의 佛敎活動, 다섯째는 고구려
인의 문학 및 대학제도 등으로 보아 그들의 문화는 실로 위대한 것
이다.[55]

라 하여 그 우월성과 독창성을 내세우고 있다. 때문에 산운은 기자동래

<hr>

53) 고구려의 인구가 근 3천만이나 된다는 산운의 추측은 반도내 인구(1,240만)와
만주·연해주인구 1,200만, 기타(말갈과 예맥)인구를 합한 수치이다. 그러나 「삼
국사기」(권 22, 보장왕 27년)에는 69만여호, 「구당서」(권 199 동이)에는 69만 7
천호라 하여 대개 350만 정도로 추산되기 때문에 영토가 넓었다 해도 3천만의
인구수는 과장되었다고 생각된다. 오히려 이옥씨는 69만 7천호를 곧 인구수로
파악하기도 한다(「고구려민족형성과 사회」, 1984, p.17).
54) 「대한역사」(대고구려사) p.110
55) 상계서 p.113

설을 부인하는 동시에 기자의 고적을 고구려의 유적으로 간주하고 있
다. 다만, 이러한 고구려가 중국사상의 범람으로 우리 고유정신의 쇠퇴
와 고승대덕의 애국심 부족으로 멸망케 되었다고 통탄한다. 그러나 그
는 고구려가 어디까지나 부여의 민본주의를 계승한 우리고유의 정치제도
로서 官等中心의 봉공제(奉公制)는 보존시켰다고 생각하였다. 그의 고구
려를 보는 시각은 고구려가 우리 고유의 종교로서 조상숭배·제천·제산
천의 사상을 갖고 있으며, 그러한 정신이 독자적인 연호(영락)나 벽화(수렵
도)에 잘 나타나 있다는 것이다. 그러나 말기가 되면 유교에 중독되어 인
심을 혼란시키고 고구려 본래의 재료는 축소화되고 유교식 재료를 빈번
하게 그려 중국식 유교가 되었다는 것이다. 이것은 유학에 박통한 을지문
덕이 중국을 반격(수나라를 격퇴)할 수 있었던 종래의 고구려 정신이 무너
지게 되었음을 뜻한다고 보았다.

다음으로 주목할 것은 산운의 고구려사 시대구분론이다. 그의 구분은
「삼국사기」의 구분과 거의 일치하고 있으나, 그에 대한 설명 없이 「삼
국사기」 내용을 시대별로 해설하고 있을 뿐이다. 그의 고구려사 시대구
분을 알기 쉽게 도해하면 [표 4]와 같다.

아래 [표 4]에서 보듯이 산운은 고구려사를 「삼국사기」에 준하여 나누
었었으며, 제4기와 제5기의 첫머리를 다르게 했을 뿐이다. 제1기는 건
국 및 성장기로서 주변의 군소국과 말갈·선비족을 정벌하는 시기로 생
각한 듯하다. 제2기는 발전기로서 태조왕의 활발한 정복사업(말갈·숙신·
요동·현도·낙랑·대방·예맥·남옥저·예)을 중심으로 민족통일의 준비기로 이해
하고 있다. 제 3기는 고구려의 성장에 따른 대외항쟁기로서 동천·중천·
서천왕의 대중충돌과 고국원왕의 모용씨와의 싸움을 중시하여 외적격

[표 4] 산운의 고구려사 시대구분

구분	시대	연간	「삼국사기」와 비교
제1기	동명왕~모본왕(53)	90(37 B.C.~53)	1·2권과 동일
제2기	태조왕~산상왕(196)	143(53~196)	3·4권과 동일
제3기	동천왕~고국원왕	175(196~371)	5권과 동일(고국원왕은 6권에)
제4기	소수림왕~영양왕	247(371~618)	6·7·8권과 동일(영류왕제외)
제5기	영류왕~보장왕	50(618~668)	9·10권

퇴를 강조한 것으로 보인다. 「삼국사기」가 고국원왕을 제 6권의 서두로 한 것은 미천왕의 낙랑축출보다도 고국원왕의 전연과의 항쟁에 초점을 둔 듯하다. 산운도 고국원왕의 모용씨의 격퇴를 과소평가한 것은 아니지만, 오히려 소수림왕의 문치에 역점을 둔 듯하다. 특히 정치(율령)·종교(불교)·교육(태학) 등을 개선하여 국력배양의 계기가 된 사실을 인정한 것은 사실이거니와, 오히려 외래문화의 전개에 따른 고유습속과 정신의 쇠락에 첫걸음이 된 사실도 지적한 듯하다.

따라서 제 4기는 고구려의 극성기에 해당한다. 산운은 고구려의 극성기를 광개토왕(391~413)·장수왕(413~492)대가 아니라, 600년경인 평원왕(559~590)·영양왕(590~618)대로 생각하는 것이 특색이다.[56] 이것은 아

---

56) 산운이 600년대를 고구려의 극성시대로 본 이유는 ① 약 3천만에 달하는 인구, ② 전시병력의 100만명 소유(상비군은 30만), ③ 막대한 농산물과 우마·광물의 보유, ④ 평양시가·고유한 벽화(강서왕릉)·교학(이문진·혜자)·예술(담징)의 번창, ⑤ 우세한 무기(弓矢刀槍·明光鎧〈명광등〉), 그리고 건전한 국민교육과 애국심, 단결력의 공고함 등을 들었다(「대한역사」 pp.107－108).

마도 수구(隋寇)의 격퇴와 같이 우리민족의 전통이 유지될 수 있었던 사실과 국민의 애국심·단결력의 유지에 근거를 둔 것으로 생각된다. 그리고 마지막 제 5기를 영유왕부터 구획한 것은 당과의 항쟁을 위요한 국가쇠퇴기로 간주한 듯하다. 다만, 고구려는 아주 망한 것이 아니라, 고씨 왕조가 단절된 것에 불과한 것이며, 그 법통은 안승과 발해로 연결된 것으로 이해하고 있다.

산운은 한국사의 대제국인 고구려가 멸망케 된 원인이 근본적으로는 유교적 사상의 범람에 따른 고유정신의 쇠퇴와 고승·도석(道釋)의 애국심 부족을 들지만,[57]

① 고구려 말세 이래로 정치가 부패하고 교육이 퇴보하여 국세가 점점 부진한 것.

② 연개소문이 강력으로 국론을 통일하여 엄법으로 국인을 단속하다가 개소문의 사후에 그런 위인이 없고 도리어 개소문의 독재정치가 붕괴되자 남생 등의 내란이 일어나 인심과 국력이 분열된 것. ③ 고구려는 다년간 전쟁에 물자가 결핍한 것. ④ 당의 발악적 침략 ⑤ 신라의 당군연합[58]

구체적인 원인으로서는 ①, ②, ③ 등을 제시하였다. 이러한 그의 고구려 멸망원인은 아마도 김부식의 주장에 따른 듯하다. 그것은 「삼국사기」

---

57) 「대한역사」(대고구려역사) pp. 262−268
58) 상게서 p. 112

의 내용과 비교해 볼 때,

논찬에 이르기를(중략) 고구려는 진·한 이후 중국의 동북방에 대하여(중략) 난세면 영웅이 일어나 명위를 참절(僭竊)하는 바 되었으므로 위험한 나라이다. 더구나 겸손의 뜻이 없고 봉장(封場)을 침범하여 원수가 되었으며 그 군현에 들어와 살기가 일쑤였다. 고로 전쟁이 잇달아 병화로 편한 날이 거의 없었다. (중략) 중국에 순종치 않고 왕사(王使)를 토실에 가두고 거만한 것이 이와 같았다. (중략) 그러나 시말을 보건대 상하중서가 화목하면 대국이라도 능히 취할 수 없는데, 고구려는 나라에 의(義)가 없어졌고 백성에 仁하지 못하여 백성의 원한을 사게 되었으니 멸망치 않을 수 없었다.

(「삼국사기」 권22 보장왕 27년 말미)

에서의 '不義於國 不仁於民 以興衆怨'의 내용과 '인심이 국력의 분열'과 뜻을 같이한다고 하겠다. 이와 같이 산운은 그에게 깊은 영향을 준 백암이나 단재와는 달리 「삼국사기」를 사료로서 철저히 신봉하여 새로운 「삼국사기」 연구의 단서를 이루어 놓았다. 따라서 그의 고구려사는 곧 「삼국사기」의 해석이며 부연인 것이다. 이와 같은 산운의 고구려관은 그가 강조하는 분류사에 있어서도 중앙관제의 설명에도 나타나있다, 즉 국상은 大盧(대로)가 겸직하였으며, 울절(鬱折)에게 맡기는 대주부와 태대사자가 임명되는 고추대가(古鄒大加)는 각각 재정과 외교를 관장하는 것으로 풀이하였다. 특히 그는 정치사 일변도를 벗어나 각 시대의 제도·신분·학술·풍속 등을 총망라하는 문화사의 서술태도를 견지하여 동시대의 해원(황의

돈)·자산(안확) 등과 함께 분류사 개척에 커다란 공을 세웠다.[59]

끝으로 산운의 고대사관은 고구려 후계자로서 발해사에도 남다른 집념을 보인 점에 독자적인바 되었다.[60] 그의 발해사에 대한 관심은 남북국시대라는 표현이나 풍부한 서술내용에 있는 것은 아니다. 발해는 상무적인 고구려의 계승자로서 대동강 이북의 땅을 지배한 나라였고, 9세기 이후 나당쇠퇴기에 있어서 '극동의 강국'임을 강조하였다. 특히 발해의 고유문자의 발명[61]에 따른 문화의 독창성은 동북아시아 제민족의 모범이 된 것으로 파악하였다.

그러나 '발해문화가 발해를 망하게 한 것은 발해 자신이 고유문화를 버리고 남의 것(당)을 숭상한데 있다고 설파한다. 다만 그가 발해사에서 특히 내세운 것은 발해유민의 독립운동이다. 우선 왕건시대에 100만인의 발해인이 고려에 귀부하였고, 흥요국과 대원국을 중시하였다.

흥요국은 현종 10년(1019)에 강감찬의 거란격파로 감동된 발해인의 부흥운동으로 대연수(발해 태조의 7대손)이 동경(遼陽)에 세운 나라이다. 대연림은 거사 후 고려에 수차 원병을 요청하였으나, 고려 왕실은 이를 외면하여 발해유민의 부흥운동에 차질이 왔음은 사실이다.[62] 또한 산운은 윤관의 여진정벌 후에 고욕·고영창 등이 세운 大元國을 발해 후신으로 강

59) 이기백, 한국사에 있어서의 분류사문제(『한국사학의 방향』, 1978) 및 이태진, 안확의 생애와 국학세계(「역사와 인간의 대응」, 1984) 참조.
60) 산운의 발해사에 대한 성격은 해원(황의돈)과 궤를 같이 하고 있다(박영석, 해원의 민족주의 사학, 「산운사학」 창간호).
61) 「대한역사」(발해사) pp.461−462
62) 김창수, 고려와 흥요국(「황의돈 선생 고희기념 논총」, 1960)
   이용범, 고려와 발해(『한국사』 4, 1977) p.83

조하였다. 대원국의 건국 직후 고려 축하 사신의 파견까지 강조하였으나, 금의 통일이후 실제로 발해유민은 멸망한 것으로 보았다.

산운은 그 외에도 神功后의 신라침공을 부인하면서 그것을 우로(于老) 피살로 간주하고 있다. 이 사실은 「일본서기」에 나타난 仲哀천황 9년 (200) 신라왕 우류조부리지간(宇流助富利智干)의 파일을 두고 말하는 것으로서[63] 그 원래의 기년은 중애 9년(200)인 바, 「삼국사기」(권2)에는 점해 왕 3년(249)에 죽은 것으로 되어 있으며 그가 주로 조분왕대(230~247) 에 활약하고 있어 어느정도 가능한 추론이다. 산운은 엄격한 고증을 생 명으로 하기 때문에,[64] 그의 신공후 정벌과 우로의 연결은 의미가 크 다. 그의 실증적인 연구태도는 태백산의 설명이나, 패수와 패하의 구분 을 위한 풍부한 자료인용에도 나타나 있다. 따라서 그는 특히 윤관의 원 정이 함홍 일대가 아니라, 두만강 일대를 넘어서 만주남쪽까지 확대하 여 지내굉(池內宏)의 함홍평야설[65]을 비판하는 동시에, 「고려사」나 「세 종실록지리지」의 기록을 확인하고 있다.[66] [그림 2]에서 본 바와 같이 산

---

63) 「일본서기」 권9, 신공왕후 1년 12월

64) 산운의 엄격한 고증은 단군에 대한 근거를 다음과 같이 제시하고 있다. ① 「삼국 사기」(권17 고구려 동천왕 21년조), ② 「동국사략」(권1, 단군조선) ③ 「고려사」 (권 58, 지리지, 평양) ④ 「제왕운기」(단군본기), ⑤ 「삼국유사」(권1, 기이1): 「대한 역사」, 한국상고사, p.18

65) 9성의 위치에 대해서 윤병석이 길주성과 공험진(「역사학보」 10, 1958)에서 두만 강 이북에로 池內宏의 기존설을 따르고 있었으나 근래 두만강 이북에로의 북방 설이 대두되었다. 즉 김구진의 공험진과 선춘령비(「백산학보」 21, 1976)와 윤관 9성의 범위와 조선6진의 개척(「사총」 21·22, 1977)이나 방동인의 윤관9성 재고 (「백산학보」 21, 1976)와 고려의 북동지방경역에 관한 연구(「영동문화」 1, 1980) 등에서는 산운의 학설을 계승하고 있다.

66) 「고려사」(권12, 지리지3) 공험진은 예종3년에 방어성을 쌓았으며 일설에는

운은 윤관이 두만강을 건너 두만강
북에 9성을 설치하였다 하여 이 방면
의 연구에 새로운 이정표를 이룩하
였다. 그러므로 예종대에 고려의 강
역이 압록·두만강에 미쳤다는 사실
을 강조하기에 이르렀다. 이것은 현
재까지도 고려의 국경선을 압록강
하구~함흥일대로 생각하는 학계의

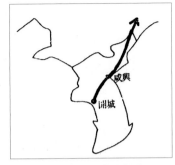

[그림 2] 산운의 윤관 원정도

연구성과에 큰 반성의 자료를 제공해 준다. 따라서 산운의 엄격한 지리
고증은 통일신라의 서북국경선을 청천강까지 확장한 의도에서 엿볼 수
있다. 이에 대한 근거는

① 신라사에 문무대왕이 당병을 격퇴하고 하북하천성을 쌓았다 하였
는데 안북하는 곧 청천강으로 후세에 고려가 安州를 안북부라 한 것
이 그 원인이요, 鐵城은 안주고분을 조사하여 본즉 (생략) 이것은 신
라의 철성임을 알 수 있다. ② 신라사에 궁예가 평양성주 장군(黔用)
의 항복을 받았다고 하였은 즉, 신라가 평양을 점령하고 성주장군을
두었던 것. ③ 신라사에 패서13진이 다궁예에 귀복하였다 하였으니
신라가 패서 곧 대동강의 서쪽에 두었던 것. ④ 평양의 고분을 근년

선춘령동남·백두산동북에 있다고 하였다. 「세종실록」(지리지 권 155)에는 '경원
도후부 4경의 동쪽이 20리, 서쪽이 40리, 북쪽의 공험진은 700리, 동북의 선춘현
은 700여리'라 하였다. 여말 선초의 대다수 사람들은 공험진을 두만강 북쪽 700리
까지의 지역으로 생각하였다(방동인, 앞의 논문, p.80).

에 조사하여 보니 고구려 벽돌이 최하층에 있고 그 위에는 신라벽돌
이 있으며(중략) 평양의 重興寺址에 신라 금불을 발견하였으니 이런
유물을 보아 확실히 신라가 평양을 영유하였던 것을 알 수 있다.[67]

는 것 등이다. 「삼국사기」에는 분명히 浿水則大同江是也라 하여[68] 패수
는 대동강이라 하였으나 산운이 지적한 통일신라에 있어서 9주 5소경 외
에 2도의 중치를 주목할 필요가 있다. 그는 신라북방에 패서도(평안남도)
와 패강도(황해도)가 있었다고 하였거니와 특히 패서도에 상원(토산현)·
중화(당악현) 등의 대동강 이남 지역보다도 용강·덕천(장덕)·순천(정웅)·
자산(태안)·안주(방원)·개천(안수) 등 대동강이북 지역이 중심이 되고 있
다.[69] 문제는 이를 뒷받침하기 위해서는 통일신라가 대동강이북에 통치
권이 미쳤으며, 실제로 외관이 파견되어 행정구역을 설치하였느냐의 문
제에 있다. 「삼국사기」의 내용에서 즉,

「文武王 15年 秋 9月 19日 李謹行率兵 20萬屯買肖城 我軍擊走之(中
略) 緣安北河投關城又築鐵關城」 (권7)

에서의 안북하가 덕원에 있는 강이 아니라 청천강이라는 산운의 견해는
뒷받침할 근거는 없지만, 일단 믿을 수 있는 견해가 될 수도 있다. 즉,

67) 「국사개론」(「신라사연구」) pp.551-552
68) 「삼국사기」 권37 잡지6 (지리지 4) 고구려
69) 「대한역사」(신라사) p.392

철관성은 지내굉의 덕원설에[70] 따르지 않더라도 그곳에는 철관이 있어
[71] 산운의 주장은 근거가 희박하다. 문제는「삼국사기」(권35)의

重盤郡 本高句麗息城郡 景德王改名 今安州

라는 사실의 해석문제이다. 이때의 안주는 재령과 안주의 두 곳이 같이
나오기 때문이다. 이 두 가지의 내용을 비교정리하면 아래와 같다.

(1) 載寧郡 本高句麗息城郡 一云漢城郡 一云乃忽 新羅景德王 改重盤 高
  麗初改稱 安州成宗置 防禦使 顯宗初革防禦使屬安西都護府[72]
(2) 安州牧 本高句麗息城郡 新羅景德王 改重盤郡 高麗太祖改彭原郡
  十四年置安北府成宗稱寧州 安北都護府[73]

라 하여 安州(재령과 안주)가 두 곳에 똑같이 나타나지만 여초의 안북도
호부는 안주에 있어,[74] 재령보다는 안주가 맞다고 생각된다. 태조 원년
에 서경을 개척하였다면,[75] 그곳보다 훨씬 남쪽에 있는 재령을 개척하

---

70) 지내굉(池內宏)「만선지리역사연구보고」11, pp.119-120
71) 「신증동국여지승람」(권19: 덕원도호부)에 鐵關在府十五里 石築周一 千四百三尺
  이라고 한데서 덕원에 철관이 있다는 것을 알 수 있다
72) 「신증동국여지승람」권42, 재령
73) 동상 권 52, 안주
74) 이기백, 고려지방제도의 정비와 주현군의 성립(「고려병제사연구」1968) p.193
75) 「고려사」(권1, 태조원년 3월)에 평양이 고도로서 황폐하였으나 그 바탕이 남아
  있어 동생 식겸을 보내서 광평성시랑 열평을 보내서 지키게 하였다.

기 보다는 북쪽의 안주를 개발하는 것이 필요하기 때문이다. 아무리 평양이「荒廢雖久 基址尙存 而荊棘滋茂」하다고 해도(「高麗史」권1, 태조원년 9월조) 태조 즉위 직후 번잡한 일이 산적해 있었는데도 서경경영을 할 수 있었다는 것은 이미 청천강~대동강 일대가 신라영토로 편입되었기 때문에 가능했을 것으로 추측된다. '基址尙存'이란 신라 이래의 문화적·역사적 전통을 의미하는 것이며, 태조원년에 鹽·白·黃·海·鳳州民(봉주민)을 그곳으로 옮길 수 있었던 것도,[76] 산운의 지적처럼 대동강이북으로 신라통치권이 미쳤을 것이라는 가능성을 뒷받침 할 수 있다. 다만 평양성주黔用(장군)의 투항은 나말의 호족이 평양성주·장군을 지칭한 것이기 때문에 그의 투항이 신라의 평양경영설을 뒷받침 할 수는 없다. 그러나「삼국사기」의 안주·중반군설은「안주목읍지」(建置沿革)에서와 같이 현재의 안주로 비정할 수 도 있을 것이다. 더구나 황폐된 평양을 태조원년에 대도호부를 삼고 남쪽지방(염·백·황·해·봉주)의 인민을 옮길 수 있었다는 것은 이미 그곳이 신라이래의 행정적 지배체제하에서 통치되었기 때문에 가능하였을 것이다.

4. 맺음말

이상에서 우리는 한국고대사를 바탕으로 성립된 산운 장도빈의 역사인식을「대한역사」를 중심으로 그의 저술을 통해 찾아보았다. 그는 한

---

76)「고려사」권58, 지리지 3 서경유수경 평양부

국사의 시대사중 특히 고대사를 강조하였고 엄격한 문헌고증을 통해 한국고대사를 복원하는데 심혈을 기울였다. 그의 역사 복원은 한국사의 체계화에 분명히 나타나 있다. 따라서 그는 백암·단재 등으로 발전된 민족사학을 계승 확장시킨 장본인으로서 그들과는 다른 독자적인 역사 인식체계를 수립하였다. 특히 그는 단재와 달리「삼국사기」를 문헌으로서 그 가치를 인정하였으며, 민족사의 영역이나 상무적 애국정신의 추구는 민족사학계열의 정신사관과 궤를 같이 하였으나, 단재와는 달리 철저하게 상무적 고유정신체계를 한국사의 기본사상으로 파악하였다.

산운의 역사 인식체계는 우선 민족성의 우월론에 입각한 애국정신과 자아의식의 부각이다.

그는 국가 흥망성쇠가 곧 상무적인 애국심의 존부에 있는 것이기 때문에, 고구려나 신라의 멸망도 말기에 유교 위주의 한학에 중독된 데 있다고 보았다. 따라서 담징이나 혜자의 도일은 애국심의 결핍 행동으로 간주한 것이다. 산운의 민족자주의식은 충효사상도 유교 이전에 있었던 우리 민족 고유의 사상체계로 간주한 것도 그의 민족정신의 우월성에서 찾은 것이다.

다음으로 산운의 역사 인식체계는 고대사위주의 한국사의 체계화이다. 단군을 실존인물로 파악한 후, 우리나라의 흐름을 고조선(단군조선)-7열국시대(부여·조선·마한·진한·변한·예·옥저)-3국시대(고구려 위주)-남북국시대로 연결시킨 후, 고려를 고대(근고)에 포함시키고 있다.

무엇보다도 그의 통일신라의 전성과 유득공(「발해고」)의 남북국시대를 이어받아 한국고대사의 체계화를 전개하여 그 후 현대 한국고대사연구자들에게 이어져 오늘날 우리는 고대사의 계보를 이해하게 되었다.

셋째로 산운의 고대사 인식은 대고구려사에서 그 절정을 보게 된다. 고구려는 세계 제일의 강국으로서 민족을 통일한 대제국으로 파악하였다. 따라서 668년의 평양함락은 단지 고씨 왕조가 망한 것이며, 그 혈통은 안승·발해로 연결되어 그 후 홍요국과 대원국까지 연연히 계승된 것으로 간주하였다. 결국 그는 우리 민족 고유의 상무적 애국정신과 자주독립 사상을 고구려의 대외항쟁과 민족통일에서 찾고 있었다.

넷째로 산운의 역사 인식체계에서 특기할 점은 철저한 문헌고증과 그를 뒷받침하는 자료의 제시이다. 그는 한사군의 문제는 거의 제외하였으며, 기자·낙랑문제에서는 평양지방의 유물·유적에 의한 새로운 해석을 꾀하였고, 또 사실고증에 있어서 냉정한 객관성을 견지하였다. 그러나 그는 통일신라의 국경선을 청천강~원산만으로 인정하기 위해서 치밀한 근거를 제시하였고, 북상시킨 고려의 국경선이나 두만강유역의 9성의 위치 문제 등은 오늘날 한국 사학계의 큰 반성의 계기를 이룩하였다.

끝으로 산운은 한국사의 해석에 있어서 몇가지 독자적인 견해를 피력하였다. 그가 민족사학의 맥을 이어 오면서도 그들과 다른 견해를 가진 데서 그의 독특한 사학사적 위치를 확인할 수가 있다. 즉「삼국사기」의 사료적가치 인정, 낙랑군의 중심지로서 평양의 확인, 백제의 해외 진출이나 민족사영역에 대해서는 냉정한 객관성을 유지하였다. 그러나 열국시대의 봉건제도라든가 석우로전설과 신공후신라정벌을 연결시킨 점, 그리고 한국고유의 신앙체계로서 충효사상은 그의 독자적인 역사해석이라 할 수 있다.

그러나 무엇보다도 그는 동시대의 민세가「기·지·치」의 이론에 입각한 철저한 언어학적 접근[77]을 배격하고 시종여일 철두철미 문헌고증에 치중한 것은 현대 한국사학계에 준 그의 가장 큰 영향이라 하겠다. 산운의 사학사적 위치를 확인하기 위해서는 단재 등 그에게 영향을 준 인물과의 연결과정은 물론, 그와 동시대의 해원이나 위당·호암·민세 등과 비교 검토가 요망된다. 산운은 김부식을 철저한 사대주의·모화주의자로 비판하였음에도 불구하고 「삼국사기」 기록을 고대사해설의 기준으로 삼고 있어 혼선이 있게 된다. 그러나 「삼국사기」가 없었다면 우리고대사의 이해는 불가능했다는 사실은 인정되고 있다. 김부식의 견해와는 달리 한국고대사의 위상을 부각시키고 있다.

---

77) 한영우, 「안재홍의 신민족주의와 사학」, pp.17-23

4
.
산운의 신라사관

1. 서언

산운 장도빈은 구한말 이후 해방 전후기에 언론인·항일운동가·교육
활동가로 활약하였으므로 사학계의 선구자로서는 크게 알려지지 않았
다. 그러한 이유는 당시 사학계의 대표적 원로인 백암과 단재의 명성이
높았으며, 더구나 백암의 추천으로 언론 활동을 하게 되었고, 단재와 더
불어「대한매일신보」에 논설을 쓴 경력이 있었기 때문이었다. 그러나
28세(1916)에 최초의 국사개설서인「국사」를 간행한 이후 6권의 국사개
설서를 발간하면서 동시에「원효전」과「린컨전」(1917)을 쓴 이후 수많
은 위인전을 썼으며 그러한 과정 속에서 고구려사와 신라사·남북국 시
대를 통해 한국고대사 체계화를 이룩한 주인공이 된 이후 민족주의 사학
자로 커다란 업적을 남기게 되면서 그에 대한 사학계의 관심이 나타나게

되었다.[78)]

그러나 산운은 백암과 단재의 영향을 받아 민족주의 사학자로서 특히 백암의 혼백 사상과 단재의 아와 비아(非我)의 이론과 영웅의 의미(위상)에 따른 고대사 위주의 역사 인식[79)]의 영향을 받아 역사서술에 대한 가치를 느껴 국사와 위인전을 통해 민족의식과 애국사상을 강조한 현대 한국사 연구의 선각자가 된 것이다.

무엇보다도 김부식을 비판한 산운은 단재의 영향을 받아 고대사에 대한 중요성을 강조하여 국사를 서술하면서 「삼국사기」 기록을 통해 고대사의 인식으로 단재와 다른 신라사의 위상과 남북조시대를 바탕으로 고대사 체계화에 남다른 관심을 보여준 것은 큰 의미가 있어 그의 신라사관을 정리해보고자 한다.

동시에 무엇보다도 고대사의 변화과정(특히 신라)의 해석을 인간의 변화과정과 같이 출생(건국)-성장(발전)-전성(극성)-노쇠(쇠퇴)-사망(멸망)의 순환과정으로 설명하고 있어 Spengler(「서구의 몰락」)와 Toynbee(A Study of History)가 제시한 생물학적 순환론(소년〈봄〉-청년〈여름〉-장년〈가을〉

---

78) 김창수, 산운 장도빈의 민족주의 사학(「산운사학」 창간호, 1985)
   김중희, 「산운 장도빈」(산운학술문화재단, 1985)
   신형식, 산운 장도빈의 역사인식(「산운사학」 2, 1988)
   김동환, 「장도빈」(한국독립운동사연구소, 2012)
   김희태, 「산운장도빈」(동국대 박사논문, 2012)
79) 이만열, 「박은식」(한길사, 1980)
   _____, 「신채호의 역사학연구」(문학과 지성사, 1990)
   신일철, 「신채호의 역사사상 연구」(고려대 출판부, 1981)
   신용하, 「박은식의 사회사상연구」(서울대 출판부, 1982)
   _____, 신채호의 사회사상연구(한길사, 1982)
   최홍규, 「신채호의 민족주의 사상」(단재선생 기념사업회, 1983)

- 노년〈겨울〉: Genesis - Growth - Breakdown - Disintegration)보다[80] 앞서서 우리나라 역사변화과정을 설명한 선각자로서 국사연구에 새로운 지평을 이룩하였다.[81]

이를 바탕으로 필자는 산운의 국사개설서와 여러 위인전의 분석을 통해 그의 국가주의 사상과 고구려사 위주의 고대사관을 확인하였으나, 그러한 과정 속에서 가려져 왔던 신라사에 대한 구체적 인식을 찾지 못한 것은 사실이다. 그러므로 산운의 고구려사 중심의 고대사 인식 속에서 신라사의 위상을 찾아 신라의 통일의식과 묻혀있던 남북국론이 손진태로 이어져 고대사의 체계화를 정리하여 신라사관의 의미를 찾아보려고 한다.

2. 산운의 신라사시대 구분론

역사서술의 한 방편으로 시대구분이 널리 이용되고 있는 것은 사실이다.[82] 동시에 그것은 역사의 일반적 성격을 찾으려는 노력으로서 역사체계화의 대표적 수단이기 때문에, 많은 선학들이 각기 자신의 시대구분론을 제시해왔다. 따라서 그러한 시대구분은 필자의 역사관을 반영해주기 마련이다.[83]

---

80) 박성수, 순환론적 역사관(「새로운 역사학」삼영사, 2005)
81) 신형식, 장도빈(「한국고대사서술의 정착과정연구」경인문화사, 2016)
82) 차하순, 시대구분의 이론적 기초(「역사학보」 45, 1970)
83) 시대구분의 기준을 「삼국사기」에서는 왕통을 중심으로 3대로 구분하였다. 上代

　산운 장도빈은 단재와 같이 한국사의 체계화에 많은 노력을 한 바 있었다.[84] 고대사가 중심이 된 산운의 한국사서술은 단재의 고대사관을[85] 철저히 계승한 것이지만, 그는 단재와 달리 고대(상고·중고·하고)·근세· 최근으로 중세가 없는 시대 배열로, 백암의 근대사 편년도 수용하고 있었다.[86] 다만, 산운은 단재와 근본적으로 달리 「삼국사기」를 철저하게 분석함으로써, 애국심과 국수가 보존된 고대사에 대한 끝없는 신뢰와 애착을 갖고 있었다.

　그러나 그의 시대구분론은 초기의 서술(「국사」, 1916)과 후기의 저서(「대한역사」, 1959) 사이에는 근본은 같지만 상당한 변모와 차이를 발견할 수 있었다. 이것은 그의 역사서술이 시기에 따라 변화되고 있음을 나타낸 것으로 주목을 요한다. 다시 말하면 그는 단재나 백암의 진화사관에 영향을 받았지만[87] 점차 자신의 역사 인식이 일제와 해방 이후 사이에는 커다란 발전이 있었다는 사실이며, 동시에 민족사학의 학풍도 끊임없이 달라지고 있다는 사실이 그에게 영향을 보여주고 있었다고 하겠다.

　우선 산운은 그의 「국사」에서 한국사 내용의 변화과정을 왕별로 체계화시켰다. 그러므로 그는 신라사뿐 아니라 고구려사도 시대 순으로 나열하되, 업적이 큰 왕을 중심으로 서술하고 있다. 이러한 왕 중심의 시대구

　는 시조에서 진덕여왕까지(B.C.57~654), 中代는 무열왕에서 혜공왕까지: 654
　~780, 무열계, 下代는 선덕왕부터 경순왕까지(780~935)로 되어있다.
84) 졸고, 앞 글 p.9
85) 이만열, 앞 글 p.61
86) 백암 박은식은 상고·중고·현대의 계기적 발전론을 제시함으로서 사회진화론을
　　이해하고 있었으며 대체로 근대사의 체계화에 노력하였다(신용하, 앞 글 p.160)
87) 신용하, 앞 글 p.172

분은 전통사회에 있어서 군주의 역할이 절대적이었으므로 그 시대인식의 대표적 방편이었음은 물론이다. 때문에 그는 「조선 10대 위인전」에서도 6명의 군주(단군·동명왕·온조왕·혁거세·광개토왕·대조영)를 포함시키고 있었으며,[88] 6명의 왕 중에서 5인이 시조였음에 창업(건국)의 의미를 엿볼 수 있다. 따라서 그는 역사에 있어서 개국의 의미에 큰 비중을 둔 듯하다. 결국 그는 독립과 영광을 바탕으로 한 '정신상 국가'가 영토와 군대를 배경으로 한 '형식상 국가'의 모체임을 강조한 단재의 입장에다[89] '국혼과 국혼이 융합'된 백암의 사상을[90] 결합시켜 국가주의 사상의 기저로 이해하려는 생각을 갖고 있었다.

산운은 신라사를 삼국시대와 남북국시대로 대별하였으나, 전자에 비중을 두고 있다. 그리고 그는 각 시대를 왕에 의해서 구분하되, 점차로 역사발전을 Spengler나 Toynbee보다 먼저 제시한 성장―융성―쇠퇴(문약)―멸망이라는 순환론적인 서술을 기반으로 하고 있다.[91] 이러한 그의 사회진보론적인 서술은 박은식의 사회진화론에 영향을 받은 듯하다. 즉, '도태의 화'를 면하는 방법이 꾸준한 자기변화로서 백암의 진보사관을 전적으로 수용한 것이다.[92] 그러나 「국사」의 경우는 이러한 진보사관이 뚜렷하

---

88) 산운은 「조선 10대 위인전」에 열거한 6인 외에 을지문덕·천개소문·강감찬·이순신 등을 들고 있다.

89) 신용하, 신채호의 애국계몽사상(상), 「한국학보」 19, 1980, p.16

90) 신용하, 박은식의 역사관〈상〉, p.145

91) Spengler(「서구의 몰락」)과 Toynbee(「A Study of History」)에서 제시된 문화발전의 순환과정은 비슷한 발전단계(소년〈봄〉: Genesis―청년〈여름〉: Growth―장년〈가을〉: Breakdown―노년〈겨울〉: Disintegration)는 널리 알려진 사실이다.
박성수, 순환론적 역사관(「새로운 역사학」 삼영사, 2005) pp.416―432
신형식, 장도빈(「한국고대사 서술의 정착과정연구」, 경인문화사, 2016) p.285

지는 않았으며, 주로 역사변혁의 주체로 왕을 앞세우고 있었다.

[표 1] 「국사」의 신라시대 구분

시대구분	존속된 왕	연대(존속기간)	포함된 왕
창업기	시조~파사왕	B.C.57~112(169)	남해왕·유리왕
발전기	미추왕~무열왕	261~661(400)	내물왕·법흥왕·진흥왕·진평왕
전성기	문무왕~혜공왕	661~780(119)	문무왕·신문왕·성덕왕·경덕왕
쇠퇴기	선덕왕~정강왕	780~887(107)	원성왕·헌덕왕·신무왕·문성왕·정강왕
멸망기	진성여왕~경순왕	887~935(48)	효공왕·경명왕·경순왕

[표 1]에 따르면 위와 같은 단계적 순환론의 시대구분은 하지 않았지
만 크게는 창업·발전·쇠퇴기로 구분되고 있으나 그 내용을 보면 위와
같은 5단계의 형태이며 파사왕 때부터 신라가 국가체제를 갖추기 시작
되었고 미추왕(261~284) 때에 김씨 왕통이 시작된 것이 발전의 계기가 되
어 법흥왕·진흥왕 때에 강국이 되어 무열왕 때 백제정벌이 가능해져서
전성기의 기틀이 마련되기 시작하였다는 것이다. 그러므로 문무왕(661~
681) 이후 전성기가 되었으나 선덕왕(宣德王) 이후 내물계 왕통이 재생되
었으나 쇠퇴기가 되어 왕위쟁탈전(원성왕의 두 아들 계통)이 전개되었으며
진성여왕(887~897) 이후 박씨 왕통의 등장과 지방세력(호족)의 등장 그리
고 후삼국의 갈등기로 신라의 멸망기가 되었다는 것이다. 결국 그의 시대
구분은 어디까지나 왕을 앞세워 그 활동에서 시대변화의 모습을 나타내

---

92) 신용하, 앞 글, p.172

고 있어 자신이 쓴 위인전의 의미를 보여주고 있다.

　그러나 산운은 그의 다음 저술인 「조선역사요령」(1923)에서는 기본방향을 「국사」와는 약간 다른 시대구분을 하고 있다. 여기서 그는 고구려와 비슷하게 고대사를 구획하였는바, 신라사 역시 전기(건국~흘해왕)와 후기(내물왕~통일), 그리고 남북국시대로 3분하고 있다. 특히 그는 각 시대의 명칭을 제시하지는 않았으나, 그것을 정리하면 [표 2]와 같다.

[표 2] 「조선역사요령」의 신라사 구분

명칭		시기	연대(기간)	포함된 왕	존속기간
전기	창업기	혁거세	B.C.57-A.D.4(61)	혁거세	B.C.57-356 (16왕) 413년
	성장기	남해왕-나해왕	4-230(226)	남해왕·파사왕(9왕)	
	변천기	조분왕-점해왕	230-261(31)	조분·점해왕(2왕)	
	전란기	미추왕-흘해왕	262-356(94)	미추·흘해왕(4왕)	
후기	발전기	내물왕-소지왕	356-500(144)	내물·자비·소지왕(5왕)	356-661 (12왕) 305년
	진흥기	지증왕-진덕왕	500-654(154)	지증·법흥·진흥·진덕왕(7왕)	
	흥융기	무열왕	654-661(7)	무열왕	
남북국	전성기	문무왕-경덕왕	661-765(104)	문무왕·성덕·경덕왕(6왕)	661-935 (25왕) 274년
	문약기	혜공왕-정강왕	765-887(122)	혜공·경문·정강왕(12왕)	
	멸망기	진성여왕-경순왕	897-935(48)	진성·경순왕(7왕)	

　실제로 산운은 고구려사를 광개토왕을 분수령으로 전·후기로 나누었으며, 이에 따라 신라사도 내물왕을 계기로 전·후기로 구분하였다. 특히 그는 각 시대의 명칭은 뚜렷하게 내세우지는 않았으나, 논지의 전개상 전·후·남북국시대라는 대전제 하에서 '성장-발전-전승-흥융-문약-멸망'이라는 시대변천의 논리를 제시하고 있다. 이러한 시대구분은 「국사」의 경우보다 다른 시각에 의한 것으로서, 막연히 왕 중심의 구

분에서 크게 벗어나 사회발전에 초점을 맞춘 것으로 이해된다. 무엇보
다도 역사발전에 있어서 생존경쟁과 전쟁을 강조하고 있으며, 필요과정
의 단계를 설정한 산운의 시대구분론은 백암이 강조하는 오랜 세월의 피
나는 과정(꾸준한 노력)과 함께

> 대체로 인류는 경쟁의 무대에서 성장하고 모험으로 맹진하는 과정
> 에서 전쟁의 힘든 시련을 걷는다
> (大凡人類 立於競爭舞臺 而冒險猛進 力戰古鬪)[93]

와 같은 경쟁·갈등에 따른 고통의 역사를 거친다는 논리를 계승했다고
볼 수가 있다. 산운은 무엇보다도 역사발전에 있어서 전쟁과 통일과정을
강조하였으며, 곧 이은 전성기에 따른 무분별한 중국문화의 수입으로 무
비와 국수(國粹)가 해이되고 문약으로 멸망한다는 주장[94]은 백암이나 단
재의 견해를 그대로 이은 것이다. 특히 산운은 고구려가 무용에 있어서
세계 제일의 강국이라는 사실과[95] 신라가 문명의 극성이라는 입장을 동
시에 강조함으로서, 그 스스로 단재의 문무쌍전론이나[96] 백암의 국백·
국혼의 융합과[97] 그 뜻을 같이 한다고 할 수 있다.

그러나 산운이 고구려의 극성기를 광개토왕(391~413)이나 장수왕(413

---

93) 박은식, 「한국독립운동지혈사」(결론)
94) 장도빈, 「조선역사요령」(신라의 문물) p.172
95) 산운이 고구려를 세계 제일의 강국으로 주장하는 근거는 60년에 걸친 수당과의 전쟁을
세계유사이래 최대전쟁으로 보고 이에 대응한 사실을 들고 있다. 「대한역사」 p.110
96) 신용하, 신채호의 애국계몽사상(하) p.89

~492)대로 보지 않고, 평원왕(559~590)과 영양왕(590~618)대를 극성기로 생각한데서 차이를 나타내기 시작하였다.

이러한 근거로 산운은 무비(武備)·무기·애국심·단결력(수군의 격퇴) 등만이 아니라, 무비의 표현인 수군격퇴와 국수문화의 상징인 국사편찬이 결합되었다는 사실이다. 그는 즉 을지문덕에서 보여지는 '문무합동'에서 그 본질을 찾고 있었다.[98] 그러므로 우리는 고구려 멸망의 원인을 고유정신(상무정신)의 쇠퇴와 고승대덕의 애국심부족에서 구하고 있음과 같이, 신라의 멸망도 왕의 실정에 따른 도적의 봉기와 정치적 분열보다도 문약에서 찾고 있는 산운의 역사관을 이해할 수 있을 것이다.

그 후 50년대 초에 나온 「국사강의」(1952)는 고구려사 위주의 전·후기 구분을 배제하고 독자적인 신라사구분을 꾀하고 있다. 특히 그는 종래 고구려사속의 백제·신라사 서술형태를 지양하고 신라건국을 서두에 두었으나,[99] 전반적 구분은 「조선역사요령」과 큰 차이가 없었다.

다만 「조선역사요령」과 「조선역사대전」에서는 지증왕·무열왕이 강조되었으나, 「국사강의」에서는 진흥왕이 크게 부각되고 있다. 이러한 사실은 그가 「조선사상사」(1925)에서 진흥왕을 '국가주의자'로 내세운 것과 연관시킬 수 있었다.[100]

산운이 지적한 국가주의론은 국사·국악·국선도·國祭(팔관회)·국토개척 등을 바탕으로 국가 확장을 의미하고 있어, 마치 백암의 국백·국혼의 실질적 결합이며, 그 구체화의 사상(의식)으로 이해할 수 있다. 따라서 그

97) 신용하, 박은식의 역사관(상) p.148
98) 장도빈, 「대한역사」대고구려문화사, p.261
99) 「국사강의」 삼국의 건국 p.385

것은 신라융성의 기반으로서 민족정신의 표징으로 간주하고 있었다. 그
의 신라사시대구분은 다음 두 책에서 보여준다.

[표 3] 「국사강의」의 시대 구분

구분	명칭	왕조	연간	포함된 왕
창업	건국기	혁거세	B.C.57—A.D.4(61)	혁거세
	발전기	남해왕—소지왕	4—500(496)	남해왕 이후 내물·소지왕(20왕)
발전	융성기	지증왕—법흥왕	500—540(40)	지증왕—법흥왕(2왕)
	확장기	진흥왕—진지왕	540—579(39)	진흥왕—진지왕(2왕)
	경쟁기	진평왕—진덕왕	579—654(75)	진평왕—선덕왕—진덕왕(3왕)
극성	극성기	무열왕—문무왕	654—681(27)	무열왕—문무왕(2왕)
	문명고조기	신문왕—경덕왕	681—765(84)	신문왕·성덕왕—경덕왕(5왕)
쇠퇴	쇠세기	혜공왕—정강왕	765—887(122)	혜공왕·원성왕·정강왕(15왕)
멸망	멸망기	진성여왕—경순왕	887—935(48)	진성·경애·경순왕(6왕)

[표 3]에서 본다면, 그의 시대구분의식은 역사의 발전과정과 비슷한
경로를 거친다는 것이며 전쟁기를 삼국경쟁기로 생각하였고 전성기를
극성기(정치)와 문명고조(문화)로 나뉘어 생각하였다. 따라서 그의 시대
구분 의식은 대부분 비슷한 과정을 갖고 있었다.

산운의 신라사구분은 「대한역사」(1959)에서 그 결실을 보인다. 「대한
역사」가 그의 사관을 대표하는 저서이기 때문에, 우리는 그 속에서 산운

사학의 성격을 찾을 수 있으리라 여긴다. 즉, 그는 고구려의 성장과정을 전술한 바와 같이 '건국—외적정복—민족통일—극성—쇠퇴'의 순으로 이해하였다. 따라서 그는 국가발전에는 반드시 외적퇴치(정복)와 통일과정을 거쳐야 한다는 논리를 제시하였다. 이러한 그의 역사발전론은 백암이 역사의 진화에는 경쟁과 갈등을 수반하는 것이며, 억압과 반항의 과정으로 풀이한 진보사관을 발전적으로 계승한 것은 분명하다.[101] 그가 「대한역사」에서 제시한 신라의 시대사구분은 [표 4]와 같다.

여기서 볼 때 역사의 성장은 주변과의 투쟁과 통합을 의미하는 것이므로 신라는 진한의 맹주가 되는 최초의 통합과정을 거치게 된다. 이것이 신라발전의 제 1보라는 것이다. 여기서 주목할 사항은 출발기에서의 시련과 주변국의 위협은 흥융(발전)의 바탕이 된다는 것이며 이어 극성기를 지나 멸망기로 연결되고 있다. 단순한 통일이 아니라 문화의 고조, 그리고 후반기에 이르러 쇠퇴기(사대주의와 사치의 유형을 지적)를 지나 멸망기로 이어지고 있다.

[표 5]와 같이 진한을 통일한 신라는 이어 백제·가야·말갈·일본(왜) 등과 부단한 충돌을 경험케된다는 것이다. 이것은 발전의 제 2보로서 국토보존과 확장의 과정인 것이다. 여기서 주목할 것은 실성의 고구려 인질은 신라의 대외투쟁의 일환이지만, 산운은 그 속에서 신라는 고구려의 무비·문화·정치 등을 수입하여 흥융의 바탕이 되었다는 사실을 간파하지 않고 있다. 여기서 산운은 역사발전의 동인이 외래문화의 수용에 두는 타율성론에 젖어있는 듯한 인상을 받는다. 이때 신라는 나제

101) 신용하, 박은식의 역사관(상) p.173

동맹으로 고구려에 대항할 수 있었고,[102] 소지왕 때는 고구려에 잃었던
국토를 회복한 것으로 풀이한다.

[표 4] 「대한역사」의 신라사 구분

내용	시대구분	특징	시기	연대
출발기	건국	건국	혁거세	B.C.57-A.D.4(61)
	발전기	진한의 통일	남해왕-조분왕	4-247(243)
흥융기	대외항쟁기	3국·왜와 항쟁	점해왕-소지왕	247-500(253)
	흥융기	6가야 통합	지증왕-진흥왕	500-579(79)
	확장기	제·려멸망	진평왕-무열왕	579-661(82)
극성기	극성기	통일·문화의 고조	문무왕-경덕왕	661-675(14)
쇠퇴기	쇠퇴기	사대주의 만연	혜공왕-문성왕	675-857(82)
	말세	사치·후삼국	헌안왕-정강왕	857-887(30)
멸망기	멸망	멸망	진성여왕-경순왕	887-935(48)

[표 5] 진한의 통합과정

시기(재위년)	통합국(연도)
유리왕(24~57)	이서국(19년: 42)
탈해왕(57~80)	거칠산국·우시산국(23년:79)
파사왕(80~112)	입독국(102)·비지국·다벌국·초팔국
벌휴왕(184·196)	소문국(2년: 185)
나해왕(196-230)	골벌국(236)
조분왕(230~247)	감문국(2년: 231)

신라는 지증왕을 계기로 크게 흥융의 길을 걷게 되는바,[103] 그것이 가야의 통합으로 이어진다. 그리고 제·려의 멸망으로 국토를 확장하게 되었으며, 그러한 민족통일은 신라문화의 극성기가 도래하게 되었다. 그러나 곧 이은 사대주의·모화사상의 유입으로 쇠퇴·말세를 지나 멸망한다는 것이 산운의 신라관이다. 다시 말하면 산운은 초기의 시대구분론은 왕별로 체계화되었으나, 점차 '건국—대외항쟁(정복)—통일—극성—쇠퇴'의 과정을 걷게 된다는 것이다. 그 예를 고구려와 신라의 초기성장과 제·려의 멸망에서 찾았으며, 통일 후 신라사회의 변화상에서 구체적 사례를 발견하고 있었다.

이와 같이 산운은 역사의 전개과정을 성장과 항쟁, 흥융과 전쟁, 통일과 극성, 쇠퇴와 말세의 단계를 걷는다고 진보사관을 보여주고 있었다. 그러나 그의 이러한 역사서술은 단순히 단재나 백암의 진보관을 계승한 것이 아니라, 자기정신, 자기신념의 확인을 거쳐

세계의 문화는 날로 진보하나니 이것이 인류진보의 현상이라. 고로 어떤 민족이던지 반드시 날로 노력(시련)하야 문화상진을 실현하고 동시에 타인의 개척한 문화를 시급히 모방하야 대개 항상 자기가 선

---

102) 나제동맹에 대한 필자의 견해는 고구려의 남하에 대한 제라의 공수동맹이라는 입장이 아니라, 고구려 세력을 배제하려는 신라의 자립운동이며 국력신장수단이라는 논지를 밝힌 바 있다(졸저,「한국고대사의 신연구」1984, p. 208).

103)「삼국사기」(본기)의 내용에도 지증왕대는 정치기사가 급증(75%)하는 동시에 정치·경제적 변혁도 수반되었으며, (졸저,「삼국사기 연구」1981, pp. 40-41)「삼국유사」에도 중고는 법흥왕대부터 기록되었으나, 사회의 발전과정에서도 지증왕 때부터 법흥왕·진흥왕으로 이어져 중고대라 해도 무방하다(졸저,「신라사」1985) pp. 102-103.

두에 서야 하나니(중략) 이것이 민족의 생존경쟁이라. 일언으로 단

할 진대, 세계문화에 병진하는 민족은 생존하고 세계문화에 낙오하

는 자는 멸망하는 것이다.[104]

라고하여 부단한 문화경쟁을 통한 세계문화의 수입으로 부단히 발전한
다는 것이다. 그러므로 산운은 우리 민족의 생존과 번영이 이러한 세계
문화의 수용에도 기초하는 것은 물론이지만, 그 진보의 바탕이 된 교육
과 식산을 무엇보다도 중시함으로서,[105] 그 자신의 진화론을 뒷받침하
고 있다.

산운의 6편에 걸친 국사개설서에서 보여진 신라사의 변화과정을 정리
하면 다음의 [표 6]와 같다. 특히 산운은 신라사의 전개과정에서 고대사의
변천과정을 상징적으로 나타내고 있다.

이러한 그의 시대변화(과정)는 결국 자신이 제시한 시대변천과정으로서
생물학적 사회변화와 같이 왕조도 흥기(건국 - 소년: 봄)—진흥(청년: 여름)—
흥융(장년: 가을)—쇠퇴(노년: 겨울)의 과정을 걷고 있었다는 견해를 제시하
여 Spengler나 Toynbee의 견해와 같은 모습들 보다 일찍이 제시한 선각
자의 모습이었다.

---

104) 「조선지광」(창간호), 조선민족의 미래를 논함. pp.3−5
105) 산운이 민족영달의 방법으로 제시한 고대문화의 연구, 세계문화의 수입, 교육
과 殖産 및 협동의 정신은 '백암의 교육·경제·군사를 독립쟁취의 기초'를 이은
것이며, (西比利亞신국면에 대하여 우리한족동포에 고함, 「전서」(〈하〉, 173)
단재의 '신교육론·신국민경제·무력양성'(신용하, 신채호의 애국계몽사상〈하〉
pp.118−119)을 계승한 것이다.

[표 6] 국사개설서에 나타난 신라사시대구분

저서	시대구분내용
국사(1916)	흥기(건국)−확장−흥융−극성−말세−멸망
조선역사요령(1923)	창립−진흥−흥융−전성−문약−멸망
조선역사대전(1928)	창업−진흥−흥융−전성−문약−멸망
국사강의(1952)	건국−발전−융성−극성−쇠퇴−멸망
대한역사(1959)	건국−진보−흥융−극성−쇠퇴−말세−멸망

3. 산운의 신라사관

1) 문헌비교와 신라영토의 확대

산운은 단재의 엄격한 고증주의를 이어 받아, 사실고증에 큰 비중을 두었다.[106] 동시에 그는 문헌과 고고학적인 성과와의 연계를 통해 고대사 해명의 새 길을 열었다.[107] 산운은 단재와 달리 「삼국사기」를 철저하게 신봉하였으며,[108] 한·일 문헌의 비교를 통해 석우로전설이나 이기나사

---

106) 산운은 그의 백제사(「대한역사」)의 서술에 있어서는 「삼국사기」를 중심으로 하되, 반드시 「남사」·「북사」·「일본서기」 및 「광개토왕비」 등을 상호 비교·검토하고 있었다(pp.306−318). 동시에 그는 문헌비교뿐 아니라, 그 기록의 신빙성을 위해 유적발굴이나 유물확인을 거쳐 箕子遺跡은 고구려유적임을 확인하였다(「국사개론」 p.477).

107) 단재는 일찍이 발굴의 필요성을 '조선사를 연구하자면 우선 조선과 만주 등지에 地中을 발굴하여 허다한 발견이 있어야 하리라.'(「조선상고사」 p.26)하였으나, 그 필요성 인정에 불과하였다. 그러나 산운은 직접 평양의 을지문덕과 기자유적을 발굴하여 고대사연구의 새로운 방법을 제시하였다.

건(伊企儺事件)을 새로운 시각에서 구명하고 있다.

그가 다른 각도에서 심혈을 기울여 재조명한 사실은 「일본서기」의 신공후신라정벌설을 부인하고 그것을 석우로전설로 연결시킨 것이다. 이에 대한 그의 주장은 아래와 같다.

(가) 첨해대왕 3년에 침입한 왜장(牛道朱君)이 곧 일본사의 소위 神功后이니, 이때 신라대신 우로가 왜군에 간 것을 일본사에서는 신라왕이 갔다고 위조하여 기록하니라.[109]

(나) 「일본서기」에 우류조부리지간(宇流助富梨智干)이란 것은 곧 于老서불한이니 이것은 우리 신라사에 우로가 왜인에게 죽은 기사를 「일본서기」에는 신라왕이 왜군에 갔다고 무언(誣言)한 것이 분명하다. 이렇게 「일본서기」에도 실은 우로가 왜군에게 간 것을 기록하였다.[110]

(다) 신라사에 명백히 倭使는 갈나고(葛那古)요 왜장은 우도주군(于道朱君)이라 하였으니 이렇게 상세히 기록한바 왜군이 금성을 둘러쌈에 왕은 왜구를 피하여 유촌(柚村)으로 출거하고 서불한우로가 자기의 실언한 책임을 느껴 왜군에 가서 변해(辨解)하는 중이 왜인이 우로를 소살하고 퇴군한 것이다.[111]

---

108) 졸고, 산운 장도빈의 역사인식 p.7
109) 「국사강의」 p.409
110) 「국사개론」(신라사연구의 대요) p.544
111) 앞 책, p.544

라고 자신의 주장을 폈으며, 또한 산운은 「일본서기」의

愛新羅王 派沙寐錦 卽以微叱己知 彼珍干爲質[112]

의 기록을 실제로 미질기지(婆娑王代. 80~112)와 100여 년의 오차를 들어 浪說妄談으로 일소에 붙였으며,[113] 微叱己知의 時差로 인한 사실부인은 물론,[114] 신공후가 신라왕인 우류조부리지간(宇流助富梨智干)을 죽인 것이 아니라 우로가 왜군에게 죽은 것을 확대·왜곡하였다는 것이다. 이것은 시기적으로 비슷하였고,[115] 「일본서기」에 나타난 신라왕 우류조부리지간(宇流助富梨智干)의 처가 재(宰)를 죽인 사실과 「삼국사기」의 석우로 부인이 왜사신을 보복살해한 내용이 흡사한 것도 시사하는 바 크기 때문에,[116] 이러한 주장은 일본의 신공후 신라정벌의 부인에 유력한 근거가 될 수 있다.

산운의 사실고증을 대표하는 두 번째의 것은 통일신라가 9주 5소경 외

---

112) 「일본서기」권9 기장족희존 신공황후 원년 12월 조
113) 「국사개론」 p.543
114) 「일본서기」에는 미질기지(미사흔)의 인질연대가 仲哀 9년(200)이고 축출년이 신공후 5년(205)이나, 「삼국사기」에는 각각 실성왕 원년(402)과 눌지왕 2년(428)으로 되어있다.
115) 「일본서기」에 보여 진 신공후의 신라정벌이 신공왕후 1년(중애천황 9년, 200)이었고, 석우로가 왜군에게 피살된 연대가 첨해왕 3년(249)에서 시차는 50년 전후이다.
116) 왜의 대신을 「삼국사기」(권45, 석우로)의 우로부인이 「私響倭使臣及其泥醉使壯上曳下庭焚之 以報前怨」한 것이나 「일본서기」(권9, 신공후 원년)에 신라왕의 부인이 「然後 新羅王妻 不知埋夫屍之地獨有誘之精(중략) 則王妻與 國人 共議之 殺宰(하략) 埋于王墓土底」라 한 것은 너무나 비슷하다.

에도 2도(고구려 고토)가 더 있다는 주장이며, 통일신라의 북방경계선이 청천강(영주)~덕원(천정군)이라는 사실이다. 그는 신라의 북단을 서쪽으로는 청천강 초도(황해도 풍천 해중)를, 북쪽으로는 묘향산 청정군 탄현관으로 삼고 있다.[117] 동시에 고구려구토에 둔 2도에는 패서도(평안남도)에 평양성·당악현(중화)·팽원군(안주) 등 17곳이 포함되어 있으며, 패간도(황해도)에는 취성군(황주)·영풍군(평산)·중함군(재령) 등 15곳이 있다는 것이다.[118] 특히 패서도에는 덕천(장들)·개천(안수)·영주(팽원) 등 청천강 유역이 포함되어 있다는 사실은 그가 제시한 국경선으로서 청천강~덕원설을 뒷받침해줄 수 있으리라 본다. 무엇보다도 그의 영토확장론은 결국 대동강~청천강 유역의 신라영토가 크게 팽창하는 것으로서 현학계의 입장으로 볼 때 중대한 의미가 있다고 하겠다.

산운은 이에 대한 근거로 문무왕 15년의 안북하에 철성을 쌓고 팽원군을 두었다는 사실 외에 4가지 논거를 제시하였다.[119] 그는 자신의 주장을 뒷받침하기 위해서 고고학적인 발굴성과를 이용하고 있어, 언어학적인 연구방법론을 제시한 단재와 큰 차이가 있었다. 특히 그가 보여준 논거는 실증적 토대위에서 확인한 것이므로 경청할 가치가 있다.[120]

---

117) 「대한역사」(신라사) p.390
118) 패서도에는 위의 3지방 외에 송현현·토산현·안계현·태안·안정·영청·진국성·장덕·안영·정계·양암·수덕·철옹·통해 등이 포함되어 있다. 패강도에는 위의 3곳 외에 단계현·진서현·오관군·장색현·강음현·우봉군·토산군·폭지군·해고군·구택현·루암군·패강진 등 12지방이 포함되어 있다.
119) 산운은 안북하철성이외에 ① 궁예가 평양 성주인 검용(黔用)의 항복을 받았다는 점 ② 패서 13진이 궁예에 귀복하였다는 점 ③ 평양의 고적을 발굴한 결과 신라벽돌을 발견한 점 ④ 만주읍지에 문무왕때 七星池를 팠다고 기록한 점을 들고 있다(「국사개론」 신라사연구의 대요, pp.551-552).

199

산운의 문헌비교론은 왜에 관한 「삼국사기」 기록의 누락에서 엿보인다. 그는 왜가 신라의 대가야 정복이후 계속해서 신라를 침략하였으나 「삼국사기」에는 전혀 기록이 없는 사실에 주목하였다. 즉 「삼국사기」에는 대가야가 멸망한 진흥왕 23년(562) 이후 북제와 진과의 교섭이나, 황룡사나 화랑도 및 開元관계 등 대내문제 기사뿐인데 비해서,[121] 「일본서기」에는

(가) 欽明23年 冬 7月(중략) 遣大將軍紀男麻呂宿禰 將出兵哆唎

　　　(중략) 問新羅 攻任那之狀

(나) 欽明23年 11月 新羅遣使獻幷調賦

(다) 欽明32年 3月 戊申朔壬子 遣坂田耳子郎君 使於新羅

　　　問任那滅由[122]

등임을 지적하여, 산운은 계속된 왜의 침략 기사를 외면한 「삼국사기」 기록의 부실을 탄식하고 있다. 즉 그는 문헌에 대한 선입견을 버리고 동

---

120) 단재는 고적발굴을 인정하였으나 실제로 발굴에 참여한 일은 없었다. 그러나 산운은 기자의 묘를 발굴하여 그것이 고구려 유적임을 확인하였으며(「국사개론」 아국상대사, p.477) 을지문덕의 묘지를 평양서쪽 40리인 강서군 현암산에 있음을 조사 확인한 바 있다(앞의 책, 고구려사연구, p.521).

121) 「삼국사기」(권4, 진흥왕 본기)에는 27년간의 기록(재위년은 37년간)은 정치기사가 압도적으로 많고 기타 외교·정치기사가 큰 비중을 차지하였으나, (졸저, 「삼국사기연구」 1981, p.40), 대일관계는 전혀 언급이 없다. 즉, 진흥왕본기에는 주로 관부설치·관리임명·대중국외교(진·북제)·대외전쟁(고구려·백제) 등에 관한 기록뿐이며, 대일(왜)관계는 단 한 기록도 없다.

122) 「일본서기」 권19, 흠명천황 23~32年조

시대의 사실고증을 위해 한·일문헌의 비교·검토의 필요성을 강조하였
다. 이러한 연구 자세는 화랑과 경당과의 관련에서 엿볼 수 있다. 즉 신
라는 고구려의 扃堂(교육제도)을 수입하여 화랑도가 되었다는 것이며,
양자의 관계가 젊은 이들을 합숙으로 학문과 기사(騎射)를 동시에 연습
한 것으로 보아 이기백의 연구이전에 양자의 관계를 구체적으로 정리하
고 있었다.[123]

그러나 산운의 역사해석에는 지나치게 문화전파를 강조하고 있으며,
사실 해석에 오류를 범한 경우도 간혹 나타내고 있었다. 즉, 그는 신라는
실성의 고구려입국(질자: 내물왕 37년: 392)에서 고구려 문화(무비·정치)를 받
아들여 신라흥성의 계기가 되었다고 하였으며, 근거로서 혜량의 팔관회
전수나 교육제도(경당)의 수입 등을 내세우고 있다.[124] 이러한 문화전파
론은 역사발전의 내적발전인자를 외면한 것으로서, 그의 역사관이 갖는
한계라 생각된다. 때문에 그는 자신의 선입감에 사로잡힌 역사이해로
인해 조공(朝貢)이나 상대등의 해석에 일부 오류를 범하고 있었다.[125]
그러므로 산운은 역사해석에 있어서 다양성을 외면하고 일정한 틀을 내
세움으로써, 역사서술에 문제점을 노출시킨 것은 그의 역사해석의 경직
성일 것이다.

---

123) 「국사개론」 신라사연구의 대요 p.547
124) 앞의 책, p.548
125) 산운은 조공과 책봉을 자주독립국의 체면손상으로 보았고, 그것을 사대주의의 표
    본으로 간주하였다. 그러나 당시의 국제질서로 볼 때 그것이 반드시 속국의 의미
    로만 볼 수는 없다(졸저, 「한국고대사의 신연구」 p.351). 또한, 산운은 역사해석
    에 있어서 고정관념에 사로잡혀 '상대등을 수상으로, 중시를 차상으로'(「국사강
    의」 p.472) 간주함으로서 양자의 관계를 홀시하고 있다.

4. 신라문화론

산운의 고대사 인식은 결국 고구려는 상무정신과 고유정신에 의한 최성기였으며, 문화적으로는 신라가 역사상 최극성이라는 사실로 집약된다. 이것은 文(신라)과 武(고구려)의 雙全을 강조한 단재의 견해를 계승한 것이며,[126]

> 우리조상은 신성한 교화가 있고, 신성한 정법(政法)을 가졌으며, 신성한 문사(文事)와 무공(武功)이 있으니, 우리민족은 어찌 그 다른 것에서 구해야 옳겠는가[127]

라는 백암의 문무융합의 정신을 계승한 것도 사실이다. 다만 비록 신라는 실성왕이나 혜량(惠亮) 등에 의해서 고구려 문화의 흡수와 전수에 개발되었으나, 학술과 예술 방면에서는 그 위대함을 나타냈다는 주장이다. 그 구체적 사례로서 전자는 원효·설총·김대문·김필해 및 이두문의 발명 등에서, 후자는 불국사·석굴암·봉덕사종 등에서 찾는다.[128] 특히 산운은 세속5계를 윤리상의 대발견으로 공자나 석가도 알지 못한 위대한 사상으로 평가하고 있다.[129]

---

126) 산운의 이러한 견해는 경당과 화랑도의 설명에서도 반영되고 있으며, 그의 논설인 「문화와 무력」(「대한매일신보」 1910년 2월 19일)에서도 나타나 있다(김창수, 산운 장도빈의 사학과 역사인식, p.109 참조).

127) 「한국통사」 서언

128) 「국사」 신라문명의 고조, p.70

129) 「국사강의」 신라의 정치제도와 문명 p.477

우선 그는 신라문화의 우수성에 대해서 학술방면으로는 고승 거유의 저술에서 찾는다. 즉, 천여 권의 저술을 남긴 원효는 대문호로서, 국문의 시조인 설총은 9경해석(九經解釋)의 표준이 된 문장가로서 특별한 주목을 하였다. 예술방면으로는 금관·분황사탑·석사자 등의 화려한 걸작품에 초점을 두었으며,[130] 의학·천문·기술 등 기술공업의 발달을 강조하여,[131] 신라공업과 천노보(天步弩)나 자석 등 군수공업의 융성이 제·려정복과 통일의 배경으로 인정하고 있다.[132]

특히 산운의 신라사 인식에 근본을 이루는 것은 단재의 영향에서 비롯된 화랑론이다. 단재는 민족의 흥망성쇠는 그 '사상의 방향'에 달린 것으로 보았고, 화랑이 곧 상고의 소도제단의 무사(선비)에서 비롯하여 국풍파의 중심이 되어 사회사상계의 첫 자리를 점령하였던 것으로 이해하였다.[133] 그러나 산운은 이를 발전적으로 계승하여 그 정신이 정의·애국·무용의 교육으로서 신라 번성의 원동력과 애국심의 바탕으로 간주하였다.[134] 특히 화랑도의 기본요소인 3교 통합은 평화시대에 적합한 유교의 5륜과 개인수양을 위한 불타의 5계를 기저로 하지만, 특히 원광은 개인과 국가민족을 구제하는 임전무퇴와 살생유택을 결합시켜 위

---

130) 산운이 지적한 신라예술의 걸작품은 그 외에 첨성대·석빙고, 무열왕의 귀부(龜趺)·김유신 묘의 12신 석상·옥대·유리배·옥적(玉笛)·문무왕릉의 석사자·유리와·임해와전 등을 들고 있다.

131) 신라의 대표적인 의학자로는 김파진(金波鎭), 천문·역법가는 덕복(德福), 쇠뇌제작자는 구진천(仇珍川), 자석제조자는 지진산(砥珍山) 등을 들고 있다.

132) 「국사강의」 신라의 극성과 문무대왕의 융도, p.485

133) 「조선역사상 일천년래 제일대사건」 서론

134) 「국사개론」 고구려사 연구 p.535

대한 종교 내지는 교육으로 승화시켰다는 것이다.[135] 나아가서 그는 화
랑의 교과과목에서 정신과목과 학습과목으로 나누어[136] 화랑연구의 길
잡이가 되게 하였다.

   산운은 화랑도가 비록 고구려의 교육제도를 참고한 것은 사실이나,[137]
그것은 원광에 의해서 재창조된 것이라는 입장을 갖고 있다. 즉, 평화시
에는 4해동포주의로서 인류의 공동생존을 위한 사랑과 자선이 필요하다
는 것이다. 그러나 만일 우리의 생존번영에 방해하는 자가 있으면 단호히
그 방해자를 제거해야 하는 것이니, 그것이 곧 살생유택이며 국가민족을
보존하는 것이 임전무퇴라는 것이다.[138] 이러한 화랑의 정신은 단재만
아니라 백암의 국혼 중에서 특히 국교의 연장으로서 일제하의 구국주의
의 역사교육과 그 맥을 같이하는 것으로 생각된다.[139]

---

135) 앞의 책, p.550

136) 산운은 화랑의 정신과목으로 ①정의 ②애국봉공과 의용을 통한 희생 ③박애와
    자선 ④무용의 숭상 ⑤겸손과 신의 및 근면 정직한 실행 등을 들고 있다. 학습
    과목은 ①학문 ②무예(기마·사궁·용검·투창) ③음악 ④명산대천의 유람 ⑤도
    의 연마 등으로 구분하였다.

137) 화랑도이외에 신라가 고구려의 문화를 흡수한 것은 팔관회(八關會, 고구려의
    천제), 왕관, 신라의 당(幢)을 대표로 하는 병제(광개토왕비의 당), 칠기(柒器)·
    동기(銅器) 및 대왕제나 군주제 등을 꼽고 있다(「국사개론」pp.548—549).

138)「국사개론」신라사연구의 대요 pp.549—550

139) 신용하, 박은식의 역사관(上) pp.169—172

140) 장도빈, 암운 짙은 구한말—지나간 이십대들 「사상계」(1962년 4월호) p.407

141) 김창수, 산운 장도빈의 민족주의 사학(1) p.119

142) 장도빈, 우리민족의 애국심(中)「조선일보」1957년 9월 일자.

143) 김창수, 앞의 글 p.124

144) 신용하, 앞의 글 p.161

5. 산운의 민족주의사관

1) 국가주의론

산운은 백암과 단재의 민족주의사관을 이어 받았음으로 강렬한 민족
의식을 강조한 것은 사실이다.

> 내가 그 시대의 보성전문학교의 법과를 졸업하였으나 세사가 급변하
> 여 망국에 처함으로 우리는 학문연구의 바탕을 돌려 국사를 연구하
> 게 되었다. 그것은 곧 우리나라가 망한 후에 독립을 회복하려면 우
> 리 국사를 잘 연구 선전함이 필요하다고 생각한 때문이었다.[140]

와 같이 산운은 국사를 애국적 민족의식 즉 '조국지정'으로 파악하였음으
로[141] 역사와 애국심의 관계에 대해서

> 국민의 애국심이 강하면 나라가 강해지고 그것이 마비되면 나라가
> 쇠퇴해 진다.[142]

라 하여 애국심이 국가흥망의 관련이 되기 때문에, 애국심을 바탕으로
하는 국가주의와 민중을 위한 민족주의라는 모순된 듯한 곳에서의 합일
점을 찾는다는 것이 그의 견해이다.[143] 그러나 산운의 애국론은 결국 백
암의 국혼으로서의 국사를 구성하는 애국심과 대한정신의 근본이라는 사
실과[144] 단재가 추구하는 국권회복의 기틀로서 大我와 애국심을 기저로
하는 주장[145]을 계승한 것도 사실이다.

이러한 산운의 애국심을 바탕으로 한 국가주의사상은 국방·국수·국선·국교 및 국민교육 등에서 본질을 찾는다. 무엇보다도 그의 국가주의사상은 백암의 애국심 대한정신과 단재의 仙敎觀에서 여유된 것은 사실이나,[146] 결국 충효와 무용의 결합체인 화랑도에서 찾아진다. 따라서 그의 조국지정, 고유정신은 고구려의 상무정신만이 아니라, 신라문화의 독창성 또는 우월성의 결합이라는 차원에서 구하고 있는 것이다. 따라서 군사적으로 약했던 신라가 흥융케 된 것은 人民이 충양하여 의용심과 단결심이 비상히 강렬한 소치라는 것이다.[147] 그러한 근거로 산운은 사다함·김흠운·관창·비녕자·원술 등을 들었으며, 특히

> 당이 사신을 보내와 천보노(千步弩) 발명자인 仇珍川을 청하거늘 대왕이 그를 당에 보내니 당주李治가 진천더러 千步弩제조하는 기술을 당인에게 가르쳐달라고 하되 진찬이 가르쳐 주지 아니하니 당주가 진천을 중죄로 위협하나 진천이 끝내 가르쳐주지 아니하고 귀국하였다.[148]

라 하여 그 내용은 「삼국사기」(권6. 문무왕 9년조)에 있는 것이지만, 구진천의 투철한 국가관 대표적인 예로 들고 있었다.

산운은 그의 「조선사상사」에서 국가주의를 특히 강조하고 있다. 국가

---

145) 서호문답(西湖問答)「단재신채호전집」(별집) p.141
146) 한영우, 1910년대의 신채호의 역사인식(「한우근박사정년기념논총」 1981)
147)「조선역사요령」삼국의 후기 pp.150-151
148)「대한역사」신라사 p.369

주의는 민족주의를 포함한 것으로, 삼국시대의 근간 사상으로서 국수·국
선·5계가 그 중심사상이며, 유교·불교·팔관·제천·제조 등은 국가주의
와 보조를 같이한다는 내용이다. 우선 국수주의는 조선 고유한 문명을 근
거로 한 것으로 3국의 정치를 뒷받침하였으며, 그 특색에 대해서 산운은

> 조선의 역사적 사실을 중시하며 고유한 문화·도덕·정치 등을 존봉
> 하나니 역사가로는 고구려의 이문진과 신라의 거칠부 등이 이에 속
> 하고 당시의 정치가는 대개 비슷한 사람이니라.149)

고 하였다. 그러나 산운의 국수론은

> 국가에도 국가의 미가 있나니, 자국의 풍속이며 언어며 습관이며 역
> 사며 종교며 풍토이며 외지의 온갖 것이 그 특유한 미점을 뽑아 이
> 른바 국수(國粹)가 곧 국가의 아름다움이니 이를 모르고 애국한다면
> 빈 애국이라.150)

고 한 단재의 국수론을 그대로 계승한 것으로서, 「대한매일신보」의 논설
에도 단재의 국수보존론을 한 자도 바꾸지 않고 서술하고 있다.151) 결국
그 국수란 자기 나라의 독특한 미(精髓)로서 이를 보존하는 것이 애국이
며, 국권회복의 바탕이라는 것이다.

---

149) 「조선사상사」 p.9
150) 신채호, 교육과 애국, 「단재 신채호 전집」(下) pp.133-134
151) 「대한매일신보」 1908년 7월 18일(애국자의 사상)

다음의 국선도에 대해서 산운은 진흥왕이 창안한 일종의 국교로 보았
으며,[152] 그 주장자는 설원랑이며, 선미한 사를 극히 중시하는 것으로서

첫째로 국가·인문·사회에 대하여 진·선·미의 공덕을 이루어 희
생에 이른다. 둘째로 修身을 위하여 도학·음악·여행을 중시하고
셋째로 모든 일에 정의·인도와 더욱 박애·慈善·의용·충신·효
행 등을 힘써 불언(不言)중에 실행을 이룩하였다.[153]

라고 하여 盛美를 극한 교화로서 이것이 신라흥융의 대원인이라고 주장
하였다. 이것 역시 백암이 주장하는 독립정신의 기초이며, 국혼의 바탕이
라는 원리를 이어 받은 것이다.

세 번째의 5계는 신라인의 도덕중추로서 당시 신라인의 뇌에 인식케 됨
으로서 신라인의 위대한 발견으로 생각하였다. 이것은 개인과 국가를 연
결시킨 덕목으로서 적극적인 국가 구제의 계명(誡命)이라는 것이다. 때문
에 산운은 이러한 3대 국가주의사상은 유교·불교·팔관회[154]·제천과 祭
祖 등과 보조를 같게 함으로써 문명이 발달하고 외래사상을 소화할 수 있
었다고 보았다.

산운의 국가주의론은 그의 「조선사상사」에서 국가주의자로서 진흥
왕의 설명에 잘 나타나 있다. 그는 진흥왕을 국가주의사상을 대성한 위

---

152) 「조선사상사」 p.9
153) 앞의 책, pp.9-10
154) 산운은 혜량이 주창한 팔관을 「不殺生·不倫盜·不淫佚·不忘言·不飲酒·不坐高
床·不着香華·不自樂觀聽」으로 해석하였다.

인으로서, 신라는 강열한 국가주의의 결실로 문화발전한 제·려를 능가할 수 있었다고 주장하였다. 진흥왕이 크게 지적한 구체적인 사례는 국사의 편찬·국악의 확장·국화(國畵)의 장려·국사(國寺)의 건축·國祭의 팔관회·국토의 개척 등 을 들고 있으며, 이들을 결합한 것이 국선도로서 교육과 종교를 겸한 대도덕을 이룩하였다고 서술하였다.[155]

또한 산운은 원광을 윤리주의자로 규정하였으며, 원효는 유심주의자로 조선정신계의 왕으로 추앙하였다. 특히 원효는 형식과 계율을 거부한 자유주의자였으며, 기존의 세속과 습관을 구속으로 간주하여 자기 마음대로 행하였다는 것이다. 그러므로 원효의 유심주의는 궁예·견훤·왕건으로 연결되었으며, 무엇보다도 원효가 스스로 종군하였다는 사실을 국가주의의 실체라고 갈파하였다.[156]

산운이 강조하는 국가주의론은 「조선사상사」 이외에도 「십대 위인전」에 선명히 나타난다.

우선 그가 제시한 10대 사상가에 소수림왕·진흥왕 등 2왕을 필두로, 국수주의자이며 국가주의자인 고흥, 팔관법을 제시한 금욕주의자인 혜량, 국민의 실천도덕을 이룩한 원광, 스스로 종군하여 국가주의를 실천한 원효, 고려왕실에 끝까지 절개를 지킨 정몽주, 그리고 십만양병으로 국가를 위해 현실주의를 강조한 이이 등이 포함되었음을 주목할 필요가 있다.[157] 즉, 그가 제시한 10대 사상가는 결국 나라를 위해, 또는 당시 사회를 구제하기 위해 사상(주의)를 주장한 인물이라는 사실이다.

---

155) 「조선사상사」 p.11
156) 앞의 책 p.23
157) 앞의 책 p.26

그가 「조선 십대 위인전」에서 열거한 인물에는 단군·동명왕·온조왕·
혁거세·대조영 등 시조가 5명이며, 을지문덕·천개소문·강감찬·이순
신 등 4명의 장군을 뜻한다.[158] 무엇보다도 10대 위인이 '나라를 세운 왕
과 나라를 지킨 장군'임을 지칭하는데서 산운의 국가주의 성격을 엿볼 수
있다. 특히 그는 동명왕을 사상계의 제1인관으로서 사상·사업·공덕의
면에서도 조선의 영원한 위인이라는 것이다. 그러므로 동명왕은 만인의
왕·만세의 조·만국의 영광으로서 조선의 빛이며, 논어를 남긴 공자이상
의 인물로 묘사되었다. 따라서 그의 동명왕에 대한 파격적인 대우와, 인
격상으로는 Washington과 그리고 공덕상으로는 Alexander에 비유한 광
개토왕을 극찬한 사실은 여러 가지로 의미가 있다고 할 것이다.[159]

산운의 국가주의사상은 「한국의 혼」(1957)에서도 광개토왕·온달·을
지문덕·연개소문·장보고·서희·강감찬·윤관·최영·이순신·서산대사
등 외적퇴치의 인물의 정신을 높이 평가한데 단적으로 나타나있다.[160]
또한 그의 「조선 10대 교육가」에서도 이문진·설원랑·거칠부·설총·
의천·휴정 등을 포함시키고 있어 그가 갖고 있는 국가주의사상의 의미
를 엿볼 수 있다.[161]

따라서 산운은 단재를 이어 「대한매일신보」의 논설을 집필했을때 대체
로 애국심에 관계된 글을 실었으며, 국가정신의 발휘에 초점을 두고 있었

---

158) 산운은 10대 위인으로 이들외에 광개토왕을 포함하였다.
159) 「조선 10대 위인전」 광개토왕 p.49
160) 산운의 「한국의 혼」(1957)은 동명왕·광개토왕·왕건·이성계 등 10명의 왕과 을
　　　지문덕·윤관·이순신 등 9명의 장군, 왕인·의천·정양욕 등 13명의 학자·승려
　　　등의 전기로 되어있다.
161) 김창수, 앞의 글 p.106

다.[162] 그러므로 그는 「조선 10대 혁명가」에서도 복신·검모잠·대연림 등 국가부흥 운동자를 내세움으로서 나라는 멸망치 않는다는 국가 정신의 위대성을 높이 평가하였다.[163] 특히 국가는 문화와 무력의 병진에서 흥융하는 것이기 때문에 '신라는 문화, 고구려는 무력'을 통해 우리민족의 우수성과 영속성이 보장될 수 있었다는 것이다.

2) 산운의 신라통일론

신라가 제·려를 멸망시키고, 또 영토야욕의 당군을 물리친 후 통일을 완성한 것은 역사적 사건이다. 따라서 이에 대한 평가는 여러 각도로 이루어지고 있기 마련이다.[164] 산운에 가장큰 영향을 준 단재는 통일의 의미에 대해서는 직접 논평하지 않았으나, 외세이용과 김춘추·김유신에 대해서는 극히 부정적으로 평가하였다.

단재 신채호는 신라의 통일(특히 고구려 정벌)을 김춘추 개인의 복수운동으로 생각하였고,[165] 김유신에 대해서도

> 대개 김유신은 지용있는 명장이 아니요, 음험취한한 정치가이며,
> 그 평생에 대공이 전장에 있지 않고 음모로 인국을 난한 자이다.[166]

---

162) 「대한매일신보」 1909년 1월 5일 「국가의 정신을 발휘할지이다」 참조.
163) 산운의 10대 혁명가는 두로(杜魯-시신)·명임답부(明臨答夫-양의)·창조리(倉助利-대국상)·복신(福信-종실)·유모금(劉牟笒-대형)·궁예(弓裔-마진왕)·견개(甄蓋-후백제왕)·대연림(大延琳-후발해왕)·홍경래(대원수)·정봉준(동학장수령)을 뜻한다.
164) 졸고, 신라통일의 역사적 성격(「한국사연구」 61·62, 1988)
165) 「조선상고사」 김춘추의 외교와 김유신의 음모, p.316

와 같이 사악한 졸장으로 규정하였다. 그러므로 김춘추는 이족을 불러 동족을 멸망시킨 반민족적 죄악을 저지른 죄인이며,[167] 그러한 인물이 주도하였고, 또 음모의 졸장이 기여한 신라의 통일은 민족쇠약의 의미이상은 없기 마련이다. 다만 외원을 빌려 인적을 막을 때 백제는 외원을 의존했기 때문에 망했고, 신라는 이를 오로지 믿지 않고 자강책을 마련한 뒤에 단지 이용했기 때문에 성공했다는 논리이다.[168]

그러나 산운은 단재가 철저하게 부인하는 김춘추·김유신을 탁월한 영걸로 묘사하였고, 이들은 화랑도의 투철한 무력·애국심·단결력으로 국사에 전력하여 국가전성을 이끌었다고 옹호하고 있다.[169] 다만, 산운은 통일운동이 김춘추의 개인적 복수라고는 보지 않았으나, 삼국의 불화가 통일의 동기로 보면서 산운의 신라통일론을 구체적으로 구명하기 위해서 그의 통일배경론(신라 번성의 이유)을 살펴본다.[170]

> 신라흥융의 원인은, 종래 첫째로 정치가 현명하여 국가의 실력이 충실한 사, 둘째 교육이 선미하여 인민이 충량한 사, 셋째 고구려 백제의 침벌을 연수하는 중에 국반이 발달한 사등에 재한지라. 그런 중에 최대 주의할 점은 곧 인민이 충량하여 의용심·단결심이 비상히 강열한 소이니라.[171]

---

166) 앞의 책, pp.9-10
167) 「독사신론」 김춘추의 공죄
168) 앞의 책 p.499
169) 「국사개론」 p.556
170) 앞의 책 p.555
171) 「조선역사요령」 신라의 융성, p.150

하여 그는 통일의 원동력을 무열·문무왕 등이 선정을 베풀어 교육제도 (화랑도)가 발달하였으며, 김유신을 비롯하여 사다함·김흠운·관창·비 녕자·원술·구진천 등의 충장 양졸들의 역할에 비중을 두고 있다.[172] 그러나 그는

> 이때 백제는 성왕패약한 후로 신라와 원수가 되어 위덕왕·무왕이 자주 신라 토지를 격취하였다. 이리하여 신라는 고구려·백제의 침략을 받아 곤란에 빠졌으나 오직 정치가 현명하고 인민이 충용하므로 상하가 단결하여 고구려·백제를 당하였다.[173]

에서 볼 때 국민의 단결을 강조하고 있어 신라가 원성왕 때 고유한 선거 제도인 궁전(弓箭)은 폐지할 때까지는 무용과 상무정신으로 국민적 유대 감각이 컸다고 본다.[174]

산운은 신라의 통일이 무엇보다도 신라인의 애국심에서 가능하였다고 생각한다. 구진천(仇珍川)이 당에서 그 기술을 끝내 가르쳐주지 않은 것도 애국심의 표현이며,[175]

> 나라의 흥망은 국가대소에도 있지 아니하고 오직 국인의 정의를 세

172) 앞의 책 pp.150-151, 그 외 산운은 통일의 배경으로 천보노(千步弩)·자석(磁石) 군수공업이 발달한 사실을 들고 있다(「국사개론」 p.485).
173) 「대한역사」(신라사, p.462)
174) 앞의 책, p.375
175) 「국사개론」 고구려사연구, p.534

워 나라를 위하여 일하면 그 나라가 흥하고, 그 국인이 어기주의로 정의를 무시하고 부패한 일을 하여 나라를 해롭게 하면 그 나라가 망하는 것이다.(중략) 고구려인은 어찌하여 망할 일을 하고 신라인은 어찌하여 흥할 일을 하였느뇨. 그는 아래와 같다. 첫째, 신라인은 원광이 주창한 5계를 지킨 때문이다. 둘째 신라인은 화랑도의 훈련을 받았는데 화랑도는 곧 정의 · 애국 · 무용의 교육이다.[176]

와 같이 신라인의 정신적 자세가 통일의 원동력이 되었다는 주장이다.

그러나 이와 같은 애국심이나 무용 및 훌륭한 지도자에 의해서 이룩된 통일이지만, 산운은 그에 대한 의미부여나 평가는 부정적이며 준엄하였다.

신라가 당병을 끌어 고구려 · 백제를 격멸함으로 당병이 고구려 · 백제의 인민과 문명을 크게 소탕하여 그 약탈 파괴가 극히 참혹하였음으로 우리민족이 큰 손실을 당하였나니 이는 우리의 심각한 불행이니라.[177]

라는 것이 산운의 삼국통일에 대한 견해이다. 무엇보다도 그는 '외세의 이용과 제려문화의 파괴'에서 통일의 부정적 평가를 구하고 있다.[178]

---

176) 앞의 책, p.535

177) 「국사강의」 신라의 극성과 문무왕의 웅도 p.486

178) 이러한 산운의 제려문화의 파괴라는 입장에 대해서 김철준은 「신라가 대당결전서에 승리한 것은 한국 고대문명의 전면적 붕괴를 막은 구실을 하였다.(「한국사」

따라서 그는

> 고구려는 강대한 나라이므로 당군을 가끔 분쇄하므로 이세민이 공포하
> 여 신라와 연합하여 고구려를 당하고자 하였는데, 신라는 이것을 기회
> 로 당과 연합군으로 고구려를 망하게 하기로 하여 필경에 이것을 실행
> 한 결과로 고구려·백제가 망하고 당병의 침략이 참혹을 극하여 우리민
> 족은 근본적으로 손상을 당하였고, 비록 신라와 발해가 당군을 격퇴하
> 였으나 마침내 우리 삼국시대의 세력을 회복하지 못하였으니 이것은 신
> 라의 큰 실책이다.[179]

라는 표현에서 볼 때 결국 산운은 '우리민족의 쇠약'이라는 부정적인 시
각으로 통일을 보고 있었다. 따라서 신라인의 줄기찬 대당항쟁을 높이
평가하면서도 통일 그 자체보다 통일 후에 수반되는 사회모순에 더 큰
문제점을 두고 있었다. 즉, 그는 통일 후 사대주의의 고착으로 인한 우
리민족의 고질화, 고구려 계승자인 발해에 대한 적대시, 그리고 문약에
따른 자강정책의 해이 즉 상무정신과 국방력의 쇠퇴 등을 무엇보다도
우려하고 있다.[180]

산운은 통일 후 우리민족의 문명이 극성기가 된 것은 긍정적인 입장
이지만, 신라는 소국이었으므로 당을 섬겨 평화를 보존하였으며, 당과
친하기 위해

국사편찬위원회, 1978, p.23)라고 하였다.
179) 「대한역사」 (신라사) p.364
180) 앞의 책 p.373

당의 의관을 본받고 본국의관을 버렸으며, 唐主世民과 상의하여 중국
의관을 사용하기로 하여 마침내 그를 실행하여 일반 인민과 부녀자까
지 중국 의관을 하였다.
당의 연호를 쓰고 본국 연호를 폐지하였다. 당의 봉작을 받고 조공을 하
였다.[181]

라고 하여 통일신라는 사대주의·모화사상을 국책으로 받들었으니, 결과
적으로 자강의 책이 무너지고 인심이 문약해져 국가민족을 퇴보시켜 왕
조가 멸망케 되었다는 것이다.[182]
　이러한 사대주의의 만연은 결국 국민이 도도히 흐르는 중국문화에 심
취하여 민족문화를 무시하고 외국의 것만 숭상케 되어[183] 무서운 결과를
낳게 된다는 것이다. 산운은 모화사상의 결과는 다음과 같은 폐해가 따른
다고 보았다. 즉,

조국정신·민족사상이 폐멸하고, 외국에 대하여 노예사상을 기르고 인
민이 모두 비국민화되어 애국심이 없어지고, 문약이 극도에 달하게 되
고, 민족문화가 자멸케 된다.[184]

---

181) 앞의 책 pp.375-376
182) 당의 연호와 봉작 및 조공이 사대주의나 모화사상의 표본임은 부인할 수 없다.
　　그러나 당시의 중국적 세계질서의 범주에서는 불가피한 현실이나, 그러한 외교
　　속에서 보여진 주체적 입장이나 자주성유지는 주목할 일이다(졸저,「한국고대
　　사의 신연구」통일신라의 대당관계, 1984, 참조).
183) 이러한 경향은 백암의「문약지폐는 필장기국」(「박은식전집」下, pp.93-94)과
　　같은 경향이다.

가 되어 신라가 망하고 우리민족의 쇠퇴함으로써

첫째로 신라 고유의 선거제도인 궁전(弓箭)을 폐지하여 원성왕 때부터
는 한문으로 시선(試選)하게 됨으로써 무용을 버리고 문약에 빠졌다.
둘째로 신라가 발해와 동족의 화합을 결하여 도리어 성덕왕은 당의 청
병에 응하여 당병과 연합군으로 발해남령(함경도)을 치다가 패퇴한 것,
셋째로 신라말세 최치원 등 명문가가 있었으나 그들은 모화사상을 가
진 사람들로서 그 문구에 유당 신라국이라 하여 신라를 당의 속국처럼
쓰고 그 결과 고려시대에 김부식의「삼국사기」에 중국을 존숭하여 자
국은 폄하한 것을 만들어 국사를 그르쳐 놓은 것으로 결국 국가민족을
쇠퇴시켰다. 넷째로 신라 말기로부터 고려·조선시대의 위정자는 대개
다 사대주의에 전염되어 중국 또는 강대국을 섬겨 침해를 면하기에만
힘써 국방력을 기르지 않고 상무정신을 폐지시키고 오직 문자와 어례로
서 강대국의 환심만 얻으면 득책으로 생각하여 국가민족이 정신적 또는
실제적으로 극도의 문약에 빠졌다.[185]

가 되고 말았으니, 신라가 제려의 멸망 후 당의 야욕을 분쇄하였음은 높
이 평가되지만, 외세 이용은 결국 신라의 소득이 상실을 보충할 수는 없
는 결과가 되어, 신라가 망하지 않은 것은 다행한 일이라는 결론이다.[186]

184) 산운의 모화사상배퇴의 원인으로 ①무열·문무왕대 이후의 사대주의유행 ②중세
    이래로의 유학의 번 ③당의 문화의 세계적 우수 ④당시의 지도자(위정자·학자·문
    사·종교가·교육가) 등의 사상 능력부족 등을 들고 있다(「대한역사」 pp.374-375).
185)「대한역사」(신라사) p.375

그러나 신라통일이 민족의 약화와 문제는 있었으나 통일에 따른 민족의 융합과 민족문화의 번성을 이룩한 사실은 역사적 의미로 본다.

6. 결어

이상에서 우리는 산운 장도빈의 신라사관을 비롯하여 그가 특히 강조하는 국가주의와 신라 통일을 중심으로 하는 그의 민족주의사관의 성격을 살펴보았다. 그는 백암 반은식과 단재 신채호의 역사 인식을 계승하는 동시에, 양인의 역사관을 결합시켜 새로운 민족주의사관을 정립하였다. 그러나 산운은 단재와 달리 김부식의 사대주의·모화주의는 비판했지만「삼국사기」의 기년과 기록을 철저히 신봉하였으며, 한국사의 체계화에 있어서 중세가 없이 고대·근세·최근으로 서술함으로써 단재와 백암의 구분방법을 절충하고 있었다. 무엇보다도 그는 진보사관에 입각하여 역사에 있어서 '필요과정'을 강조하여 경쟁과 갈등이 역사발전의 기저로 파악하였다.

즉, 산운은 초기에 있어서는 왕조별의 시대구분을 꾀하였으나, 점차 사회진화론인 서술형태로 바뀌고 있었다.

다시 말하면 초기저술인「국사」(1916)에서는 왕별로 신라를 구분하였으나,「조선역사요령」(1923)에서는 전·후·남북국시대로 서술하기 시작하였으며,「국사강의」(1952)에서는 성장-확장-경쟁-극성-쇠망의 단

---

186)「국사개론」신라사연구의 대요, p.558

계를 설정하여 전쟁과 경쟁의 과정을 거친 문명의 고조를 강조하였다.

그의 시대구분론을 대표하는「대한역사」(1959)에서는 진보-항쟁-홍융-확장-극성-쇠퇴의 단계를 설정하여 정복과 통일을 수반하는 끊임없는 진보 속에서 역사는 발전한다는 논리를 전개하였다. 이러한 산운의 역사전환과정은 Spengler와 Toynbee의 문화(역사) 전환과정의 이론이 국내에 전해지기 이전에 제시하여 역사발전과정(순환과정)을 국사의 내용에 활용했다는 사실은 큰 의미가 있다. 특히 국사를 통한 조국지정·애국심의 고취의 필요성을 강조한 것도 간과할 수 없는 산운의 역사 인식이다.

다음은 산운이 신라사해석에 있어서 몇 가지 중요한 업적을 남기고 있다는 사실이다. 우선 그는「삼국사기」와「일본서기」를 비교·검토하여 신공후침입 기사와 석우로피살 기록을 연결시켜 신공후신라정벌을 부인하였으며, 이기란침략(伊企儺侵略)과 같은 큰 사건을 외면한「삼국사기」의 기록누락을 찾아내기도 하였다. 특히 그는 통일신라에는 9주 5소경이외에 2도(패서·패강도)가 더 있기 때문에, 국경선은 청천강~덕원강으로 해야 한다는 신학설을 내놓았다. 이러한 신라영역의 확대는 통일신라사의 이해에 큰 반성의 계기를 던져주었다.

산운의 역사 인식에서 주목할 또 다른 하나는 역사발전의 동인을 '외래문화의 전파'에 둠으로서 내적 발전인자를 부인한다는 점이다. 따라서 신라문화는 실성왕이 고구려 문화를 수입함으로서 경당과 팔관법을 받아들여 화랑과 팔관회가 되었다는 논리를 폈다. 그러나 그는 고구려의 武와 신라의 文(化)을 동시에 강조함으로서, 단재의 문무쌍전과 백암의 국백·국혼의 융합을 결합시켜 문무의 균형적 발전을 국가흥망과 역사성쇠의 관건으로 이해하고 있다. 산운은 신라문화의 우수성을 강조함에 있어 개인과 국가·민족을 연결시킨 5계(특히 임전무퇴와 살생 유택)를 전형적인 문무결속의 국민적 덕목으로 지적하였다.

셋째로 산운은 단재·백암의 민족주의 사관을 이어받아 국사를 민족의 식이나 조국지정의 정수로 파악하였으며, 백암·단재가 내세운 국혼으로서의 국사와 대아·애국심으로서의 국사를 바탕으로 국가주의를 절규하고 있다. 그는 국가주의의 내용으로 국방·국수·국선·국세·국교 등을 제시한 후, 그 외형으로서 애국심·대한정신·의용성·단결심을 가져야 하지만, 무엇보다도 국수·국선·5계가 그 핵심체라는 것이다. 이때 유교·불교·팔관·제천·제조 등은 그 외곽개념이 된다는 입장이며, 대표적인 국가주의자로서 진흥왕과 개국의 의미부여로서 10대 위인에 단군·주몽·온조·혁거세·대조영을 들고 있다.

끝으로 그의 신라통일론은 기본적으로는 단재의 입장을 벗어나 양면적인 성격을 보이고 있다. 우선 통일운동을 김춘추 개인의 복수운동으로 생각지 않았으며, 김춘추·김유신을 영걸로 묘사함으로서 단재의 신라통일론에 반대의견을 나타냈다. 그는 또한 통일의 평가에 제려인민과 그 문명의 파괴를 우려하였으며, 신라 말에서 보여 진 사대주의만선으로 신라멸망의 원인을 찾는데 초점을 두고 있었다. 즉, 통일 후 조국정신과 민족고유사상이 무너져 모화사상이 팽배해 되었음에 주목하여 역사의 쇠퇴에 대한 강한 경고와 교훈을 보여주고 있었다.

이러한 통일신라에 대한 부정적 평가에도 불구하고, 산운은 백암 박은식의 국혼(민족정신)의 틀에 다 단재 신채호의 애국주의사상 및 문무쌍전의 정신을 결합시켜 민족주의사학을 한 차원 높여주었다.

특히 그는 진보주의 사관의 입장에서 현실극복의 길로 고대문화의 연구와 세계문화의 수입을 강조함과 동시에 교육·생산·협동을 통해 조국의 밝은 미래를 기약하는 진보적인 발전 사관을 이 땅에 뿌리내려 주었다 할 것이다. 결국 산운의 신라사관은 통일과정의 문제점(외세이용, 국토와 인민의 축소)은 있으나 통일에 따른 민족의 융합과 새로운 민족문화의 달성이라는 역사적 의미와 남북조시대를 통해 고대사의 체계를 완성시킨 사실을 보여준다. 결국 고구려는 수·당의 침략으로부터 민족을 지켜준 의미를 지녔으며 신라는 통일의 문제점(국토와 인민의 축소)은 있으나 민족이 비로소 하나로 출발하게 한 계기를 이룩하였다는 사실에 큰 의미를 두고 있다.

끝으로 산운은 한국고대사의 내용을 「삼국사기」 기록으로 정리하였고 그에 따른 당시의 사회·정치·문화의 내용을 그 속에서 찾은 것은 분명하기 때문에 「삼국사기」가 없었다면 한국고대사는 존재할 수 없었다는 것은 분명하다. 그러나 그는 「국사개론」 말미 「삼국사기」 비평에서 「삼국사기」의 대표적인 저자인 김부식을 철저한 사대주의·모화사상으로 국사를 유린하였다고 비판하고 있다. 그렇다면 「삼국사기」 내용을 비판하고 그 대표적인 사실은 역사기록에서 삭제해야 했을 것인데 여기에 그의 역사 인식의 문제가 있다. 그는 「삼국사기」·「삼국유사」·「제왕운기」 등을 사료로 새로운 「삼국사기」 신찬을 요구하였으나 대부분의 내용이 「삼국사기」의 기록을 이어받은 것임으로 문제가 될 수 밖에 없을 것이다.

• 맺음말 •

이상에서 본서에서는 산운의 생애와 다양한 활동을 간략하게 소개한 후 산운의 역사관을 정리하기 위해 국사개설서(6권)의 소개와 여러 명의 위인전을 설명한 다음에 그의 역사관이 갖는 현대한국고대사연구에서의 위상을 확인하였다. 우선 산운은 20세 나이에 「대한매일신보」에 박은식의 추천으로 입사하면서 양기탁(신보사 주필) · 박은식 · 신채호 등 훌륭한 선배로부터 민족의 위상(애국심)과 역사의 의미를 익히면서 역사의 중요성을 확인하는 계기가 되어 국사서술의 필요성을 깨닫게 되면서 40여 년간을 거치면서 국사개설서와 위인전을 저술하였던 것이다.

산운은 우선 6권의 국사개설서(마지막 저서인 「대한역사」는 고대사 개론)에서 특히 고대사(삼국~통일신라)가 전체의 절반 이상의 비중으로 되어있으며 특히 고구려사의 의미를 강조하였으며 통일신라와 발해시대를, 남북국시대를 유득공에 이어 공식적으로 사용한 후 「국사개론」(1959)에서 상대사(단군─부여─열국시대)의 계보를 강조한 이후 현재한국사 서술에 바탕이 되게 한 사실은 큰 의미가 있다. 무엇보다도 고대사에 있어서 고구려사 비중(성격)을 강조하여(웅대한 대고구려사) '우리국사에서 고구려사를 제외하면 우리국사는 가치가 없다'고 하였으며 고구려사의 강점(엄격한 법률 · 용쟁투창의 교육 · 국민적 단결심 · 투철한 애국심 · 유명한 고분벽화)를 부각시키고 있다.

동시에 「삼국사기」를 사내적인 문헌(「국사개론」)으로 비판하였으나 신라인의 애국심(국가주의)의 입장에서 신채호가 비판한 김춘추 · 김유신의 위대성을 찬양하고 신라통일의 의미를 강조하고 발해와 함께 남북시대론(유득공의 견해계승)으로 한국고대사의 체계화를 이룩함으로서 고대사 해석에 새로운 계기를 마련하였다. 동시에 그는 Spengler나 Toynbee보 다 앞서 시대전환론(성장-융성-쇠퇴-멸망)을 특히 신라사에 적용하여 창업기(혁거세~흘해왕), 발전기(내물왕~진덕여왕), 흥융기(무열왕~경덕왕), 문약기(혜공왕~정강왕), 멸망기(진성여왕~경순왕)로 「조선역사요령」(1923) 에서 설명하였으며 「대한역사」(1959)에서는 출발기(혁거세~조분왕)-흥융 기(첨해왕~무열왕)-극성기(문무왕~경덕왕)-쇠퇴기(혜공왕~정강왕)-멸망 기(진성여왕~경순왕)로 설명하고 있다.

산운의 고대사인식에서 유일한(특수한) 견해는 통일신라(당군축출후)의 북방한계선문제이다. 통일신라의 북방경계선은 '대동강으로부터 원산만 일대'라는 견해는 이병도(「한국사대관」 p.124) 이후 이기백(「한국사강좌」 p.301), 변태섭(「한국사통론」 p.117)으로 이어져 일반적인 견해로 간주되 고 있지만, 산운은 이와 다른 견해를 제시하였다. 「국사강의」(1952-신라의 극성과 문무대왕의 웅도, p.488)에서 '문무대왕은 고구려고지 남부를 가져 서쪽은 청천강(安州), 동쪽은(泉井郡)까지 영토로 삼았다'고 되어있다. 그 후 「대한역사」(신라가 고구려·백제 멸망시키고 영토확장, 고구려고지〈청천강 이남과 덕원군이남〉)에도 같은 내용을 썼으며 「국사개론」에서는 신라가 청 천강남까지 국토로함(p.551)이라는 제목 하에 근거로 ① 문무왕의 安比 河鐵城(청천강) 조성 ② 평양점령하고 성주 장군임명 ③ 신라의 대당강 서쪽 13鎭설치 ④ 평양고적에 신라벽돌 발견 ⑤ 安州巴誌에 문무왕시대 에 七星池 조성기록 확인 등을 통해 청천강을 安比河라 했다는 사실 등 을 제시하고 있다. 이런 주장은 반대의견도 있으나 신라사를 강조한 산 운의 견해로 그 의미를 생각할 필요가 있다고 생각된다.

산운의 역사인식은 국사내용의 보완적 의미를 보여준 위인전에도 그대로 나타나있다. 그의 첫 위인전인 「원효」(1917)전의 머리말에 '위인(先哲)은 우리의 모델(典型)임으로 그의 아름다운 말씀(嘉言)은 우리에게 교훈이 되고 그의 착한 행위는 우리에게 모범이 되기 때문에 위인은 영원한 스승이라는 사실에 입각하여 원효전에서 보여준 唯心主義와 和諍(갈등과 분열의 극복)을 바탕으로 한 그를 첫 위인으로 부각시킨 것이다. 그러나 역사를 통해 볼 때 나라의 보존과 발전을 위해서는 왕(시조와 대표적인 왕)과 장군이 절대 필요함으로 「10대 위인전」이 나타났으며 이어 「10대 사상가」를 든 이후 「한국의 혼」에서 32명의 위인을 등장시키고 있다. 결국 우리역사에서 대표적인 위인은 곧 나라를 세우고 발전시킨 왕이 우선이고 이어 나라를 지켜준 장군이 기본이며 이러한 나라(사회)를 개발시켜 준(백성의 스승이 된) 사상가와 학자를 내세운다는 것이다. 따라서 「한국의 혼」에서는 왕이 10명, 장군이 14명이며, 그 외 명승과 학자 등이 8명으로 산운의 인물전의 위상을 반영한 것이다. 여기서도 고대사 인물이 24명(삼국·통일신라 14명, 고려 10명)이나 되고 있어 산운의 고대사 인식을 엿볼 수가 있다.

산운 장도빈의
민족정신(친필원고 정리)

내가 20세 시대에 불행히 우리나라가 멸망에 제하여 일본인의 침략으로 나라가 망하여 민족이 노예됨을 보고 뇌에 자극된 바 생각하여 일생에 이것을 잊어버리지 못하고 국가민족의 독립회복을 기원하였다.

1.

국사개설서의 가치

1. 고구려사의 가치

산운은 6권의 국사개설서에서 국가의식을
강조하면서 특히 고구려사를 부각시켰다. 그
의 첫 번째 저술인 「국사」(1916)에서 동명성
왕이 나라를 세운 이후 사방의 민중이 많이
귀부하고 명장과 강병이 있어 국세가 날마다
강성하게 되었다(p.33). 그 후 광개토왕은 18
세에 등극한 聖文神武의 왕으로 무력과 문화
를 크게 확장시켰고 그가 39세에 죽고 태자

장수왕이 등극하여 고구려의 전성기를 이룩하였다(p.44). 을지문덕은 세
계유사이래 최대전쟁에 대승하여 고구려의 국위가 세계에 빛나고 조선인

민의 再安한 자(p.53)라고 한 뒤에 그의 5번째 저서인 「대한역사」(1959)에
서는 고구려사는 우리국사의 최대 중요한 부분으로 우리국사에서 고구려
를 제하면 우리국사는 거의 가치가 없다(p.102)라고 하였으며 민족의 자
주독립정신과 대강국을 지닌 경험에서 고구려사가 유일한 상징이 되었다
는 것이다.

2. 신라통일의 의미

신라는 정치가 현명하고 교육이 善美하여 인심이 단결되고 군비가 정
제하여 국세가 강화되었다. 마침내 제·려를 격멸시키고 당의 大寇를 격
퇴하여 국토를 확대하고 문화를 웅장하여 신라의 전성시대로 되었다. 신
라 국성의 대외원인은 ① 태종대왕·문무대왕·김유신은 당세 英傑로 국
사에 협력한 것 ② 태종·문무왕은 외교정책이 교묘한 점 ③ 국선도 등 국
민교육이 대발전한 결과 국민의 애국심이 비상히 강열한 것이다(「국사강
의」 p.484). 신라는 제·려를 망친 후에 곧 당군을 쳐서 6년 대전쟁에서 결
국 당군을 쫓아내고 영토를 확장하였으니 신라인의 정신과 실력이 상당
히 강했던 것을 알 수 있다는 것이다(「국사개론」 p.550).

2
·
위인전의 가르침

1. 원효전의 의미

「원효전」(1917)의 머리말에 위인(先哲)은 우리의 모델(典型)로서 그의 훌륭한 말씀(嘉言)은 우리에게 교훈이 되고 그의 선행은 우리에게 모범이 되어 그의 사상은 우리 뇌에 인상을 준다. 그의 주의(말씀)는 우리의 몸에 생명을 주기 때문에 그의 한방의 침(一唾)이 땅에 떨어지면 우리에게는 영원한 금옥이 된다는 것이다. 그는 인간이 집착을 버리고 화합과 융합의 민심사상(唯心)으로 인간의 도리를 강조하여 옳지 못한 것은 스스로 없어지고 정당한 것은 저절로 나타난다는 사실을 화쟁의 사상으로 강조하였다는 가르침(포용·극복·화합)을 보여주고 있다.

2. 린컨전의 가치

「린컨전」도 1917년에 발행되었는데 이는
「국사」내용의 보완과 동시에 우리국민의 문
제점을 제시하여 국민의 올바른 도의(행위)
를 강조한 내용이다. 우리가 행복을 찾는 도
리는 노력뿐이라는 사실을 부각시킨 것이다.
내가 생각하니 제군이 행복을 얻을 방도는
노력뿐이로다. 노력이 아니면 제군의 사상은
공사상이며 제군의 행위는 헛된 행위(徒行爲)
가 된다. 서양의 격언에 행복은 맹목이 아니
라 오직 노력자를 수행한다. 조선인의 특성

이 남에게 의지(依賴)하고 게으름(懶怠)이라 자기가 노력하지 않고 남에게
의지하여 노력을 싫어하는 나태자라는 사실이다.

3
•

신문 · 잡지에 보여진
민족의식

1. 今日 大韓民國의 目的地 (「대한매일신보」 1908년 5월 24일)

오호라 금일 대한국민의 목적지가 어디에 있는가. 위에 있는가 밑에 있
는가 왼쪽에 있는가 오른쪽에 있는가 전에 있던가 후에 있는가. 오호라
오늘의 대한국민의 목적지가 어디에 있는가 목적지가 알면 눈을 돌리며
걸음을 걸어야하고 그곳으로 향할지며 목적지를 찾지못하면 뇌를 쓰고
정신을 다하여 이곳을 찾을 것이다. 대저 목적지가 두 갈래가 있는데 그
하나는 개인적인 목적지이며 그 둘째는 국민적인 목적지이다(중략). 오늘
날 대한국민이여 기존에 파괴된 구목적지는 비관해도 아무 이득이 없으
니 장래 건축할 신목적지는 어디에 있었을까.

혹은 목적지는 모른다해도 목적지 도달하는 방법만 감행하면 목적지에
도달할 날자가 있는지라 하필 목적지를 찾고 문의할 필요는 없는 법이다.

목적지는 모르더라도 그 목적지에 도달할 방법만 감행하면 자연히 도달할 날자를 이해할 수 있다. 한국민이여 여러분의 눈(萬目)이 그 모습을 한 곳에 주하며 만구가 그 소리를 한 곳에 놓으면 목적지를 구할 수 있는 법이다. 대한국민의 목적지는 황금이 찬연하며 금수(錦繡)가 찬란한 대한국민의 목적지며 신기한 꽃(奇花)이 가득차며 하늘의 향기가 가득찬 대한국민의 목적지이다. 따라서 그 문은 독립문이며 그 길은 자유로이니 국가의 정신을 발휘하고 만유의 사업을 국가에 바치는 신성한 국가를 보유함이 대한국민의 목적지이니라고 하였다.

2. 朝鮮史의 性格 (「동아일보」 1932년 4월 15일)

1) 조선민족의 계통

우리조선인은 곧 조선민족이니 지금 2천 수백만인의 조선인은 곧 고대로 祖先을 동일히 하고 혈통을 동일히 한 유일의 민족이다. 조선민족의 계통에 관하여 세계의 학자들은 조선민족을 아세아인종중 우랄알타이파라 하나니 곧 조선민족은 황색인종으로서 중앙아시아의 동북으로 우랄알타이 방면에서 발달을 시작한 민족이라 한다.

대개 아세아인종을 그 언어의 계통·발달의 경로·풍속의 유래 등으로 보아 3대파로 할 수 있나니 ① 시베리아파(조선인·만주인·몽고인 등) ② 중국파(한인·묘인·안남인) ③ 해양파(일본인·비율빈인)다. 조선인은 곧 아세아인종 중에서 시베리아로 발달한 여러 민족 중에 한 민족으로서 그 중에 가장 먼저 문명한 역사를 가진 민족이다. 이상과 같이 조선인물을 시베리아파의 민족으로 인정하는 중대이유는 ① 조선인이 처음에 시베리아 지방으로부터 발달한 것 ② 조선인의 언어계통이 시베리아파 여러 민족 곧 만주인 등과 근사한 점 ③ 조선인의 상고시대에 부족 자치제도 등이 시베리아식인 것 등으로써 보인다고 하였다.

2) 조선인은 만주족과 아주 다른(各異) 민족

선인들은 조선인을 만주족과 혼동하는 수 있으나 그는 아주 오해이다. 만주인은 오늘날에 이미 다 한인(漢人)으로 동화되었지만 청조(淸朝)는 곧 만주인의 유족이 지금도 수백만은 될 터 인데 이들은 곧 고대의 숙신인의 자손이니 고대부터 흑룡강 남북에 있어 거금 약 4천년 전부터 부락에 정착된 듯 하매 그 시대에 그들이 숙신이라 칭하였나니 그때는 우리 조선의 단군조선 곧 전조선시대라.

그 후 우리 열국시대에 숙신이 점점 그 명칭을 변경하여 압로(鴨盧-중국인은 읍루)라 하고 혹은 고대 명칭을 인용하여 숙신이라고 한 때도 있었는데 우리 삼국 중엽까지 숙신이란 명칭을 사용한 사실이 있었으나 삼국시대에는 말갈이라 칭하였고 남북조시대에도 그들을 말갈이라 칭하였으며, 고려시대에는 그들이 여진이 되었고 고려 중기에는 金人이 되었고 고려 말세에는 다시 여진이라 칭하였다. 조선시대에는 그들을 野人이라 칭하였다가 조선중세에 그들이 만주인·淸人이라 칭하였나니 이와 같이 그들이 명칭을 하였으나 실은 모르지만 만주족이다.

민족으로는 조선인과 만주인이 아주 각이한 민족인데 그 이유는 ① 언어가 아주 다르고 ② 체질이 또 같지 않으며 ③ 역사가 아주 차이가 있고 풍속이 또한 같지 않은 것이 그 까닭(所以)이다. 어떤 사람은 조선과 숙신의 한자음이 비슷하다(近似)하여 조선과 숙신을 혼동도 하지만 그것은 아주 오해이다. 숙신은 고래로 중국역사에 나타난 것도 아주 조선과 다르게 되어있는데 중국사기에 식신(息愼)이 순(舜)에게 공물을 바친 것을 시작으로 숙신(곧 息愼)·읍루·물길(靺鞨)·여진·金의 사실을 중국인의 기록에 역대 순서로 되어있지만 조선은 중국사기에 기자(箕子)가 조선에 들어왔다는 것이 있고 중국(전국시대)의 기록에 燕이 동쪽으로 요동·조선·부여에 이점(利)을 가진다는 것을 비롯하여 조선·부여·삼한·고구려·백제·고려·조선이 역사 순차적으로 중국 측 기록에 나타나있다. 곧 조선은 조선민족이 건설한 나라로 전조선(단군조선), 열국시대(부여·후조선·마한·진한·변한·예·옥저)·삼국·남북국(신라·발해) 그리고 고려·조선이 되어 내려왔음으로 조선인은 만주족과는 아주 다른(殊異)민족인 것이 정확하다.

4
·

암운 짙은 구한말
(사상계 창간9주년 기념) 1962

1. 대한매일신보시대

내가 21세 때, 즉 서기 1908년에 서울을 두 번째 방문하였다. 물론 그
전 해에 또 그 전해에 서울에서 겪은 풍파는 생각할수록 몸서리를 칠뿐
이었다. 을사5조약 직후의 소란한 인심, 의분에 끓는 피는 사면팔방에
서 번갯불같이 움직이는 때이다. 이준 열사의 해아밀사 사건, 나철, 이
갑여러분의 五賊狙擊 사건, 더욱 군대 해산할 때의 박승환 순국 동시에
韓·日軍접전으로 서울이 불바다가 되는 한편 지방에서 崔益鉉의 의병
사건, 각 지방의 의병 곧 허위, 이강년, 민긍호, 연기우, 신돌석, 홍범도,
이진룡, 채응언 등의 의병전투 사건 등등으로 전국의 풍운이 어지러운
때이었다. 그 시대에 나는 서울에서 갖은 풍상을 겪으며 學窓에서 歲月
을 보내는 한편 시사의 변천을 따라 개탄만 더해가는 꼴이었다. 내가 민

충정공의 집을 찾아 그 사랑마루방에 놓여있는 민씨의 피 묻은 옷, 그 곁에 말라가는 한줄기 참대나무를 볼 때 또는 해아 사건으로 고종이 쫓겨나고 순종이 즉위하는 현상을 볼 때 그 깊이 잠겼던 인상은 일생에 잊히지 않는 것이었다.

그리하여 나는 잠시 고향에 가서 부친장례를 지내고 그 다음해 곧 1908년 봄에 서울을 다시 방문한 것이었다. 이때 서울은 인구가 약 이십만이었는데 진고개 日人이 약 三萬이요, 우리 한국인은 약 十七萬인이었으며 日人은 그 세력을 마음대로 펴서 화려한 생활, 웅장한 기세를 울리고 한국인은 거의 직업을 잃고 황야에 신음하는 형편이었다. 나는 일본 순사, 헌병, 군병들의 사나운 주먹과 거치른 말굽에 유린당하는 한국인을 볼 때에 오직 눈물만 어릴 뿐이었다.

그때 서울에 유명한 선비로 애국심이 깊은 학자인 朴殷植씨가 있었는데 그는 「황성신문」 주필로 훌륭한 논문을 게재하여 우리민족의 애국심과 독립사상을 고취하는 분이었다. 그리하여 청년들의 진취를 도와주어 사회의 발달을 힘쓰는 분이었다. 나는 그 분을 수차 방문하였더니 그분이 매우 관심하여 그의 소개로 나는 대한매일신보사 총무 梁起鐸씨를 만났다. 양씨는 큰 신문사를 경영하는 한편 독립운동의 중심인물로서 유명한 분이었다. 양씨는 나를 만나자 一面如舊로 깊이 교제하여 나에게 국가민족을 위하여 진력하기를 바란다고 부탁하였다. 양씨는 그 다음날부터 나를 「대한매일신보」 기자로 천하는 한편 나더러 논설을 지으라고 위탁하므로 그때부터 그 신문의 논설위원이 되었다. 그런데 그때 申采浩씨가 그 신문사의 논설주필로 있어서 불행히 병에 걸려 출근이 여의치 못하므로 대개 내가 논설을 쓰게 되었는데 그러나 신씨가 혹 신문사에 오고 하여 나를 만나보고서 싶이 친한 친구가 되어 아주 가장 가까운 친구로 일생에 반가운 분이었다. 약 1년 후에 신씨가 병이 대강 치료되어 신문사에 출근하게 되었는데 그때부터 일주일은 신씨가 논문을 쓰고 1주일은 내가 논문을 썼다. 이것이 1909년의 일이다.

당시의「대한매일신보」는 크게 발전하여 한국인의 이목이 될 뿐 아니라 세계적으로 항일투쟁의 날카로운 기개를 높였는데 그 신문의 조직과 양태는 대개 아래와 같다.「대한매일신보」는 당초부터 독립투쟁의 목적으로 1905년 을사조약 직전에 고종황제의 후원을 받아 영국사람 배설과 함께 세운 신문이었다. 그때 일본이 露·日戰爭에 승리하고 포쓰마우쓰조약의 폭력을 마음대로 한국에 떨치는 중임을 불구하고 치외법권을 이용하여 영국인 배설이 발행인이 되어 사장으로 있고 실제 경영은 양씨가 맡았다. 그 신문은 국한문, 국문, 영문의 삼종신문을 발행하여 일반에게 국한문신문, 한자 모르는 사람들에게 국문신문, 외국인에게 영문신문을 배부하는바 국·한문신문이 가장 다수한 선전을 이루어 대개 수만 명 독자가 있었고 그 다음에 국문신문독자가 약 육천 명이었고 영문신문은 우리나라주재 외국인 또는 외국각처로 보냈는데 이때 이 신문은 내외국인의 대환영을 받아 한국인은 마치 성경같이 존숭 애독하였고 외국인들도 일본의 對韓침략상황을 명확히 알게 되어 이렇게 이 신문은 일본의 한국침략상황을 세계에 공포하는 동시에 한국동포의 독립사상을 대대적으로 고취하여 큰 효과를 거두었다.

그와 동시 일본통감부를 위시하여 일본인은 극도로「대한매일신보」를 미워하여 그 경영자인 양씨를 여러 번 잡아가두어 고생시키고 또 영국인 사장 裵說을 상해재판소에 고소하여 약간의 형을 받은 동시에 사장은 배설의 친구 만함이 취임하였다. 이때「황성신문」은 독립사상을 선전하는 신문이나 한국인의 경영으로 일본경찰의 압박을 받아 자유가 없고「대한신문」은 매국대신 이완용내각 기관지로 附日賣國을 주장하여「대한매일신보」의 적이 되어있고「國民新報」는 매국도당 일진회의 기관지로 한·일의병을 주장하는 동시에 또한「대한매일신보」의 적이 되어 있었다.「대한매일신보」는 홀로 항일배일의 기세를 떨쳐서 정의, 자유를 부르짖으며 惡敵 日本人과 악전고투하니 일본인은「대한매일신보」사의 사람들에게 대한 감시, 위협은 매우 날카로웠었다. 나는 신채호씨의 病臥를 당하여 일시 주필의 명의를 가졌었다. 나는 논설을 쓰고 혹은 기사를 쓰는 중에 여러 번 압수를 당하였고 그 후에도 항상 일본관리의 감시를 받았다. 그때 편집국장으로 있던 崔益씨(지금 성균관장)도 가끔 일본경찰의 제압을 당하였고 신채호씨는 일본 경찰의 감시를 받아오다가 마침내 여순 감옥에서 옥사하였다.

서기 1909년 10월에 安重根의사가 할빈역에서 이또(伊藤博文)를 죽인 때에「대한매일신보」사의 사원들은 술을 마시고 축하하였고 허위, 이강년 의사가 적과 전쟁하다가 패하여 잡혀서 죽는 날에「대한매일신보」사의 사원들은 모두 비분을 금치 못하여 신문보도에 義將歸天이라고 대서특필하였다.

안중근사건 직후 李在明사건 당시에 내가 특히 기억되는 것은 이재명의 재판광경이다. 그때 일본통감부는 七조약을 체결하여 한국의 정권을 모두 빼앗아가고 또 군부와 법부를 폐지하여 사법권을 가져가고 경찰권까지 통감부에서 가져, 한국은 아주 멸망에 임박하였다. 이때 이재명이 매국대신 李完用을 칼로 찔러 중상시키고 잡혀서 그 이듬해 봄에 재판을 받는데 내가 「대한매일신보」 기자로 재판정에 출석하였다. 내가 재판소에 들어가는 즉시로 일본 순사는 재판정의 경호순사에게 「대한매일신보」기자가 왔다고 보고하며 나를 가리킨다. 이때에 일본인 재판장이 이재명에게 사형선고를 나리고 그 동지 여러 명에게 15년, 10년, 7년 징역을 선고한다. 이재명은 한번 소리를 질러 재판의 공정하지 못함을 책망하였다. 다른 피고들은 아무 말도 없이 형의 선고를 받았다. 그때 7년 징역을 받은 金龍文(中和)씨는 지금도 생존하였다.

이때는 곧 서기 1910년으로 망국의 직전이다. 일본이 한국을 합병하기로 하여 각국에 교섭하였는데 특히 영국은 일・영동맹으로 러시아의 남하를 방지하는 중이므로 일본이 영국에 대하여 천구하기를 「대한매일신보」는 일본의 한국경영에 큰 장해가 되니 그 신문을 없이하여 달라고 간절히 부탁하므로 영국정부는 부득이 일본의 청에 응하여 영국정부의 명령으로 만함을 불러서 「대한매일신보」를 폐간하라 하므로 만함은 그만 그것을 승낙하고 양씨에게 그 사실을 통고하였다. 양씨는 할 수 없이 신문사 정리책을 시작하는 동시에 비밀히 내게 신문사 폐지될 것을 일러주므로 나는 곧 사직하고 말았다.

특히 그 시대의 우리 학문연구는 국사이었다. 내가 그 시대에 보성전문학교(고려대학)의 법과를 졸업하였으나 世事가 급변하여 망국에 처하므로 우리는 학문연구의 껍질(枹)를 돌려 국사를 연구하게 되었다. 그는 곧 우리나라가 망한 후에 독립을 회복하려면 우리 역사를 잘 연구선전함이 필요하다고 생각한 때문이었다. 나는 국사연구의 일단을 가끔 신문에 발표하였다. 그때 신채호씨는 유명한 국사학자로 훌륭한 연구와 저술이 있었지만 우리의 국사연구는 신씨와 대동소이한 것으로 약간의 이견이 있었

을 뿐이었다. 내가 하루는 소격동 여관에서 밥을 먹고 일찍이 신문사(그
때 대한매일신보사는 태평로 좌측에 있었다)로 오는 길에 六曹 앞에 와서 법부의
문패가 떨어진 것을 보고 눈물을 금치 못하였다. 나라가 날마다 망해가는
판에 어제는 군부가 없어지고 오늘은 법부마저 없어지니 나라가 아주 없
어질 날도 멀지 아니한 것을 넉넉히 알 수 있었다. 나는 국사연구에 진력
하기를 시작하였는데 그것이 오십 여년을 계속한 나의 국사연구의 初步
이었다.

〈참고〉이글은 산운이 단재와 함께 대한매일신보에 논설을 쓸 때의
어려움(일제의 압력)을 소개하고 안중근의 이등박문 살해사건과 이
재명의 이완용저격사건 때의 모습을 설명하고 있다. 특히 그는 독립
회복의 방법은 역사를 올바르게 알아야한다고 해서 국사서술의 필요
성을 제시하고 있다.

2. 내가 外遊하던 시대의 滿洲와 露領의 한인독립운동

나는 釜山으로 가서 현익호라는 朝鮮汽船을 타고 비밀히 선장의 동정
을 얻어 선장협실에 들어가 일본인의 감시를 면하고 함경남도 이원군 遮
湖에 들려 동지들을 만나고 다시 米商으로 변장하여 일본기선 立神丸을
타고 淸津에 내려서 일박하고 그 익일에 이사하는 촌민의 일가족으로 변
장하고 경편철도로 會寧邑에 다달아 日憲들의 눈을 피하며 두만강을 건
넜다. 강을 건너 급행하여 연길현 곧 局子街에 다다랐다. 국자가는 북간

도의 중심도회로서 중국연길도태가 있는 시가이다. 이곳서 東으로 십리를 가면 小豊子라는 촌락이 있고 그곳에 한인학교가 있어 한인청소년을 교육하는 중에 우리 친지들이 있다. 나는 그곳에 가서 친지들을 만나보고 학생 백여 명에게 국사강의도 하며 잠시 거류하다가 또 근방 촌락을 구경하기로 하여 친지들을 따라갔다.

소개자의 서북으로 수 십리에 臥龍洞이라는 촌락이 있고 그곳에 명동중학교가 있으니 그 학교는 곧 기왕에 李相卨씨 등이 瑞甸義塾을 설립한 곳으로 이때는 명동중학교로 되고 그 교장은 이씨 청년이었다. 나는 그곳서 일박하고 다시 소개자로 돌아왔더니 마침 중국휘춘경찰서 警衛黃氏가 와서 나를 보고서 매우 친절히 대우하며 나더러 노령에 가라고 권유하였다. 황씨는 한국청년으로 훌륭한 인격자인데 중국 琿春의 경위로서 연길에 왔던 길에 나를 만난 것이었고 특히 내게 동정하여 노령가는 차편과 路資도 자기가 부담하겠다고 말하였다. 나는 반갑게 생각하여 같이 가기로 작정하고 다음날 새벽에 황씨의 마차에 올라 함께 혼춘에 갔다. 황씨가 자기 집에서 숙식을 공급하고 1일을 휴식한 후에 노령에 들어가는 길을 차렸다.

나는 황씨와 같이 마차를 타고 혼춘을 떠나 동으로 향하여 반일을 지나니 벌써 노령에 가까이 왔다. 황씨는 러시아 국경순경주재소에 가서 나를 소개하여 노령에 입국하기를 부탁하며 러시아 순경은 곧 승낙한다. 그곳서 나는 황씨를 작별하고 노령에 들어가 마침 海蔘威로 쫓아 이곳에 와있는 嚴氏를 만나 함께 해삼위에 가기를 약속하고 우선 延新에서 일박하기로 하였다. 연신은 러시아의 한 소도회로 해변에 있는데 이것이 노·청국경의 러시아 도시로서 화려한 서양식 건축이 많이 있고 생활제도가 북간도와는 판이한 문명도시이었다.

엄씨가 인도하여 나는 연신의 李鐘浩씨가 살던 가옥에 들어가 일박하고 그 다음날 아침에 배를 타고 해삼위를 향하였다. 연신에서 해삼위가 가까운 곳이 못되어 저녁에야 배가 해삼위의 新韓村에 들어갔다.

신한촌은 곧 해삼위시의 북단에 한국인이 따로이 백여 호의 촌락을 건설한 곳이다. 나는 신한촌에 도착한 즉시로 申采浩씨의 居所를 찾아가서 신씨를 만나니 신씨가 매우 반가워 환영하여 그곳서 식사를 하고 그날 밤으로 이종호씨, 이상설씨, 정재관씨를 방문하였다. 내가 이종호씨를 만나서 들은 즉 방금「勸業新聞」을 경영하게 되었으니 협력하여 주기를 바란다고 하고 그 신문의 발행은 신채호씨에게도 들어 알았으며 나는 아직 그 신문에 기고하기를 승낙하였다. 나는 그 날부터 신채호씨와 한 여관에 유숙하여 수년간을 함께 있었다.

「권업신문」은 러시아 정부의 허가를 얻어 권업회의 기관신문으로 하게 되었는데 그 신문과 권업회는 이종호씨의 경영으로 시작되어 그 후로 약 2, 3년간 계속되었다. 나는「권업신문」에 기고하여 발행배부 되었는데 노령, 간도, 상해, 북경, 신의주 각 방면으로 선전되었다. 동시에 국사를 편찬하여 학도들의 교재로 하였다. 내가 그 곳서 국사연구의 재료를 약간 조사하여 노령 연해주에 송왕령은 해삼위의 서북 약 이백오십리에 있는 도시로서 고구려의 책성유지 또는 발해의 동경유지인 것을 확인하였다. 그 후에도 고구려, 발해의 유적을 실지 답사하는 좋은 기회를 가져 국사연구의 자료로 하였다.

내가 해삼위에 있는 중에 그곳의 지사들, 곧 李相卨, 鄭在寬제씨와 자주 상종하였고 또 얼마 아니하여 李甲(新汀)씨가 彼得堡로부터 해삼위

241

에 내유하여 신병을 치료하게 되었다. 이갑씨는 국내에서 활동이 다다한 나머지에 해외에 가서 너무 노심노력한 결과에 불치의 병에 걸려 도산 安昌浩씨의 구조를 받아 미국에 갔다가 신병 때문에 미국에서 입국되지 못하여 도로 彼得堡로 왔었는데 해삼위의 한인동포들이 초대(請邀)하여 이곳에 왔다. 내가 신정을 만나매 신정은 심히 기뻐하여 잠시라도 떨어지기를 싫어하므로 나도 가끔 가서 위로하였는데 그러나 신정은 병중에서도 잠시라도 독립운동을 잊어버리지 않고 그 생각만 하므로 그의 신경병의 쾌차는 고사하고 날마다 더욱 심중하였다. 내가 그때 신정의 초인적 애국심을 감탄한 바 있으니 곧 그때 상해로부터 해삼위에 온 사람으로 독립운동청년 윤씨가 있었는데 그 사람이 갑자기 중병에 걸려 시급히 입원치료를 아니하면 반드시 사망하게 된 경우에 돈이 없어 입원하지 못할 형편에 처하였는데 신정이 그 일을 알고 곧 그 주머니를 털어서 백여유를 그 사람에게 주어 입원시켰음을 볼 때에 과연 비상한 애국자인 것을 감탄하였다. 물론 그때 신정 자신도 중병중에 치료비가 없는 중이었다.

내가 해삼위에 있는 중에 사방에서 오는 지사를 많이 만났는데 서간도로부터 오는 李會榮씨, 이동영씨와 북간도로부터 이국춘씨, 백순씨 등이었다. 또 중국혁명당원도 여러 사람을 만났는데 왕씨, 제씨 등이 있어 모두 우리 독립운동을 찬조하는 태세를 보여주었다.

내가 이십 육세 때 곧 서기 1913년 겨울에 미주재유중인 도산 안창호씨가 나를 초청하여 미국 가는 노비까지 보내왔다. 나는 미국 가는 길에 이갑씨와 전후하여 북만직능참에 있는 安定根씨가에 두숙하였다. 때는 서기 1914년 봄 나의 나이 이십 칠세이었다. 불행히 나는 극도의 신경쇠약에 걸려 병세 위중하였다. 나는 그곳에 이갑씨와 함께 있는 중에 안정근씨 만났는데 안정근씨는 곧 安重根씨의 동생으로서 그 모친 및 안중근씨 처자와 함께 있다. 안의사의 모친은 여성애국자로서 매우 현명한 분이요, 안의사의 부인은 수척한 몸에 병상이 있어 보이고 안의사의 아들은 2명인데 장남은 십 세정도로 신체쇠약하더니 추후에 들은 즉 일찍이 사망하였다고 하고 차남은 5, 6세가량인데 매우 건강하게 보였다.

이때 봉밀산에 있는 金成武씨는 독립운동자로 토지개척에 종사하는 중인데 그 매제 김악희는 서울에 유학할 때에 알던 여학생으로 그도 미국을 가겠다고 성무씨와 함께 나를 찾아왔다. 그러나 나는 병세 더욱 가혹하여 미국 갈 수 없이 되었으므로 金樂姬양에게도 미안하게 되었다. 마침 본국으로부터 온 의사의 권고에 의하여 나는 귀국을 결정하고 미국에 갈 여비는 이갑씨에게 위임하였더니 추후에 들은즉슨 이갑씨는 그 돈을 李春園에게 주어 미국가게 하였으나 이춘원도 미국까지 가지 못하고 도중에서 귀국하였다고 한다. 나는 종왕령, 할빈을 지나 봉천에 이르는 중간에 수 천리 옥야가 연접하여 햇빛이 평지에서 떠올라 평지에 지는 것으로 山 하나 볼 수 없는 광야 또는 삼림중으로 기차가 달아나 봉천에 내려서 수일 동안을 구경하고 다시 안동현에는 昆成德이라는 여관이 있으니 주인은 대구 출신의 朴洸씨이었다. 박광씨는 애국자로서 그곳에 여관을 설립하고 한인독립운동자의 내왕지숙처로 만들어서 큰 편의를 주었다. 박광씨는 많은 편리를 제공하여 내 요병을 많이 조력하였다. 박광씨가에 유숙하는 중에 청년들을 만나서 그들의 독립운동에 분투함을 감탄하였다.

〈참고〉 이글은 1912년(25세)에 망명의 길을 떠나서 연해주에서 이
상설 · 이종호 · 신채호 · 안창호 · 이회영 · 이동영 · 김성무 등과의 관
련내용과 독립운동의 모습을 소개하면서 고구려 · 발해유적을 답사
하면서 국사서술의 필요성을 강조한 내용이다.

5.

民族史觀巨木 키워 낸 둥지
(「서울신문」 1998년 10월 20일)

白巖 朴殷植과 丹齋 申采浩, 그리고 山耘 張道斌 등 세 사람에게는 여러 가지 공통점이 있다. 그 가운데 우뚝한 것은 일제의 침략에 맞서 민족의 정기를 지닌 민족주의 사학의 거목이라는 사실이다.

아울러 이들은 대한매일의 주필직을 주고받은 언론사(言論史)적인 인연을 갖고 있다. 대한매일은 이들의 필봉에 힘입어 예리하고 격조 높은 논조를 일관되게 유지할 수 있었다. 대한매일이야말로 이들이 민족사관을 키우고 다듬는데 둥지 구실을 했다고 평가할 만하다.

백암 박은식(1859~1925)은 성리학자로 이름을 높인 뒤 사회·정치활동에 나선다. 1898년 독립협회에 가입하고 만민공동회에서는 문교부장급 간부로 활약한다. 이해 9월, '황성신문(皇城新聞)'이 창간되자 張志淵과 함께 논설기자(주필)를 맡는다. 황성신문은 한일합병 후 문을 닫을 때까지 대한매일과 더불어 민족지를 대표했다.

　백암이 대한매일과 인연을 맺은 시기는 정
확하지 않다. 일설에는 대한매일 창간 때 이미
梁起鐸의 추천으로 주필에 취임했다고도 하고,
황성신문이 정간당한 직후인 1905년 11월에
옮겼다고도 한다. 확실한 것은, 일제가 1907년
1월 18일자로 파악한 보고서에는 대한매일 사
원으로 돼있지만 1908년 5월 28일자 기록에는
빠졌다는 사실이다. 따라서 그가 주필로 일한
기간은 1905년 말부터 2년 여라고 볼 수 있다.

박은식 선생

　이 시기에 대한매일은 을사조약의 전말을
상세히 보도했을 뿐 아니라 ▲ '시일야방성대
곡(是日也放聲大哭)' 게재로 정간당한 황성신문
을 찬양한 '황성 의무' ▲ 을사조약 강제체결을
다시 비판한 '시일야 우(又=다시)방성대곡' ▲
이토 히로부미(伊藤博文)의 흉계를 비난한 '이
등후(伊藤侯)' 등의 논설을 잇따라 실었다. 주
필인 백암의 민족정신이 그대로 드러나는 글
들이다.

신채호 선생

장도빈 선생

　단재 신채호(1880~1936) 역시 26살에 성균관
박사가 된 촉망받는 유학자였다. 그러나 벼슬길을 마다고 황성신문에 들
어간다. 단재는 박은식에게서 대한매일 주필직을 넘겨받아 1910년 4월
중국으로 건너갈 때까지 힘찬 붓자루를 휘둘렀다.

　그가 대한매일에 남긴 논설은 '일본의 3대 충노(忠奴)' '서호문답' '영웅

과 세계' '한국·자치제의 약사' '항일합병론자에게 고함' 등이다. 또 '독
사신론' '수군 제일위인 이순신' '동국 거걸(巨傑) 최도통전' 등 역사 논문
들을 연재했다. 이때 이미 민족주의사학자로서의 면모를 여실히 보여
주었다.

　백암이나 단재의 위명(偉名)에는 다소 미치지 못하지만 산운 장도빈
(1888~1963)이 민족사에 끼친 공헌도 결코 작지 않다. 박은식이 한성사범학
교에서 잠시 교편을 잡을 때의 제자인 산운은 그의 추천으로 1908년 봄 대
한매일에 입사한다.

　20살 나이에 논설위원이 된 그는 양기탁·신채호와 함께 논진을 이룬
다. 몇 달 뒤 신채호가 병이 나자 주필직을 대신했고, 그가 떠나자 정식으
로 주필을 맡아 대한매일의 막바지 성전(聖戰)에 앞장선다. 한일합병으로
대한매일이 일제에 넘어가자 산운은 분연히 자리를 떨치고 나온다.

　박은식·신채호·장도빈 세 사람은 개인적으로 인연이 깊은데다 구한말
언론구국운동(겨레정신부활을 외친)에서 서로를 이끌어주고 뒷받침한 선후배
이자 동지였다. 그들의 사상적 동질성은 대한매일의 주필직을 차례로 이어
받았다는 사실에서 분명하게 드러난다.

　대한매일을 거쳐 각자의 길로 나선 뒤에도 세 애국자는 하나의 종착점
을 지향한다. 바로 민족의 바른 역사를 되살려 겨레와 국가를 부활케 하
려는 목적을 향해서다.

　백암은 1911년 4월 만주로 망명, 동지 집에 1년간 머물면서 '동명성왕
실기' '발해태조 건국지' '몽배금 태조' '천개소문전' 등 역사서를 정력적으
로 저술한다. 이후 상하이(上海) 블라디보스토크 등지로 옮겨 다니면서
항일무장독립운동과 신문간행 등을 했으며 임시정부 제2대 대통령 등

중임을 맡는다. '한국통사(韓國通史)' '한국독립운동지혈사' 등의 역사서를 남겼다.

　단재의 삶의 궤적도 백암과 비슷하다. 그도 1910년 중국으로 가 항일 무장단체 결성, 신문 발간 등으로 온 삶을 조국광복에 쏟는다. 그는 특히 역사를 '아(我)와 비아(非我)와의 투쟁'으로 파악하는 변증법적 역사 발전 인식을 보였고, 역사연구에서 실증(實證)을 강조, 우리 근대사학과 민족주의사학의 선구자로 평가받는다. '조선상고사' '조선상고문화사'가 첫 손에 꼽힌다.

　백암과 단재에 이어 산운도 1913년 블라디보스토크로 가 신채호 등 독립지사들과 일하는 한편 '근일신문'의 논설을 쓴다. 그러나 1916년 병이 심해져 귀국한 뒤 민족혼을 일깨우는 역사서 '국사'를 발간한다. 曺晩植이 교장인 오산학교 교사를 거쳐서 출판사를 설립, 잡지·역사서를 냈다. '조선역사대전' '조선위인전' '조선역사록' 등의 저서가 남았다(이글은 서울신문 기자 李容遠이 쓴 3인의 사상적 동질성의 의미를 설명한 것이다).

색인